향가 서정 여행

향가 서정 여행

신재홍 지음

도서출판 월인

머리말

경주를 여행하다가 사천왕사 터를 찾아 여기저기 흩어져 있는 석물들을 매만지며 감회에 젖었던 기억이 있다. 향가의 명작 〈제망매가〉의 산실이라고 생각하니 그 터 자체가 무언의 말을 걸어왔고 땅속에 박힌 채 귀퉁이만 드러낸 석물들의 단단한 질감이 시간을 견뎌 낸 자취로 여겨졌다. 나중에 다시 갔을 때는 발굴 조사 중이었고 또 갔을 때는 조사를 마친 후 주춧돌을 나란히 놓아 건물들의 위치를 알려 주고 있었다. 뭔가 정돈된 느낌은 있었지만 애초에 흩어진 유적들 사이에서 서성이며 아련한 느낌을 받았던 것과는 차이가 많이 났다.

향가 연구를 해 오던 중에 문득 향가가 나온 곳을 찾아가고 싶다는 생각이 들었다. 향가의 장소들은 확정짓기 어려운 곳도 많고 설사 확정한다 해도 그곳은 그저 텅 빈 공간인 경우가 대부분이다. 그럴 거라는 것을 알면서도 그 비어 있는 장소에서 주변의 풍경을 둘러보고 싶어졌다. 건물이 없어지고 사람들도 사라졌으나 그곳만큼은 예나 이제나 정해진 위치를 차지하고 있다. 그 자리에 서서 향가를 느껴 보고 싶었다.

2012년 9월부터 2016년 1월까지 향가와 관련된 곳들을 찾아다녔다. 『삼국유사』에서 장소가 명시되어 있는 곳, 불명료하게 기록되어 내 나름대로 추정한 곳, 다른 연구자가 추정한 곳 등을 두루 돌아다녔다. 그 장소들을 가는 것에 그치지 않고 향가 작품과 배경 기사에서 엮어 낼 수 있는 이야기를 구성하여 한 장소와 다른 장소를 연결하면서 이곳저곳을 돌아다녔다. 장소들의 연결을 통해 향가의 이야기를 만들어 보고자 한 것이다.

여행의 장소를 사진으로 찍는 것은 필수적인 공정이었다. 사진에 대해 전혀 배운 바 없는 내가 장소의 풍경을 담아내려 했으니 그 사진들의 품질은 알 만할 것이다. 단지 장소에 대한 시각적인 자료를 제공한다는 뜻 정도로 이해해 주기 바란다. 또 하나 양해를 구할 것은 사진 설명을 붙이지 않은 것에 대해서이다. 본문의 내용을 따라가다 보면 자연스레 사진과 연관이 지어질 것이라 생각하였다. 사진이 들어 있는 책을 보다가 사진 설명이 본문의 흐름을 끊어 놓는다고 생각될 때가 많았었기 때문이기도 하다.

이 책은 장소를 여행하는 것과 더불어 향가 작품 세계로의 여행을 의도한 것이다. 내가 향찰을 해독하고 그것을 문학적으로 해석하여 이해한 향가 한 편 한 편의 정서와 의미를 장소 여행과 함께 전달하고자 하였다. 그러므로 독자로서는 내가 이해한 향가의 작품 세계로 여행하는 경험이 될 것이다. 나의 해독과 해석을 고집스레 주장하고 있다는 인상을 줄 것 같아 죄송한 마음이 앞서지만, 향가의 작품 세계가 이럴 수 있다는 점을 너그러이 이해해 주기를 부탁드린다. 나는 이렇게 해석하였지만 다른 연구들에서 또 다른 세계를 찾을 수 있다면 향가를 더욱 풍성하게 향유하는 것이 되리라 본다.

이 책을 내는 것은 향가의 세계가 좀 더 구체적인 모습으로 독자에게 전해지기를 바라는 뜻에서이다. 『삼국유사』의 기록을 풀이하고 향찰을 해독하는 것만으로는 향가가 지닌 구체성을 전달하기 어렵다. 오히려 천여 년이나 떨어진 거리감과 그에 따른 이질감을 확인하는 데 그칠 수도 있다. 장소를 찾아 나서서 작품의 세계를 그 장소와 결부하여 곰곰이 음미해 보는 것이 향가의 당대성과 구체성을 아련하게나마 맛볼 수 있지 않을까 싶었다. 그렇지만 어설픈 사진만큼이나 장소와 유물에 대해 엉뚱하고 허술한 설명이 되었을 것 같아 두려움이 앞선다. 부디 향가에 대한 애정에서 나온 것이라고 양해해 주기를 바란다.

이 여행의 초반과 중반은 혼자서 버스나 기차를 타고 다녔다. 후반에 들어 큰딸이 동행하였고 막바지에는 아내가 따라나섰다. 당시 큰딸은 아빠의 여행에 뜬금없이 따라붙었는데 그게 재미있었던지 그 다음 번에는 제 친구까지 데리고 함께 여행하였다. 아내는 도서관에서 일하고 있었는데 그 일을 그만 두고 나자 급속히 나의 여행에 관심을 보였다. 아내와의 여행은 주로 간 곳을 또 가는 것이어서 내가 안내하는 것이 조금 편하기도 하였다. 작은딸과의 동행이 없어 좀 아쉽지만 녀석은 여전히 제 세계 속에서 즐겁게 지내고 있다. 공부도 하고 가족과도 함께한 즐거운 여행이었다.

이 책의 출판을 박성복 사장님께 부탁드렸더니 흔쾌히 허락해 주셨다. 그 후의에 감사드린다. 책을 잘 다듬어 주신 최미영 님께도 감사의 마음을 전한다.

2016. 3. 23.
신재홍

차례

3 서라벌의 사찰

4 서라벌 부근

chapter

1

서라벌 안으로, 서라벌 밖으로

서동요
薯童謠

유명한 사랑 이야기

우리에게 가장 잘 알려진 삼국 시대의 사랑 이야기는 서동과 선화 공주의 이야기일 것이다. 나중에 백제 무왕이 되는 서동이 젊었을 때 신라 진평왕의 셋째 딸 선화 공주가 아름답다는 소문을 듣고 서라벌에 가서 아이들에게 노래를 부르게 하여 공주로 하여금 출궁을 당하게 한 다음 드디어 결연하게 되었다는 이야기이다. 백제와 신라의 국경을 초월하고, 평민과 공주의 신분 차이도 극복하며, 사비성에서 서라벌로 다시 사비로 옮아간 사랑의 여정인 것이다.

이러한 여러 가지 흥미 요소로 인해 서동과 선화 이야기는 『삼국유사』에 실린 어느 기사보다 많은 관심을 끌었다. 그리하여 이에 대한 역사적 고증과 문학적 해석이 상당히 축적되었다. 그리고 지방 자치체가 지역 문화를 활성화할 때 부여와 익산이 공히 이것을 끌어와 공원을 조성하여 관광 상품화하였다. 『삼국유사』에 백제 수도의 궁성 남쪽 연못이라고 나오므로 지금의 궁남지를 서동의 출생지로 보아 부여가 서동 공원을 조성했다. 그렇지만 『신증동국여지승람』에 서동 모가 마룡지에서 집을 짓고 살았다는 기록에 의거하여 익산도 서동 공원을 만들었다.

서동이 출생한 곳은 부여 궁남지 부근이고 왕후가 된 선화가 익산 미륵사를 창건했다는 『삼국유사』의 기록을 기준으로 삼으면 사건 전개상 시간차를 두고 두 지역이 배경으로 나온 것이라고 할 수 있다. 원문 중 서동이 어릴 때 마를 캐던 곳에서 금을 발견하고 거기서 얼마 안 떨어진 곳에 미륵사를 창건했다고 한 부분에서 약간의 혼동이 있기는 하다. 그러나 그건 그것대로 구전 설화가 지닌 축약 또는 혼합의 양상으로 보아 유보해 두고 부여와 익산을 서동과 선화의 사랑 이야기가 깃든 두 장소로 보아도 무방할 것이다.

그런데 근래에 미륵사지 석탑 보수 공사 중에 사리 장엄이 발견되어 비상한 관심을 끌었다. 그 속의 『사리봉안기』에 미륵사 창건과 관련하여 중요한 언급이 나온다.

> 우리 백제 왕후는 좌평 사택적덕(沙宅積德)의 딸로서 오랜 세월 선인(善因)을 심으시어 금생에 뛰어난 과보를 받으셨다. 만민을 어루만져 기르시고 삼보(三寶)의 동량이 되셨다. 때문에 깨끗한 재물을 희사하여 가람을 세우고 기해년 정월 29일에 사리를 받들어 맞이하셨다.(김상현 역)

미륵사가 사택적덕의 딸이 발원하여 창건되었다는 것이다. 이로써 이제까지 『삼국유사』에만 의존하여 미륵사의 창건 내력을 이해했던 관점이 크게 흔들리게 되었다. 이 기록에 의거한다면 선화 공주는 가공의 인물이 될 수도 있기 때문에 서동과 선화 이야기는 역사적 사건이 아닌 가공의 것으로 돌려질지도 모를 위기에 처하였다. 그러나 백제 왕의 부인이 여럿일 수 있다거나 두 여성이 미륵사와 맺은 관계가 시간차를 두고 이루어졌을 수 있다거나 한다면 선화의 존재를 사택적덕의 딸로 대체할 수는 없을 것이다. 따라서 사리 안치의 기록만 가지고 미륵사와 선화의 관계가 완전히 끊어졌다고 하기는 어렵다.

그리하여 다시 서동과 선화 이야기로 돌아갈 수 있다. 이 이야기가 여전히 우리에게 익숙한 사랑 이야기인 것만은 분명하지만 여기서 잠시 생각해 보자. 우리는 서동과 선화의 이야기에서 어떤 감흥을 얻는가. 또 서동이 지어 아이들에게 부르게 한 노래 〈서동요〉에서는 어떤 느낌을 받는가. 솔직히 말해, 연못의 용과 정을 통했다거나 공주가 귀양 가는 도중에 나타나 서로 사랑했다거나 하는 설화적 상상력에 기초한 서사에서 옛날이야기로서의 재미는 느낄지 모르나 우리의 현실 감각에 와 닿는 어떤 풍성한 느낌을 받기란 쉽지 않다. 〈서동요〉도 민요 계통의 향가 혹은 동요라고만 알려져 있으니 민요나 동요가 일반적으로 갖고 있는 집단적인 정서로만 이해할 뿐 노래 자체에 깃든 깊이 있는 서정성을 맛보려고 하지 않는다.

백제 총각이 신라 공주와 사랑한 이야기, 소박한 사랑의 고백을 담은 민요와 같은 노래 정도로만 막연히 알고 있는 데에서 한 발걸음 더 들어가 보면 어떨까. 그 속에 생각하는 것보다 훨씬 풍부한 내용과 정서가 담겨 있다는 점을 알게 되면 이 이야기와 노래가 새롭게 다가오지 않을까. 이제 서동과 선화 공주의 사랑 이야기와 〈서동요〉에 대해 지금까지와는 조금 다른 이야기를 해 보고자 한다. 이야기와 노래가 산출된 배경인 부여 궁남지, 경주 시가지, 익산 미륵사지를 돌아보면서 그 장소들이 주는 느낌을 이야기와 섞어 가며 음미해 보기로 한다.

부여 궁남지와 맛둥이 서방

부여 시외버스 터미널 바로 앞 큰길을 따라 남쪽으로 걸어가다 보면 계백 장군 동상이 서 있는 로터리를 지나게 되고 좀 더 걸으면 길의 끝자락에 궁남지가 나온다. 안내판의 설명에 따르면, 오랫동안 방치되었던 것을 1960년대 중반에 수리하여 연못을 복원하였고 1970년대 초에 연못 가운데에 정자를 세우고 못가에서 정자로 통하는 나무다리를 놓았다고 한다. 지금은 연못가에 굵직한 버드나무 여러 그루가 둘러 서 있고 연못 주변을 빙 둘러 연 밭이 조성되어 연과 수초들이 자라고 있다.

궁남지와 〈서동요〉의 관련은 일단 '맛둥이 서방'이라는 노랫말에서 찾을 수 있다. 노래의 문면에 나온 맛둥이 서방은 서동을 우리말로 풀어서 부른 것이다. 서동은 백제 제30대 무왕의 어릴 적

이름으로 되어 있다. 홀로 된 어머니가 이 연못가에 살다가 연못의 용과 정을 통하여 서동을 낳았다고 한다. 그러니 이곳 궁남지는 무왕이 태어나서 어린 시절을 보낸 곳이다.

설화적으로 윤색된 용과의 통정이 어떤 현실적 함의를 지닐까. 너무 멀리 상상하는 것은 역사를 허무맹랑하게 꾸밀 수 있으니 현존하는 역사 자료의 테두리에서 약간만 벗어나는 수준에서 살펴보는 것이 좋겠다. 궁남지는 634년 무왕이 지시하여 궁성 남쪽에 만든 연못의 현재 모습이다. 그런데 무왕이 재위한 지 35년 만에 조성한 연못인 만큼 서동 이야기처럼 태어날 때부터 인연이 있었다고 보기는 어렵다. 애초에 자연적으로 만들어진 못이 있고 그 옆에 서동의 어머니가 살았는데 서동이 왕이 된 다음 그 못을 확장, 개축하였을 것이라고 보면 어느 정도 이해가 간다.

그렇더라도 과부가 용과 정을 통했다는 것을 어떻게 이해할지 의문이다. 용은 일반적으로 왕을 상징하므로 용과의 통정은 왕이 정식 혼인 이외의 관계를 맺은 것으로 볼 수 있다. 『삼국사기』에 무왕의 아버지가 법왕(法王)으로 되어 있는 점과 연결시키면 법왕이 서동의 어머니와 은밀한 관계를 맺었고 그 사이에서 서동이 태어났다고 하겠다. 그렇다면 서동은 단순히 평민 과부의 아들이 아니라 왕의 사생아가 됨으로써 그 지위에 있어서 상당한 정치적 함의를 띠게 된다. 서동이 어릴 때 마를 캐어 파는 일을 생업으로 삼은 것은 원래의 신분을 숨기고 살 수밖에 없는 사정이 있었기 때문일 것이다. 이러한 맥락에서 서동이 사비성을 떠나 서라벌에 가서 혼처를 구한 것도 모종의 핍박을 피해 고국 백제를 떠난 것이고, 나중에 선화 공주의 가르침으로 금을 취하고 신라 진평왕의 원조를 받아 민심을 얻고 왕위에 오른 것도 반대파와의 정치적 투쟁 과정을 우회적으로 말한 것으로 볼 수 있다.

이렇게만 추측해도 너무 나갔다는 생각이 든다. 이 이야기는 우리나라 전역에 널리 퍼져 있는 〈숯구이 총각〉, 〈내 복에 먹지〉 설화가 역사적 인물인 무왕과 결부되어 전승된 것이기도 하다. 그리하여 설화가 지닌 내용을 중심으로 인간의 운명이나 관계의 본질을 파헤치는 이야기로 이해하는 데 그치고 역사적 사실에 부합하는가의 여부는 논외로 할 수도 있다. 그러나 어떤 유형의 이야기가 실존 인물과 결부될 때에는 그의 내력 중에 그럴 만한 구석이 있어서 그렇게 되었을 것이다. 또한 서동 설화의 주인공이자 〈서동요〉에 등장하는 그 사람이 역사적으로 실존했던 인물이라고 보아야 향찰로 표기된 개인 서정시 〈서동요〉에서 현실적인 감흥을 맛볼 수 있다. 현존하는 향가 작품은 역사상 실제로 존재했던 사람이 짓지 않고서는 그렇게까지 생동하고 깊이 있는 서정성을 지닐 수 없는 명편들이다.

다시 궁남지로 돌아가 주위를 둘러보자. 지금의 연못은 둘레가 이삼백 미터 정도로 십여 분이면 돌아볼 만한 규모이지만, 연못 가운데에 세워진 정자의 편액 설명에 따르면 원래 것은 이보다 세 배쯤 컸으리라 한다. 그렇다면 연못 주변의 연 밭을 포함한 정도의 규모를 생각하면 될 것 같다. 『삼국사기』의 기록에는 연못 가운데 삼신산의 하나인 방장산을 본떠 석가산을 만들었고 연못가에 버드나무를 심었다고 했는데, 지금의 포룡정抱龍亭은 『삼국유

사』의 서동 출생담과 결부시켜 만든 정자이므로 방장산과 같은 면모를 보여 주고 있지 못하다. 원형의 연못가를 둘러보거나 연못을 두른 연 밭 사이의 길을 걸으면서 무왕 당시의 화려한 궁원을 연상하기가 쉽지 않다.

그런데 궁남지 주변 연 밭의 서쪽 면에 붙어 있는 절터에 이르면 약간의 역사적 흔적을 찾을 수 있다. 발굴이 끝난 후 평평한 땅에 잔디를 심어 금당, 목탑, 강당의 터만 표시해 놓은 곳이지만, 목탑이 섰던 자리에 네모난 심초석을 박아 두어 그나마 눈길이 간다. 여기가 군수리 절터이다. 낡은 안내판에는 목탑에서 나온 미륵보살 입상과 여래 좌상, 터에서 나온 오줌장군 등의 사진이 붙어 있다. 이 유물들은 부여 박물관에서 만나 볼 수 있다.

절터를 보고 나서 연 밭으로 난 길을 따라 궁남지 동쪽으로 가면 화지산花枝山을 만나게 된다. 궁남지 입구에서 화지산 쪽을 배경으로 〈서동요〉 비석이 놓여 있고 그곳을 지나 산을 옆에 끼고 돌아나가면 계백 장군 결사대의 출정 장면이 조각된 기념비가 비장하게 서 있다. 노래비와 출정 비 사이에 난 좁은 길 입새에 화지산 유적 안내판을 볼 수 있다. 백제에서 조선 시대에 걸친 건물터, 분묘, 목책 시설 등이 발굴되었다고 한다. 『삼국사기』에 궁남지에 망해루望海樓 또는 망해정이 있었다고 한 기록을 생각하면 화지산의 이 건물터가 그 누각이나 정자 자리가 아니었을까 생각된다. 궁남지를 끼고 별궁이 세워져 왕족의 휴식처 역할을 했을 것 같다. 궁남지는 이 별궁의 일부로서 화려하면서도 그윽한 면모를 갖춘 연못이었을 것이다.

화지산을 조금 올라 건물터를 둘러보고 다시 내려와 궁남지 입구에서 북쪽으로 걸어가면 정림사지 담장이 나온다. 그 안으로 들어가 석탑 앞에 서면 느껴지는 바가 더욱 커진다. 고려 시대의 절 이름이 정림사이므로 백제 때는 어떤 이름이었는지 모르지만 이 절 가운데에 우뚝 서 있는 오층 석탑만큼은 백제 시대 그대로의 모습이다. 신라의 어느 귀양지에서 선화 공주를 데리고 이곳 사비성으로 돌아온 서동은 정림사지 석탑이 서 있는 이 거리를 그녀와 함께 다녔을 것이다. 두 사람이 눈길을 보낸 그 석탑을 지금 내가 바라보고 있다. 신라의 석탑과 달리 경사가 거의 없는 지붕돌을 잘록한 허리마냥 지붕돌받침이 떠받치고 있는 정림사지 석탑은 첫눈에 단아하면서도 편안한 느낌을 준다. 신라에서 벌어진 서동과 선화의 정열적인 사랑이 이곳 백제 사비성에 와서 이 석탑처럼 안정을 찾아간 것은 아닐까 상상해 본다.

궁남지에서 시작한 〈서동요〉의 '맛둥이 서방'에 대한 기억은 군수리 절터를 거쳐 화지산을 조금 오른 후 정림사지 석탑 앞에 이르러 상상의 날개를 접는다. 백제의 향기를 느끼며 사비성의 남쪽을 한 바퀴 둘러

본 것이다. 이제 〈서동요〉의 참맛을 느끼기 위해서는 서동이 했던 것처럼 사비성을 떠나 서라벌로 가야 하기에 나의 발길은 경주로 향한다.

경주의 길거리 여기저기

궁남지 부근에서 태어난 서동은 청년으로 성장한 후 선화 공주에 대한 소문을 듣고 서라벌로 갔다. 『삼국유사』 「무왕」의 기록을 인용하면 다음과 같다.

> 서동은 신라 진평왕의 셋째 공주 선화(善花)—선화(善化)라고도 한다.—가 아름답기 짝이 없다는 말을 들었다. 그래서 머리를 깎아 중의 행색으로 서라벌에 왔다. 마를 길거리의 여러 아이들에게 주어 먹이니 아이들이 서동을 친하게 여겨 붙어 다니게 되었다. 이에 서동이 노래를 지어 아이들을 꾀어 부르게 하였다.

〈서동요〉는 서동이 지어 서라벌 거리의 아이들에게 부르도록 한 노래이다. 그러니 이 노래는 서라벌 거리에서 탄생하였다고 할 만하다.

지금의 경주 시내 어느 거리를 서동이 다니며 아이들에게 마를 먹여 환심을 샀을까. 일단 경주 역에서 내리뻗은 화랑로를 따라 걸어 보기로 한다. 경주 역 앞 횡단보도를 건너면 바로 오른쪽에

성동 시장이 있고 그 도로변을 따라 노점상들이 늘어서 있다. 많은 사람들이 오가는 거리라서 활기가 넘치는 모습이다. 성동 시장을 지나 걷다가 교회가 보이는 데서 오른쪽으로 꺾어 들어가면 복원된 경주 읍성이 나온다. 고려 현종 때 축성된 후 조선 말기까지 경주의 중심지 역할을 한 곳이다. 당나라 장안을 본떠 바둑판 모양으로 조성된 서라벌 시가지의 네모난 한 구역이 고려조에 와서 읍성으로 둘러싸였을 것이다. 지금은 동쪽 성벽이 복원되어 있고 성벽 앞 잔디밭에는 읍성 주변에서 발굴된 석물들의 파편이 놓여 있다. 이 읍성 앞길은 서라벌 시절부터 자리 잡혔을 것이니 거기쯤 서서 1400여 년 전 이 거리를 지나다녔을 신라 사람들을 떠올려 볼 수 있다.

다시 화랑로로 나와 조금 더 걸으면 관공서 건물들이 들어서 있는 곳에 이른다. 경찰서 입구의 담 안에 몸돌과 지붕돌을 2층으로 쌓아 놓은 탑이 보인다. 그 옆에는 돌을 파서 부처상을 새겨 놓은 몸돌 하나가 놓여 있다. 읍성 주변에서 수습한 석물들로 생각된다.

경찰서 앞 석물들을 보고 다시 화랑로로 나와 처음 만나는 네거리에서 길을 건너면 봉황로 입구에 서게 된다. 읍성의 남쪽 큰길이었던 이 거리는 일제 강점기에 혼마치本町로 불리기도 하였으니 경주의 중심 도로였던 것이다. 지금은 문화의 거리로 조성되어 여러 가지 구경거리가 있는 길이 되었다. 봉황로의 남쪽 끝에 노서리, 노동리 고분군이 있고 그 앞이 대릉원이다. 이제 크고 둥근 무덤들 사이로 난 길을 걸으며 사뭇 서라벌 고유의 풍경 안으로 들어가는 느낌이다.

노서·노동리 고분군 앞 네거리를 건너 대릉원 오른쪽의 황남동, 사정동 일대가 옛 냄새가 풍기는 동네이다. 대릉원의 둥근 무덤들을 옆에 끼고 저 멀리 남산을 바라보며 한옥 지붕들이 연달아 있는 풍경을 연출하고 꼬불꼬불한 골목길이 나 있다. 옛날이라 해 봐야 1970, 80년대의 소도시 모습을 보이는 것이지만 내가 어렸을 때 살던 소읍과 크게 다르지 않은 그곳에서 아늑함을 느낀다. 천년 고도를 몇 십 년 전의 추억 속에 집어넣는 이 옹졸한 감상이 아쉽기는 하지만, 그런대로 옛날로 돌아가는 여행의 의미는 천 년 전이든 몇 십 년 전이든 닮아 있지 않은가. 그리고 이 거리와 연결된 어디쯤에서 서동이 아이들을 꾀어 노래를 부르게 했을지도 모른다.

아이들이 모이는 곳으로 시장 통이나 큰길가를 상정할 수 있지만, 그들의 놀이터로서 개천가 만한 데도 없을 것이다. 서라벌은 북천, 서천, 남천의 세 줄기 강물로 둘러싸인 곳인데, 지금의 경주 북천과 서천(형산강)의 둑길은 자동차 도로가 놓여 교통로 역할만 할 뿐인 데 비해 남천(문천)만큼은 고즈넉한 냇가 풍경을 간직하고 있다. 오릉의 북쪽 면에 잇닿은 문천을 따라 월성을 향해 걷는 냇가 둑길은 한적하고 여유롭다. 서라벌 아이들이 여기서 멱 감고 놀 때 서동이 슬며시 다가간 것은 아니었을까.

화랑로, 봉황로, 문천 둑길 외에 성동리 전랑지에서 경주 중·고 옆과 선덕여고 앞을 지나 첨성대 근처에 닿는 남북으로 이어진 길

도 오래된 거리였을 것이다. 경주의 유명 관광지 곳곳의 안내판에 붙어 있는 신라왕경도에는 성동리 전랑지와 월성을 잇는 남북 대로가 뚜렷하게 그려져 있는데, 이 대로에 해당하는 거리인 셈이다. 또한 지금은 허허벌판이 되어 있지만 월성 동북쪽 분황사와 황룡사를 끼고 도는 거리들도 사람의 왕래가 빈번했던 곳일 터이다.

이러한 서라벌의 거리 이곳저곳을 돌아다니며 아이들은 서동이 알려준 노래를 불렀을 것이다. 꼭 집어 이 거리라고 할 수는 없지만 경주의 거리거리는 〈서동요〉가 울려 퍼진 곳의 후보지로서 그 길을 걷는 우리에게 두근거림을 선사한다.

〈서동요〉, 사랑의 계략과 성숙의 의미

이제 서라벌 거리에 울려 퍼졌을 서동의 노래에 대해 음미해 보기로 하자. 서동은 서라벌에 와서 중의 행세를 하며 거리의 아동을 꾀어 〈서동요〉를 부르게 했다. 이러한 인물이 지은 노래 역시 목적 달성을 위한 용의주도함이 깔려 있을 텐데, 아이들이 쉽게 부를 수 있도록 노랫말을 엮은 것이 그 예라 할 수 있다. 서동은 선화 공주와의 결연을 위해 아이들을 이용하였고, 노래 역시 아동에게 적합한 양식과 표현을 써서 창작했던 것이다. 이 작품을 동요로 볼 여지가 있다면 바로 이러한 맥락에서이다.

그러나 〈서동요〉는 어디까지나 서동이라는 개인이 일정한 목적을 이루려는 의도를 갖고 지은 개인 서정시이다. 이 점을 감상의 출발점으로 놓고 작품을 음미할 필요가 있다. 서동의 창작 의도는 대상 인물을 자신의 배필로 삼으려는 것이다. 따라서 작품은 상대방을 꾀려는 계략적 관점에서 사랑의 주제를 다루고 있다. 사랑을 성취하기 위한 기획 아래 시어들이 조직되어 있는 것이다.

선화 공주님은	善化(花) 公主니믄
남 그윽이 성숙해 있다가,	놈 그ᅀᅳ기 어러 두고,

맛둥이 서방을　　　　　　　　맛둥 바올
밤에 무턱 안을 거다.　　　　바미 몰 안고거다.

제1행의 '선화 공주님은'은, 화자는 숨고 시적 대상이 주체로 등장하도록 하는 기획하에 나온 말이다. 선화 공주를 주체로 내세움으로써 화자는 선화 공주 뒤로 숨어 자신의 의도를 교묘히 은폐한다. 또한 그녀의 이름 자체에서 선함善과 아름다움花 그리고 신분적인 고귀함公主이 드러나도록 하고 있다. 이는 대상이 갖는 인격과 용모, 현재의 지위에 따른 위엄 등을 포괄하여 자리매김하려는 것이다. 나아가 이어지는 내용과의 대비적 효과도 노리고 있다.

제2행에서 선화 공주가 성숙해 있는 존재임을 말하였다. 그런데 이것을 남들은 모르고 있다. '남 몰래 성숙해 있는' 것이다. 이는 달리 말해, 화자 자신만이 그녀의 성숙을 간파했다는 뜻이다. 사랑의 성취를 위한 의도를 이렇게 작품 속에서 처음 드러낸다. 남들과의 대비를 통해 자신만이 그녀의 마음 상태를 이해할 수 있다는 점을 부각하였다.

성숙의 의미는 이 작품에서 핵심적인 의의를 갖는다. 제1행에서 선화 공주를 주체로 내세운 것과 더불어 제2행에서 그녀의 성숙을 말함으로써, 사랑은 성숙한 주체의 행위가 될 것이라는 점을 말하였다. 은밀히 이루어지는 밀애나 아이들의 풋내기 사랑이 아니라 성숙한 존재 간의 사랑을 추구하므로 화자는 당당한 태도를 취할 수 있다.

제3행에서 '맛둥이 서방을'이라고 하여 화자가 자신을 전면에 드러내는 것은 바로 이러한 전제 때문이다. 남 몰래 성숙한 선화 공주의 눈으로 본다면 화자 자신이야말로 그녀의 배필이 될 것이라는 자신감이 배어 있다. 제1행에서 선화 공주님'은'이라 하고 제3행에서 맛둥이 서방'을'이라 함으로써 사랑의 대상이 주체가 되고 사랑의 주체가 대상이 되었다. 이러한 역전은 여자에서 남자로, 한자어 이름에서 한글 이름으로, 공주에서 서방으로 대비되면서 옮겨진 것이다. 주체와 대상의 신분적 차이가 이렇게 표현된 것으로 본다면, 이는 또한 화자가 성취하고자 하는 사랑의 혁명적 성격을 반영한다. 신분과 국경을 초월한 사랑을 이루기 위해서는 이러한 역전적 배치가 필요했던 것이다.

역전을 통해 의도한 바가 마지막 행에서 구현된다. 제4행 머리에 나온 '밤'은 제2행에서 남 몰래 성숙해 있던 상태를 이어받아 더 나아간 것이다. 이 밤은 성숙의 의미가 성적 욕망의 충만함이기도 함을 암시한다. 이는 제1행에서 말한 그녀의 선함, 아름다움, 고귀함의 이면에 놓인 성적 욕망을 드러낸 것이기에 역전이 갖는 대비적 효과가 뚜렷해진다. 그리하여 밤과 연결된 '안을 거다'라는 표현이 성숙함의 실질적인 내용이 되면서 작품이 마무리된다. 선화 공주의 성숙은 배필을 만나서 사랑하게 되는 방향으로 나아갈 것임을 예견한 것이다.

여기에 '무턱'이라는 사랑의 조건이 덧붙여진다. 선화 공주와 화자의 사랑은 신분과 국경을 초월한 것으로서 어떤 형태로든 비약이 개재하게 되는바, 그 점이 이 시어로 표현되었다. '무턱, 덥석' 하지 않고서는 결코 이루어질 수 없는 사랑이다. 이 말 속에 담긴 사랑의 충동성, 맹목성이 이제까지 치밀하게 전개시킨 계략의 핵심적인 속성을 드러낸다. 아무리 치밀하게 기획하더라도 결국 '무턱' 하는 사랑이 아니고서는 이룰 수 없다. 이렇게 마련된 사랑의 함정에 선화 공주가 빠져들지 어떨지 화자도 장담할 수 없는 상태이다. '무턱'이라는 말 속에 담긴 모험적인 의미가 작품에 그려진 사랑의 성격을 대변해 주고 있다.

이와 같이, 이 작품에는 사랑의 성취를 위한 모종의 계략이 숨어 있고 그에 따라 움직이는 시적 화자의 예민한 촉수가 느껴진다. 선화 공주의 성숙한 상태를 정확히 진단하여 이해하고 그녀에게서 성적 욕망까지 읽어 냄으로써 사랑의 성취를 위한 기획이 단순한 속임수에 그치지 않음을 보여 준다. 사랑의 속성으로 충동성, 맹목성, 그리고 모험성까지 인식한 바탕에는 사랑은 성숙한 인간의 주체적 행동이라는 믿음이 놓여 있다. 이 작품이 생기발랄하고 긴장감 넘치는 사랑의 시일 수 있는 까닭이다.

한편, 작품 속에서 구애의 대상인 선화 공주는 매우 개성적인 인물로 그려져 있다. 그녀는 남들이 모르는 사이에 어느덧 어엿한 숙녀가 되어 '어러' 있는 상태이다. 제2행 끝의 '어러 두고'는 선화 공주의 개성을 함축하고 있는 시어인바, 직역하면 '어른스런 상태가 되어 있다'는 말이다. 여기에는 시집가고 싶은 마음, 곧 사랑을 갈구하는 마음이 담겨 있다. 자신의 성숙된 상태를 남에게 들킬까 수줍어하는 모습, 그러면서도 낭만적인 사랑에 대한 갈망이 이들 시어 속에 녹아 있다.

성숙한 소녀의 겉(수줍음)과 속(연정) 간의 긴장 관계는 결국 후자 쪽으로 기울어진다. 제4행에 그려진 것처럼, 그녀는 마음에 맞는 짝을 만나기만 하면 '무턱/덥석 안을 거다.' 여기서 사랑을 이루려는 그녀의 발랄하고 진취적인 태도가 선명히 드러난다. 이는 『삼국유사』「무왕」의 서동 이야기 후반부에 나타나는 선화 공주의 생활력, 지혜로움, 효성, 신앙심 등의 성격과 잘 어울리는 태도이기도 하다.

그리고 이러한 의도를 담은 노래의 내용이 현실에서 실현되었다는 점이 이야기의 배경 기사에서 강조되어 있다.

> 공주가 귀양지에 이를 즈음 서동이 도중에 나와 절을 하고 공주를 옆에서 모시고 가겠다고 하였다. 공주는 그가 어디서 온 누구인지 알지 못했으나 우연히 그를 믿고 기뻐하게 되었다. 이로 말미암아 함께 가다가 남 몰래 정을 통하였다. 그런 다음에야 서동의 이름을 알았다. 이로써 서동의 노래가 징험이 있음을 믿게 되었다.

노래의 징험이란 서동의 의도가 담긴 노래의 내용이 나중에 실현되었다는 말이다. 이 작품의 배경 기사가 어진 아내에 의한 남편의 출세담과 같은 설화 유형인 점을 부인할 수는 없다. 그렇지만 서동과 선화 공주의 결연 과정만큼은 독자성을 띠고 있고, 노래 역시 개인 창작의 서정시일 따름이다. 따라서 설화 유형에 의거하여 작품에 등장하는 두 인물을 다른 인물로 대체할 수는 없는 노릇이다. 그렇게 하면 두 인물의 개성이 녹아 있는 작품의 창작성이 무시된다.

요컨대, 〈서동요〉는 사랑을 갈망하는 선화 공주의 욕망을 잘 포착하여 화자의 의도에 일치시킨 연가戀歌이다. 시인의 의도가 주도면밀하게 작품 전체를 엮어 나가는 한편 작품에 등장하는 선화 공주와 맛둥이 서방, 두 인물의 개성이 잘 그려진 서정시인 것이다.

익산 둘레 길에서 만나는 무왕의 자취

경주의 길거리에서 음미해 본 〈서동요〉의 뒷맛을 느껴 보려면 익산으로 가야 한다. 익산 공영 버스 터미널에서 조금 떨어진 평화 사거리로 나가 시내버스를 타거나 터미널 앞에서 시내 들어가는 버스를 타고 원광대 병원 앞에서 갈아타거나 하여 30분쯤 가면 미륵사지 앞에 내릴 수 있다. 선화 공주가 발원하여 창건했다

는 미륵사는 파손된 석탑 하나만 남긴 채 평지가 되어 버렸지만 발굴 결과 절의 규모와 건물 배치 등이 드러났다. 지금 미륵사지 석탑은 해체, 보수 작업에 들어가 가건물 안에 석탑이 자리했던 터만 볼 수 있는데, 오히려 이러한 상황이 색다른 감흥을 불러일으킨다. 탑이 세워질 당시 터를 닦고 심초석을 놓고 하던 노동의 현장을 그려 보게 만드는 것이다. 2년 반 뒤에 다시 가 보니 실제로 기둥을 세우고 초석의 받침돌을 박고 있는 건설 기사분들의 현장을 직접 확인할 수 있었다.

복원된 석탑을 보려면 아직도 1년 반 이상 기다려야 한다. 아쉬움이 많긴 하지만 터 앞에 가지런히 놓여 있는 석재들, 두 탑 앞에 놓인 원래대로의 당간 지주, 그리고 동원에 복원한 구층탑 등을 둘러보며 그런 대로 옛 정취를 맛볼 수 있다. 두 탑 뒤로 넓게 펼쳐진 미륵사 터를 한 바퀴 돌아보면 규모의 장대함이 석탑의 장중

함과 함께 느껴진다. 하지만 절터로만 남은 그 자리의 허전함을 끝내 떨쳐 버릴 수 없다.

그러한 마음을 달래기 위해서라도 미륵사지 뒤의 미륵산을 오른다. 익산의 넓은 평야 한가운데에 불쑥 솟은 미륵산은 이 일대를 수호하는 진산 역할을 할 만한 모습이다. 지금은 정상까지 거의 계단으로 되어 있어 오르기가 힘들지만 정상에 못 미쳐서 오른쪽 길로 벗어나면 거기에 사자암이 있다. 배경 기사에서 지명 법사가 선화 공주의 일을 주선하고 도와주면서 머물렀던 사자사가 바로 이 자리에 있었다. 지금은 조그만 암자이지만 몇 가지 석물들이 오랜 내력을 말해 주는 듯하다.

사자암에서 하산하여 구룡 마을을 거쳐 도천 마을에 이르면 금

마 저수지 상류 쪽과 연결된다. 저수지 옆으로 난 길을 따라 가면 근래 만들어진 서동 공원이 나오고 그 가운데에 무왕의 동상이 자리 잡고 있다. 공원을 빠져나와 금마면을 통과하여 남쪽으로 죽 걷다 보면 도고리 석조 여래 입상 두 기가 서로 마주보고 있는 곳에 이른다. 백제 지역 특유의 온화한 미소를 띠고 있는 돌미륵상이다.

이곳에서 더 내려가면 왕궁리 유적이 나온다. 아직도 발굴 중인 이 백제 왕궁 유적은 부여에서 익산으로 도읍을 옮기려 했던 무왕의 치적이라고 알려져 있다. 그런데 어느 사이인가 왕궁은 절로 바뀌었고 그 절터에 오층 석탑이 세워져 오늘날까지 원래 모습을 간직하며 서 있다. 부여 정림사지 오층 석탑에 비해 신라의 석

탑 형태에 가까워 경주 주변에서 본 탑들과 겹쳐 생각된다.

왕궁리 오층 석탑을 뒤로 하고 익산 쌍릉으로 발길을 옮긴다. 약간의 구릉이 있는 길을 따라 걷다 보면 백제 땅의 아늑한 맛을 느껴 볼 수 있다. 큰 도로를 건너 오르막길에서 오른쪽으로 빠져 들어가면 쌍릉이 나온다. 대왕릉과 소왕릉 두 기로 이루어진 쌍릉은 무왕과 선화 공주의 무덤으로 추정되고 있다. 그렇다면 〈서동요〉의 종착지는 이곳인 셈이다. 이 노래에 담긴 사랑의 계략과 성숙의 의미가 한평생 두 사람의 관계를 단단하게 묶어 주지 않았을까. 그리하여 도읍을 옮겨 더 큰 과업을 이룩하려던 이곳에 미처

펴지 못한 뜻과 함께 두 사람의 사랑까지 한데 묻힌 것은 아닐까.

서정시를 읊으며 역사를 생각하다

한 편의 시가 국토의 여러 곳을 배경으로 음미될 수 있다는 것은 흥미롭고도 뜻 깊은 일이다. 사비성, 서라벌, 금마저 등 삼국 시대의 주요 도시들을 배경으로 역사적 인물과 사건이 어우러져 나온 〈서동요〉는 4행의 짧은 시 속에 많은 이야기를 담고 있다. 그저 아득한 옛날이야기 속의 동요가 아니라 등장인물의 개성이 생동하고 시인의 의도가 교묘하게 짜여 있는 개인 창작의 서정시인 것이다.

미륵사지 석탑에서 나온 「사리봉안기」에 사택적덕의 딸이 기록된 이상 이제 선화 공주와 사택적덕의 딸이라는 두 여성이 무왕과 어떤 관계에 있는지가 피할 수 없는 과제가 되었다. 역사와 설화, 사실과 허구 사이에서 어느 한쪽에 기대어서만 고대사를 이해하기는 쉽지 않다. 고대사는 밝혀진 사실만으로 이해될 수 있는 영역이 아주 적은 반면 많은 부분이 상상을 통해 메워야 될 공백으로 남아 있다. 설사 역사적인 사택적덕의 딸이 설화적인 선화 공주를 대체해야 할 증거들이 더 드러날지라도 선화 공주가 서동과 함께한 사랑의 이야기는 우리의 변함없는 애정과 관심 속에 민족사와 함께할 것이다.

뿐만 아니라 수준 높은 서정시로서 〈서동요〉가 지닌 긴밀한 구조와 기획된 표현은 언제까지나 음미되고 재해석되어야 할 가치 있는 언어 유산으로 남을 것이다. 작품 속에 담긴 깊은 의미와 풍성한 정서를 더욱 정밀하게 읽어 내어 대중화하는 것이 연구자의 몫으로 남는다.

처용가
處容歌

처용에 대한 궁금증

『삼국유사』「처용랑 망해사」에 따르면 처용은 동해 용왕의 일곱 아들 중 하나라고 한다. 용왕의 아들이라니 이 무슨 괴상한 이야기인가. 더욱이 용왕의 아들인 그가 헌강왕을 따라 서라벌로 와서 정치를 보좌하고 미인과 결혼해 살았다는 것이니 신성한 출신과 세속적인 행적이 서로 어긋나 있기도 하다. 이에 여러 논자에 의해 처용의 정체를 해명하려는 노력이 이어져 왔다. 호국 용, 역병을 물리치는 신, 불법을 지키는 용, 인욕 보살 나후라 등 신적 존재로 보거나 화랑, 용신을 모시는 무당, 울산 지방 호족의 자제, 이슬람 상인 등 인간적 존재로 보았다.

그런데 처용이 지은 향가 〈처용가〉가 다분히 인간적인 풍모를 띠고 있다는 점에 우선 주목해야 한다. 역신疫神을 퇴치했다는 설명이 붙어 있기는 하지만 향가의 내용은 아내의 간통 현장을 목격한 남편의 정서적 반응으로 되어 있다. 이와 함께 처용이 외래자라는 사실도 중요하게 고려해야 할 점이다. 어딘가에서 와서 울산 앞 바다에 기착한 다음 신라의 수도 서라벌에 정착한 인물이 처용이다. 이에 처용을 동해 용과 결부시켜 말한 이야기에서 설화적으로 분식된 부분을 좀 덜어 내고 인간으로서의 처용을 살펴볼 필요가 있다.

『삼국사기』에는 헌강왕 5년 왕이 동쪽 지역을 순행하던 중 생김새가 이상한 네 사람이 왕 앞에서 춤을 추었다는 기록이 있다. 『삼국유사』에서 다룬 것과 동일한 사건을 기록한 것이다. 두 책에 모두 나오는 외부인의 신라 도래라는 사건은 아마도 일정한 사실에 기초했을 것이다. 이에 연구사의 이른 시기부터 처용 설화는 신라 바깥에서 도래한 사람, 특히 이슬람 상인이 서라벌에 정착한 이야기라는 견해가 제출되었다(이용범, 1969). 신라와 외국 간의 교역 물품 중에 서역 제품들이 들어 있고 서역인 형상의 신라 유물이 남아 있는 점 등이 그러한 견해의 근거가 되었다.

근래 한국 방송 공사에서 페르시아의 서사시 〈쿠쉬나메〉에 나오는 페르시아 유민의 신라 정착, 그 나라 왕자와 신라 공주의 결혼과 출산 이야기를 소개한 바 있다(KBS 파노라마, '쿠쉬나메 제1·2부, 2013.5.17 / 5.24). 페르시아와 신라의 문화적, 인적 교류가 페르시아 쪽 문헌에 실려 전한다는 점, 페르시아 유민의 중국 망명과 신라 도래, 신라 공주와의 사랑 같은 사건 전개가 흥미를 끈다. 그 이야기에서 외래자가 신라에 정착하고 신라의 미인과 결혼한다는 것이 처용 이야기와 공통된다. 그러나 사산조 페르시아가 멸망한

7세기 후반과 헌강왕대의 9세기 후반은 200여 년의 시차가 있기 때문에 두 이야기를 바로 관련짓기는 어렵다. 다만 신라가 이른 시기부터 오랜 기간 이슬람권과 교류했으리라는 점은 추측할 수 있다.

신라인으로서는 용모와 복색이 특이한 사람이 왕을 따라 서라벌에 입성한 사실 자체에 큰 호기심을 느꼈겠고, 그가 하는 말과 행동 하나하나가 주목받았을 것이다. 왕 곁에서 정치를 보좌하는 역할을 하면서는 왕이 그 마음을 붙잡아 두려고 급간 관직도 주고 결혼도 시켜 줄 만큼 왕의 신임을 얻었다. 이름에 '~랑'이 붙은 것으로 보아 화랑도에도 입단하여 그 일원으로 활동했던 것 같다. 이렇듯 처용은 외래자로서 서라벌에 들어와 결혼도 하고 벼슬도 받고 화랑 활동도 하면서 신라 사회의 구성원이 되어 갔다.

그러던 차에 역신이 그의 아내를 범하는 사건이 발생한다. 안 그래도 주목의 대상이던 처용은 이 일로 인해 스캔들의 주인공이 되어 서라벌 사회에 다시 한 번 이름을 알렸으리라. 더욱이 사건의 와중에 취했던 처용의 행동, 즉 노래를 부르며 현장에서 물러난 행동은 많은 이들에게 깊은 인상을 주었을 것이다. 이러한 세간의 주목과 강한 인상으로 인해 그가 겪은 일은 서라벌 사람들에게 특이한 사건으로 기억되었고, 어느 정도 시간이 지나 그는 신격화되기에 이르렀을 것이다.

위와 같은 추정을 이제 처용과 관련된 유적, 그가 남긴 〈처용가〉를 통해 구체성을 띤 내용으로써 제시해 보고자 한다. 그가 신라의 바닷가에 닿아 서라벌로 들어온 경로를 찾아보고, 신이 아닌

인간으로서 겪은 격동의 순간을 〈처용가〉를 통해 살펴봄으로써 인간 처용의 모습에 다가가 보기로 한다.

울산 처용암에서

울산 고속버스 터미널에서 시내버스를 타고 야음 시장 앞에서 갈아타 20여 분쯤 가면 처용암 입구에 도착한다. 공장들이 들어찬 석유 화학 공업 단지를 가로질러 난 길로 가기 때문에 1200여 년 전의 유적을 찾아간다기보다는 1970년대 산업화의 원동력이 된 공장 지대를 견학 가는 것 같은 생각이 들 정도이다. 〈처용가〉

라는 서정시가 산출된 고향으로 가는 여행 중에 서정성과는 동떨어진 세계를 가로질러 가는 것이 서로 모순된 듯 기묘한 인상을 준다. 더욱이 처용암을 바라보면 그 주변이 온통 공업 단지로 둘러싸여 있어서 옛 항구의 고즈넉한 풍경을 기대하고 간 이에게는 실망을 안길 터이다.

그렇지만 생각을 달리하면 공장을 움직이는 원자재가 수입되고 여기서 생산된 제품들이 세계로 수출되는 울산항은 1000여 년 전 신라가 외국과 교류한 유수의 항구였던 그 전통을 새롭게 이어받은 것이라고도 할 수 있다. 그렇기에 오히려 공업 단지로 둘러싸인 처

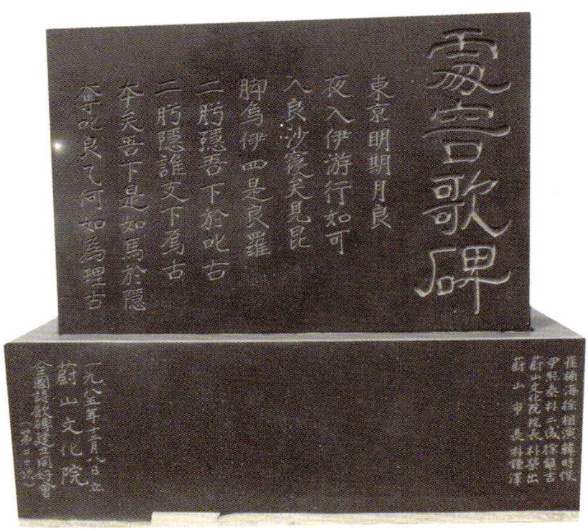

용암이 제 나라를 떠나 수만 리의 바다를 건너서 온 외국인을 맞이한 자리라는 상징성이 더 부각되는 바가 있다.

처용암은 청량천 하류인 외황강이 동해로 빠져 나가는 넓은 폭의 강 한가운데에 놓여 있다. 여러 개의 바위들이 모여 있는데 바다 쪽의 바위들이 수면 가까이 나지막하게 깔려 있는 반면 육지 쪽의 바위들이 불쑥 솟은 위에 나무가 덮여 작은 산을 이루고 있다. 바다 쪽과 육지 쪽의 양 방향을 따라 길게 늘어져 있는 그 바위들이 먼 바다에서 들어오고 다시 먼 바다로 나가는 여정의 이정표같이 보이기도 한다.

처용암에서 개운포 성터로 가는 길이 강변로였으면 얼마나 좋으랴만 트럭이 많이 다니는 산업 도로로 올라가서 가야 하니 걷기가 좀 불편하다. 개운포 성터에 이르면 근래에 정비된 남쪽 성벽이 나온다. 안내판에는 개운포성이 고대로부터 조선 시대에 이르기까지 국방의 요충지였다는 설명이 붙어 있다. 또한 청량천을 따라 개운포에서 망해사에 이르는 강변 마을들의 이름이 용이 산으로 들어갔다는 뜻을 시사하고, 동·서·북쪽에 문이 있는데 그중 강변 쪽의 서문은 배를 정박하는 곳이었을 가능성이 있다고 한다. 정비된 곳 외에는 어렴풋하게만 남아 있는 성곽 위에 올라 주위를 둘러보면 저 바다 쪽에서 배가 올라와 이곳에 정박하고 또 강을 따라 상류로 올라가기도 했을 뱃길이 그려진다. 강물이 흘러내리는 상류 근처에 영축산이 있고 그 아래 망해사가 있을 것이다.

성터에서 다시 산업 도로로 나가 버스를 기다려 타고 망해사로

향한다. 울산의 도심인 공업탑 버스 정류장에서 한 번 갈아타고 문수 월드컵 경기장 건너편의 망해 마을에서 내린다. 얼마쯤 산을 오르면 망해사가 나타난다. 그리 오래된 절은 아니지만 대웅전 뒤쪽 벽에는 『삼국유사』 「처용랑 망해사」의 이야기를 그림으로 그려 놓았다. 그 절 뒤를 돌아 올라가면 두 기의 승탑이 단정한 자태를 뽐내며 서 있다. 망해사 터에 애초부터 있던 승탑으로 추정된다니까 동해 용을 위해 절을 지은 그때에서 그리 멀지 않은 시기에 세워졌을 것이다.

8각의 몸돌을 떠받치고 있는 연꽃잎 모양의 받침돌이 둥글고, 몸돌 위에 얹힌 8각의 지붕돌 아래 부분 또한 둥글다. 8각형과 원형이 한 단씩 포개져 있는 모습이 깔끔한 느낌을 준다. 8각 지붕

이 내려간 곡선과 연꽃잎이 올라간 곡선이 위아래로 상응하고, 8각의 몸돌이 받침돌을 뚫고 다시 기단으로 자리 잡은 모양은 날렵한 허리에 연꽃 장식을 두른 듯한 맵시를 띠고 있다. 돌로 다듬어 이리도 단정한 모습을 보여 주는 승탑 앞에서 심신이 정화되는 느낌을 받는다고 해도 지나치지 않을 성싶다.

동해 용을 위로하고 처용의 행적을 기리는 이 절에 주석하였던 어느 스님의 깊은 신앙심이 이러한 형태로 드러난 것은 아닐는지. 처용 이야기에 담긴 욕망의 뒤얽힘, 사랑의 쟁취, 외부 시선에 대한 의식 등 세속적인 의미들이 이 승탑의 단정한 자태 속으로 빨려 들어가 그 모든 것에 낀 때가 깨끗하게 씻겨 나가지 않았을까.

경주로 가는 길목

처용암을 지나 개운포에 도착한 처용 일행은 헌강왕을 따라 서라벌로 들어왔을 것이다. 현재 울산에서 경주로 들어오는 국도로는 태화강을 따라 올라오는 7번 국도와 언양으로 빠져 올라오는 35번 국도가 있다. 신라 때에도 이들 국도의 원 도로에 해당하는 길이 있었을 것이다. 왕의 행차였으니 울산에서 경주로 난 큰길을 이용했을 텐데 둘 중 어느 쪽 길로 왔을지는 알 수 없다. 이와는 별도로 '처용랑'이라는 이름에서 보듯이 후에 처용이 화랑도의 일원으로 활동한 점을 감안하면, 화랑의 유람처이자 수련장인 35번 국도 옆의 대곡천을 탐방하는 것이 좋겠다.

울산에서 시내버스를 타고 언양에서 내려 반구대 암각화 방향으로 가는 버스로 갈아탄다. 반구대 정류장에서 내려 대곡천 쪽으로 걸어 들어가면 고래 모양의 암각화 박물관이 나온다. 그곳을 지나 대곡천을 따라 내려가면 반구대를 강 건너편에서 조망하는 지점에 이른다. 망원경으로 보아도 잘 보이지 않지만 안내원의 설명에 따라 대강의 위치는 확인할 수 있다. 울산의 식수원 확보 문제로 인해 암각화 보존이 쟁점으로 떠올랐는데 어떻게든 원형이 유지되는 쪽으로 해결되면 좋겠다.

반구대에서 천전리 각석까지 이어진 오솔길은 그야말로 심신을 치유할 수 있는 아름다운 길이다. 대곡천 계곡의 기암절벽과 맑은 냇물을 보고 물소리, 새소리를 들으면서 나무 그늘 사이로 난 호젓한 길을 걷는 맛이 그만이다. 이 길을 따라 걷다가 이르는 곳이

천전리 각석이다. 반구대 암각화에는 주로 동물 그림들로 남겨진 선사 시대의 흔적이 여기에서는 동심원, 마름모, 나선형 등 기하학적 문양으로 새겨져 있다. 그리고 그 속에는 입종 갈문왕과 그 부인, 아들인 진흥왕이 다녀간 행적을 비롯하여, 흠순, 수품, 영랑 등 사서에 기록된 화랑뿐 아니라 다른 데서는 찾아볼 수 없는 화랑들의 이름이 많이 새겨져 있다. 이를 육안으로 일일이 확인하기는 어려운데 각석의 가운데 아래쪽에 많은 글자들이 새겨져 있는 입종 기록, 왼쪽 아래에 살짝 패인 곳의 영랑 기록 정도는 찾을 수 있다.

입종과 영랑의 생몰 연대를 추정하면 줄잡아 6세기 초에서 8세기 초까지 200여 년에 걸쳐 새겨진 각석은 영랑 이후에도 화랑의

유람처가 되었을 것이다. 각석에 새겨진 선배 화랑의 이름을 보면서 신라 화랑도의 자랑스런 전통을 잇고 있다는 자부심을 느꼈을 것이다. 외래자이긴 하지만 화랑의 일원이 된 처용도 그러한 신라의 전통을 받아들이고 화랑도의 활동에 동참하지 않았을까 한다.

반구대 암각화에서 천전리 각석까지 이르는 길에서 얻는 또 하나의 즐거움은 강변 바위에 새겨진 공룡 발자국을 직접 보는 일이다. 반구대에서 얼마쯤 지나서 나오는 안내판을 따라 강가로 나가면 절벽 바위 위에 공룡 발자국이 찍혀 있다. 또 천전리 각석 건너편 너른 바위에도 자국이 많이 나 있다. 둥글넓적한 발자국, 발톱으로 콕콕 찍은 듯 옴폭 들어간 발자국, 줄지어 난 발자국, 흩어진 발자국 들이 여기저기 재미있게 새겨져 있다. 이로써 보면 대곡천

변은 공룡들이 돌아다녔고, 고래잡이하던 선사 시대인이 살았고, 신라 시대 화랑이 노닐었으니, 아주 오랜 기간 동안 몇 겹의 시간층이 쌓인 곳이다. 그리고 다시 천년 후 내가 이곳을 찾아와 그들이 남겨 놓은 흔적을 눈으로 확인하고 있다. 참으로 경이로운 시간 여행이라 하겠다.

그리하여 이번 여행에서 뜻밖에도 차곡차곡 쌓인 시간의 결을 보게 되었고 그중의 한 시대를 살았던 처용을 찾아 나선 오늘 여기서 오랜 시간의 좌표를 그려 보게 된다. 끊임없이 흐르는 시간 속에 처용과 나는 어떻게 만난 것인지, 내가 처용의 흔적을 찾아보는 일이 어떤 의미를 지니는지 새삼스럽게 느껴진다. 처용의 본모습이 무엇인지 지금으로선 알 도리가 없기에 내 나름으로 그를 해석해 보고 있을 뿐이다. 이것이 너무 허무맹랑하지 않도록, 가급적 오늘 우리의 삶에 와 닿는 해석이 되기를 빈다.

배경 기사와 〈처용가〉를 통해 본 사건 정황

서라벌에 들어온 처용은 왕을 도와 정치적 조언을 해 주고 미인을 얻어 신혼살림도 차린다. 그리고 급간의 관직도 얻고 화랑의 일원이 되어 활동하기도 한다. 그렇게 적응해 갈 즈음 그에게 큰 사건이 발생한다. 역신이 아내를 범한 것이다. 현장을 목격한 처용은 〈처용가〉를 지어 부르고 춤추며 물러난다. 이를 두고 대개는 처용이 이미 벌어진 사태에 체념하고 역신에게 관용을 베풀었으며, 그러한 맥락에서 작품에서 여유와 해학이 풍겨 난다고 보았다. 과연 그럴까?

처용이 동해 용의 아들이고 아내를 역신에게 빼앗겼고 사람들이 모습을 그려 재앙을 물리치고 경사를 맞이했다는 등의 내용으로 인해 〈처용가〉는 신비스럽고 주술적인 작품으로 이해되어 왔다. 동해 용, 역신의 등장, 주술의 사용 등의 이야기가 작품을 비현실적인 것으로 이해하게 만든 것이다. 그러나 이 작품의 노랫말 어디에도 초월적인 존재나 주술적인 면이 나타나 있지 않다. 오히려 현실적인 내용과 인간적인 정서를 담고 있다. 이러한 작품 성격을 근거로 하여 헌강왕대 실제로 일어났던 사건이 나중에 설화로 채록된 것이 『삼국유사』의 배경 기사라고 할 수 있다.

작품의 시간적 배경은 헌강왕대이고 현실적 증거물은 개운포라는 지명과 망해사望海寺 혹은 신방사新房寺라는 절이다. 절에 붙은 두 가지 이름은 왕이 미인을 처로 삼게 하여 그의 뜻을 머물러 두고자 했다는 배경 기사에 견줄 만하다. '망해'는 처용이 자신의 유래처인 바다를 바라본다는 뜻이고, '신방'은 처용이 미녀를 맞이하여 차린 신혼 방으로서 헌강왕이 그를 머물러 두고자 했던 의도가 반영된 이름이다. 자신이 온 바다 저편을 바라보는 것과 미인과 혼인하여 이곳 서라벌에 머무는 것 사이의 모순적 상황에 놓였던 처용의 처지가 한 절에 두 이름이 붙게 된 원인일 수 있다.

이와 함께 작품 자체에서 처용이 겪은 사건의 정황이 드러난다.

동경 밝은 달에	東京 불기 ᄃᆞ라

밤들도록 놀며 다니다가,	밤드리 노니다가,
들어서 자리 보니	드러사 자리 보곤
가랑이가 넷이어라.	가로이 네히어라.
둘은 내 것인데	두블흔 내 해엇고
둘은 누구 것인가?	두블흔 누기 해언고?
본래 내 것이다마는	아이 내 해다 마는
빼앗아 옴을 어떻다 하리오?	아살 엇뎌다 ᄒᆞ리고?

제1구(제1~4행)는 밖과 안의 대비로 짜여 있다. 밖은 '밝은 달'이 비치는 '동경'의 '밤'이다. 이 밤은 '서라벌에서 바다 안쪽에 이르기까지 집과 담이 연이어 있고 초가는 하나도 없었다. 길에 피리 소리와 노랫소리가 끊이지 않고 비와 바람이 사철 순조로웠다.'는 사서의 기록과 함께 이해되어야 한다. 이와 같은 헌강왕대 태평성대의 기상이 제1, 2행에 반영되어 있는 것이다. 그에 비해, 안은 '넷'인 '가랑이'들이 어지러이 놓여 있는 자신의 잠'자리'이다. 가랑이 넷은 성교의 모습을 표현한 것이다. 이는 태평성대의 이면에서 벌어진 성적인 문란상을 암시하고 있다.

이렇듯 제1구는 밖과 안의 대비 속에 헌강왕대의 시대 상황을 상징적으로 반영하였다. 처용이 실제로 겪은 경험을 시로 표현한 것이지만, 개인의 경험 속에 시대 현실이 스며든 양상을 잘 보여준다. 이는 또한 처용이 처한 모순된 현실과도 연관된다. 태평성대인 밖은 처용을 머물러 두게 하는 요인이다. 미인을 아내로 맞이하여 차려 놓은 안도 그와 같은 역할을 하였다. 그런데 지금 그 안에서 패역한 일이 일어났다. 이로 인해 처용은 자기가 왔던 바다 쪽을 바라볼 처지가 되었다. 그러니 사태가 매우 심각해졌다.

제2구(제5~8행)에서 그러한 위기에 처한 대응 양상이 나타나 있다. 화자는 자기 잠자리에 놓인 네 개의 다리를 구분한다. 위기 상황에서 분석력을 발휘하는 것이다. 그리하여 제5, 6행에서 다리 넷 중에 '둘은 내 것'으로, '둘은 누군가의 것'으로 나누어 놓았다. '것'이라는 말을 반복함으로써 아내에 대한 소유 관념을 강조하면서 잠자리의 다리 넷을 둘과 둘로 나눈 것이다. 이는 뜻밖의 사태에 직면하여 나름대로 파악을 마친 후 나온 행동이기도 하다. 사태를 회피한 것이 아니라 그것을 직시하고 이지력을 발휘하여 사태 파악을 한 것이다. 이는 노래하고 춤추며 물러나는 처용의 행동이 체념의 몸짓이라고 볼 수 없는 작품 내적 근거이다.

안의 상황에 대한 분석은 제7, 8행에서 밖의 시선을 의식함으로써 위기 극복의 방향을 찾는다. 화자의 의식이 안에서 밖을 지향한다는 점에서 제1구의 밖과 안의 대비가 다시 한 번 나타난 형국이다. 제7행의 '본래 내 것'은 헌강왕이 처용을 머무르게 하기 위해 혼인도 시키고 벼슬도 주었다는 것에서 입증된다. 처용이 아내에 대한 소유권을 내세울 수 있는 것은 왕이 그녀를 하사했기 때문이다. 국왕의 권위에 의지하거나 아니면 스스로의 힘을 써서 역신에게 빼앗긴 아내를 되찾아 올 수 있다.

그러나 그는 아내를 도로 '빼앗아 오'지 않는다. '빼앗아 옴을 사람들이 어떻다 [사람들이] 하리오?'(제8행)라는 말은 사람들의 평판, 곧 밖의 시선을 의식한 것이다. 처용이 우선적으로 의식할 수밖에 없는 인물은 헌강왕이다. 또한 왕의 명령을 받들어 주선해 준 신하들이 있었을 텐데 이들은 처용이 왕정을 보좌하는 데 협력했을 것이다. 그리고 달밤의 서라벌 유람에서 암시되듯 화랑의 집단행동도 있었겠다. 왕, 신하, 동료 화랑 들이 처용이 의식할 만한 밖의 존재인 것이다.

아내는 겁탈 당했다. 어쩌면 외간남자와 사통한 것인지도 모른다. 그 현장이 발각됨으로써 처용과 아내의 사랑은 파탄에 이르렀다. 왕과 주선자들의 도움으로 이루어진 혼인을 파기해 버린 아내에 대해 처용은 대단히 분노했을 것이다. 또한 아내를 겁탈한 남자에 대한 분노도 이루 말할 수 없었으리라. 현재로서는 두 남녀의 사정이 어떠했는지, 그 남자와 처용은 어떤 관계였는지, 세 인물과 조정朝廷은 어떻게 연결되는지 알 길이 없다. 다만, 처용이 자신의 주체성을 지키고자 한 점은 분명히 감지된다.

현장에서 아내를 다시 빼앗아 오는 것은 더러운 데에 손을 담그는 격이다. 왕정을 보좌하면서, 화랑과 교유하면서 얻은 신망을 지키기 위해서라도 그와 같은 진흙탕 싸움에 말려들지 말아야 한다. 결국 처용은 두 남녀에 대한 극도의 분노를 억제하면서 한 발짝 물러선다. 패역을 저지른 그들에게 관용을 베풀어서가 아니라 자신에 대한 주변의 신망을 저버리지 않기 위해서 물러나는 것이다. 노래 부르며 추는 그의 춤사위는 억누르기 어려운 분노의 표현이었기에 매우 굳세고도 격렬한 몸짓이었으리라. 이를 보고 처용 앞에 무릎 꿇은 역신이, '공께서 노여움을 나타내지 않으시니'라고 한 것은 처용이 엄청난 분노를 품고 있지만 밖으로 드러내지 않았을 뿐이라는 말이다.

이렇듯 〈처용가〉는 '밖—안—안—밖'의 구조를 이루고 있다. 처용이 처한 서라벌 밖 대 서라벌 안의 대립적 상황이 집 밖 대 집 안의 대비로써 그려진 것이다. 왕정을 보좌하고 가정을 꾸려 서라벌에 정착하려던 외래자 처용은 집 안에서 벌어진 간통 사건으로 인해 정착 의지를 포기하고 자신이 왔던 서라벌 밖으로 나가려 했을지 모른다. 그러나 그렇게 한다면 자신을 신임하는 헌강왕과 후원자들에게 누를 끼치게 될 것이니 난감한 노릇이다. 시대의 모순에 개인의 모순이 중첩된 상황에서 고뇌가 깊어질 수밖에 없다.

이러한 처용의 분노와 고뇌는 현존하는 신라 유물 가운데 서역인의 형상에서도 엿볼 수 있다. 원성왕릉의 묘지석과 경주 박물관의 석상에 새겨진 서역인의 얼굴 표정을 나란히 떠올리게 되면 〈처용가〉에 드러난 외래자 처용의 분노 그리고 고뇌가 표현된 듯한 착각에 빠진다.

〈처용가〉의 감각

위와 같은 사건 정황을 염두에 두고 이제 〈처용가〉 자체를 음미해 보자. 처용, 아내, 역신이 간통 사건에 휘말린 상황에서 처용이 자신의 심정을 표현한 것이 〈처용가〉이다. 이에 뜻밖의 사태에 처한 화자의 감각과 정서에 주의하여 감상할 필요가 있다.

동경 밝은 달에
밤들도록 놀며 다니다가,
들어서 자리 보니
가랑이가 넷이어라.

제1구는 사태에 직면하는 화자의 시각이 중심 역할을 하고 있다. 시각과 관련하여 빛의 처리가 중요한데, 여기서는 '밝은 달'(제1행)과 '밤들도록'(제2행)에서 달빛의 밝음과 밤의 이슥함이 대조되었다. 밤이 들수록 어둠이 짙어야 하지만 지금은 보름이기에 이슥할수록 달빛이 더욱 환히 비춘다. 화자는 그 달빛을 타 밤들도록 노닐었다고 했는데, 이는 달빛의 밝음이 화자의 마음에 스며든 형국이다. 이렇게 달빛에 취한 마음으로 인해 으슥한 밤이 드리운 어둠의 조짐을 알아채지 못하고 있다.

그런데 '밤들도록' 속의 '들다'라는 말이 '들어서'(제3행)로 연결되면서 시간적 의미에서 공간적 의미로 바뀐다. 밤이 '들도록' 노닌 다음에 자기 집으로 '들어'가는 것이니 더욱 이슥해진 밤에 어두운 집 안으로 들어간 것이다. '들다'를 매개로 늦은 밤에 밖에서 안으로의 이동이 이루어진 것이다.

집 안에 들어섰을 때 잠시 눈이 캄캄해졌을 것이다. 그러다가 차츰 집 안의 어두침침한 빛에 익숙해지자 잠자리에 놓인 가랑이 넷을 목격한다. 화자가 사태를 목격할 때까지 첫 행에 나온 달빛이 배후에서 계속 작동하고 있다. 화자가 밖에서 안으로 이동하는 동안 줄곧 달빛이 배경이 되어 주었다. 이러한 달빛은 작품의 분위기를 조성할 뿐 아니라 주제를 형성하는 역할도 한다. 달빛이 환할수록 그 빛을 배경으로 한 화자의 시각이 사태를 좀 더 명확히 파악할 것이기 때문이다.

제1구의 이러한 양상은 마치 카메라가 클로즈업해 들어가는 것과 비슷하다. 카메라가 서라벌 시내를 찍고 있다. 처용이 노닐었을 법한 서라벌의 유흥가 아니면 조용한 절 앞뜰을 찍는다. 한참 후 카메라는 화자를 따라 집 안으로 들어간다. 돌연 화면이 캄캄해졌으나 잠시 후 희미한 빛 아래 카메라가 집 안을 비춘다. 잠자리를 클로즈업하면서 네 다리가 엉켜 있는 모습을 화면 가득 잡는다. 넓은 곳에서 좁은 곳으로, 밖에서 안으로 움직여 가서 클로즈업하는 카메라 촬영과 같이 작품의 시상이 전개된 것이다.

화자의 시각과 함께 촉각도 예민하게 작동하고 있다. '놀며 다니다'(제2행)는 인간의 오감에 다 걸리는 행위이지만 달빛을 받으며 밤이 이슥하도록 노니는 것은 오감 중에서도 촉각의 비중이 큰 행동이다. 달빛의 밝음과 밤의 어둠의 대조는 달빛의 따스함과 밤의 차가움의 대조를 이끌어 온다. 달빛으로 인해 차가운 밤기운에 쉰 몸을 아늑하고 부드럽게 감싸 주는 느낌을 받을 수 있다. 또한, 밤거리를 다니거나 뜰을 거닐 때면 달빛이 몸의 촉각으로 느껴질 것이다. 이는 실내에 있으면서 달빛을 완상할 때 주로 시각이 작동하는 것과는 다른 양상이다. 한밤중에 달빛을 몸으로 받는 느낌은 '동경 밝은 달에'(제1행)라는 표현과 관련된다. 달빛을 받아 몸이 밝아지는 느낌, 즉 몸이 달아오르는 느낌이 드는 것이다.

제1, 2행에서 촉각이 작동하였다면 제3, 4행에서는 화자가 목격한 두 남녀의 촉각이 은근하면서도 강렬하게 부각된다. 그가 '본' '자리'에는 '가랑이가 넷'이 있었다. 침대 위에 가랑이 넷이 뒤엉켜 있는 모습이 적나라하게 드러난다. 성 행위 자체가 촉각에 많이 의존한다는 점이 작용했겠으나, 화자는 의도적으로 숫자 '넷'을 가져와 둘과 둘이 서로 뒤엉켜 있는 모습을 표현하였다. 그리고 발가벗은 두 남녀의 몸에서 성 행위와 관련된 '가랑이'를 지목함으로써 그 말이 갖는 육감적인 느낌을 강조하였다.

이러한 촉각적 표현은 제1, 2행의 촉각적인 느낌, 다시 말해 화자의 몸과 의식 상태가 조금 들떠 있다는 점과 서로 다른 방향에서 관련을 맺는다. 하나는 들뜬 느낌이 확대되는 방향이다. 화자도 서라벌의 밝은 달빛 아래 조금 들뜬 상태로 집에 들어왔는데, 들뜸의 정도가 극도로 높아진 상태의 두 남녀를 목격하는 것이다. 다른 하나는 들뜬 느낌이 무화되는 방향이다. 화자가 목격한 장면은 이제까지 들뜨고 유쾌했던 기분을 싹 가시게 하는 것이기도 하다. 이렇게 두 가지 촉각적 심상이 서로 교차하면서 묘한 정서적 파동을 일으킨다. 화자의 들뜸과 두 남녀의 들뜸 사이의 같고 다름이 모순된 채 공존하는 상태에서 생겨나는 정서의 울림이다.

화자는 시각과 촉각을 사용하여 뜻밖의 사태를 감지한다. 이제 그것의 본질이 무엇인지 알아야 문제를 풀어 나갈 수 있다.

둘은 내 것인데
둘은 누구 것인가?

제2구의 앞 두 행에서 당면한 사태를 올바로 인식하려는 의식 작용이 일어난다. '가랑이가 넷'이란 말로써 당면한 사태를 직관적으로 규정한 데에서 이제 화자는 '넷'을 '둘'과 '둘'로 분리해 낸다. 넷 중에 둘은 '내 것'이 분명한데 나머지 둘은 '누구 것'인지 모른다. 넷을 둘씩 나누는 의식 작용은 소유 관념을 전제로 하고 있다. 어떤 사태에 직면하여 감각을 통해 직관적으로 파악한 후 의식을 작동시켜 분석한 것이다. 감각과 의식이 연계되어 사태를 파악하고 있다.

이렇게 작동된 의식은 대처 방안을 찾는다. '밖—안—안—밖'으로 시상이 전개되는 것을 감각과 의식의 작용 면에서 보면 '밖에서 안으로'는 감각이, '안에서 밖으로'는 의식이 주된 역할을 맡는다. 문제의 발견과 제기는 감각에 의한 직관이, 문제의 정리와 해결은 분석력을 가진 의식이 담당한다.

본래 내 것이다마는
빼앗아 옴을 [사람들이] 어떻다 하리오?

제7행에서 가랑이 둘은 '본래'부터 내 것이었다고 하여 소유권의 침탈로 파악한 앞의 관점을 더욱 분명히 한다. 본래 나의 소유를 지금 누군가가 빼앗아 간 것이므로 지금 이 사태는 명백히 부당한 것이다.

그런데 제8행에서 시상의 비약이 이루어진다. 본래 내 것이기 때문에 언제든지 소유권을 행사할 수 있다. 다시 '빼앗아 옴'은 화자의 정당한 권리이다. 그렇지만 '[사람들이] 어떻다 하리오?'라면서 권리의 포기를 선언한다. 이때 의식은 바깥 세계를 향하고 있다. 침탈당한 권리를 회복하는 방법은 싸움에 끼어들어 자기까지 더럽혀지는 것이 아니라 싸움을 피하여 자신을 깨끗이 지키는 것이다.

'빼앗아 옴'이 사태를 목격했을 때의 당혹감과 고민을 해결하는 방법이 될 수도 있지만 화자는 그것을 포기한다. 관용을 베풀어서가 아니라 오염되지 않기 위해서이다. '빼앗아 옴'이라는 말은 앞에서부터 나온 촉각적 심상의 극단을 상기시킨다. 빼앗고 빼앗기는 싸움은 몸과 몸, 촉각과 촉각이 부딪치는 행동이다. '역신'으로 표현된 것처럼 상대방은 병을 옮기는 존재인데, 이미 오염된 자가 처용의 아내까지 오염시켰다. 이에 대해 화자는 오염되기를 거부한다. 싸우기를 포기했으니 접촉하지 않았고 따라서 오염을 피한 것이다.

제7행의 확인을 거쳐 제8행에서 반전이 이루어진 것은 시상의 역동적 전개를 보여 준다. 시각, 촉각 등 감각이 동원되어 사태를 인식하고, 감각을 통해 얻은 정보를 의식이 분석한 다음, 여러 상황을 복합적으로 파악하여 화자의 태도를 결정하였다. 감각과 의식이 긴밀히 관계하면서 사태 해결로 나아갔다. 이러한 시상 전개에서 시적 긴장이 느껴지는 한편 고조된 의식의 극적 반전이 주는 쾌감을 맛보게 된다.

분노를 감춘 노래의 강한 힘

동해 용의 아들 처용이 서라벌에 입경했다가 미인 아내를 역신에게 빼앗겼으나 노여워하지 않고 물러났다는 처용 이야기. 그 속에서 체념, 관용, 여유, 해학 등을 읽어 낸 것은 처용에게 씌워진 주술적, 신적 면모를 너무 의식했기 때문은 아닐까. 신이라면 아내의 간통 현장을 목격하더라도 인간의 과오로 여겨 너그러이 용서할 만하지 않나 하는 생각이 들었을 법하다.

그러나 〈처용가〉를 찬찬히 음미해 보면, 인간이 지닌 감각과 의식으로써 지극히 인간적인 고뇌를 그려 내고 있다. 아내를 빼앗긴 남편의 심정을 신적인 존재의 관용으로 덮어 버린다면 그 생생한 현장의 목소리는 어디 가 찾을 것인가. 예민한 감각을 발휘하며 내면의 분노를 억누르고 사태를 수습하고자 했던 처용의 강인한 마음을 어떻게 기억할 수 있겠나. 처용의 인간적인 강인함 때문에 당대인이 그 사건을 기억하고 그에게 신적인 능력을 부여하지 않았을까.

고려 시대에 와서 가사가 바뀐 고려 〈처용가〉는 내면의 강인함

이 외모로 드러나는 무신巫神의 형상을 읊고 있다. 원래부터 지녔던 〈처용가〉의 강렬한 분노와 끝까지 고수했던 고결함이 시대가 지나 신성성을 획득하여 신적인 존재로 정립된 것이다. 고려, 조선을 거쳐 오늘날에 이르기까지 천년 이상의 유구한 역사 속에 처용의 노래와 몸짓은 춤과 음악과 연극을 통해 전승되었다. 어엿한 민족 문화의 유산으로 남아 신라의 향취를 끼치고 있는 것이다.

사건 이후 처용은 신라를 떠났을까, 남았을까. 사람들 사이에서 점점 더 신적인 존재로 기억되어 갔겠으나 작품을 통해 그는 고뇌에 찬 인간으로 남았다. 난숙기의 신라 서라벌에 들어와 수준 높은 향가를 지을 정도로 그 문화에 동화되었던 외래자 처용은 설사 신라를 떠나 고국으로 돌아갔을지라도 그에게서는 늘 신라 문화의 향기가 풍겼을 것이다. 신라 땅으로 들어온 사람, 그 땅을 떠나간 사람 그 누구든지 신라의 유구한 역사와 전통, 난숙한 문화와 인간미에 빨려들 만하지 않았을까. 그러한 전통을 이어 이 땅의 문화를 가꾸는 일이 처용 시대나 오늘날이나 여기에서 살고 있는 이들의 소명일 것이다.

신라 문화의 난숙기를 구가했던 헌강왕의 능 주변을 서성거리며 이러한 생각을 해 본다.

혜성가
彗星歌

혜성을 소재로 시를 짓다니

혜성은 꼬리에 섬광을 끌며 밤하늘에 나타났다 사라진다. 예전부터 이런 별이 나타나면 불길하다고 하였다. 국정을 논의하며 하늘의 모습, 곧 천문을 살피는 것이 중요한 일이었던 옛날, 혜성의 출현 자체가 왕의 국정 운영에 큰 부담이 되었다. 그래서 일관日官이라는 관직을 설치해 두고 해, 달, 별과 같은 천체가 움직이는 모습을 예의 주시하도록 하여 재앙을 막고 불안을 떨쳐 버릴 방책을 찾았던 것이다. 이렇듯 혜성은 오래전부터 정치적인 함의가 짙었다.

그러한 혜성을 소재로 시를 지었다. 가만히 생각해 보면 놀라운 일이다. '별 하나 나 하나'라고 부르는 동요나 '별을 노래하는 마음으로' 살아간 현대의 시인과 비교해 보아도 혜성이라는 특정한 천체 현상을 가지고 시를 지은 것은 매우 특이하다. 천문과 인간사가 긴밀히 조응한다는 세계관을 갖고 있던 옛사람에게서나 가능한 일이지만, 그것도 그저 낭만적인 분위기를 내려거나 주술적인 수단으로 이용하려고 별을 소재로 삼아서는 10행 향가의 수준 높은 서정성에 부응하기 어렵다. 지금 우리에게 전해진 〈혜성가〉는 그만큼 유일무이하고 서정적인 깊이를 지닌 작품이다.

금강산 유람 길을 떠나려던 세 화랑(삼화三花)의 무리가 혜성이 나타났다는 소식에 의아한 생각이 들어 여행을 그만두고자 하였다. 융천融天이라는 이름의 스님이 〈혜성가〉를 지어 부르자 혜성의 변괴도 사라졌고 그때 막 신라를 쳐들어오던 일본 군사도 돌아가 나라의 경사가 되었다. 그리하여 진평 대왕이 세 화랑의 무리를 금강산으로 떠나도록 하였다. 이러한 이야기와 함께 〈혜성가〉가 『삼국유사』 「융천사 혜성가 진평왕대」에 실려 전한다.

금강산은 신라의 성지 중 하나이다. 『삼국사기』 「제사」에는 고성군에 있는 상산霜山, 즉 금강산에서 제사를 거행했다고 하였다. 국가가 관장하는 제사가 거행된 곳인 만큼 신성한 장소로 인식되었을 것이다. 불교 전래 이후 이 산은 불교적인 의미의 성지로 받아들여져 불법 수련의 도장이 되었다. 그리하여 금강산은 신라의 고유 신앙으로나 불교 신앙으로나 매우 신성한 장소로 여겨져 왔다.

금강산 유람은 명산대천을 유람하며 심신을 수련하는 화랑의 전통에 속한 행사이다. 화랑은 500~1000명 정도의 무리를 이끌고 자연 속에서 무술, 천문, 음악, 무용, 문학 등 다방면에 걸쳐 교양과 실력을 쌓았다. 국토 순례에 해당하는 이러한 활동을 통해 화랑도 각자의 심신 수련뿐 아니라 각 지방의 민정을 살피고 백성의 질고를 몸소 체험함으로써 국가를 위해 무엇을 해야 할지 생각하였다. 이러한 화랑도의 집단 순례 활동은 삼국 통일 전쟁에서 신라의 최종 승리를 가져오는 데 큰 힘이 되었다.

진평왕대 세 화랑의 무리가 금강산으로 유람을 떠난 것도 화랑도의 전통에 따른 활동이었다. 화랑도에 속한 불승을 낭승이라고 하는데, '~사'가 붙은 것으로 보아 융천은 낭승이었을 것이다. 그는 불승인 동시에 천문에 조예가 깊은 일관으로서의 성격을 아울러 지닌 인물이다. 천문에 관한 지식을 바탕으로 혜성의 변괴에 대해 합리적인 해석을 내놓음으로써 그로 인해 야기된 불안과 혼란을 씻어 버리고 화랑도가 예정대로 금강산 유람을 할 수 있도록 하였다. 왕까지 나서서 변괴의 소멸을 크게 기뻐하고 화랑도의 금강산 행을 허락한 것으로 보아 이 일은 신라 사회에 큰 반향을 일으켰던 것 같다. 그리고 무엇보다도 〈혜성가〉의 내용이 천문에 대해 상당히 깊이 있는 통찰을 보여 준다는 점에서 작품의 의미를 되새겨 보고 그 가치를 평가할 필요가 있다.

이제 〈혜성가〉와 관련된 여행을 해 보기로 한다. 이 시대의 우리에게 잠시 열렸던 금강산 여행길은 지금 다시 막혀 있다. 금강산에서 이 작품을 기억하며 맛보게 될 또 다른 감흥은 잠시 미루어 두고 지금 할 수 있는 여행을 떠나 보기로 하겠다.

〈혜성가〉는 어디서 지어졌을까

여행의 출발부터 어쭙잖은 상상력을 발동해야 하겠다. 배경 기사에는 기술되지 않은 작품의 출생지를 찾고자 하기 때문이다. 스스로 생각해도 근거가 부족하여 무리한 상상이라 생각되지만 작품 이해와 여행의 경로를 좀 더 체계적으로 마련하기 위해 일단 시도해 보고자 한다.

우선 배경 기사에서 '삼화'라고 적힌 말에 주목한다. 우리가 알지 못하는 화랑의 역사 속에서 세 화랑이 무리를 이루어 특출한 활동이나 업적을 남긴 경우가 상당히 있었을 것이나 현재 전하는 사서를 통해 알려져 있는 것은 '제5 거열랑, 제6 실(돌)처랑, 제7 보동랑'의 삼화가 금강산 유람 길을 떠난 이 기록이 거의 유일하다. 몇 명의 화랑을 무리 지어 부른 예는 영랑, 술랑, 남랑, 안상의 '사선四仙'이 유명하여 여러 일화를 남기고 있다.

거의 고유명사로 굳어진 사선처럼, 삼화 역시 배경 기사에 기록된바 진평왕대 일어난 특정 사건과 결부된 명명이라고 본다면, 삼화가 들어간 '삼화령' 혹은 '삼화술'이란 지명과의 관련성을 생각해 볼 수 있다. 그곳은 충담이 삼짇날과 중양절에 미륵불에게 차 공양을 했고, 효종랑이 문객들을 데리고 유람했던 곳이다. 효종랑이 그렇게 했다고 전하는 『삼국유사』 「빈녀양모」에는 삼화술이 포석정과 혼동되는 곳으로 기록되어 있다. 이 삼화령(술)이 혹시 삼화의 사건과 관련된 지명이 아닐까.

경주 남산에는 삼화령이란 안내판이 두 군데 있다. 상서장에서

10분쯤 올라가면 나오는 '전 삼화령'과 금오봉에서 봉화대로 향하는 능선 위, 용장사지 삼층 석탑을 오른 후 닿는 고갯마루 '삼화령'이다. 그런데 전 삼화령은 북쪽에서 남산을 오르는 야트막한 중턱에 있는 데 비해 삼화령은 고위봉 아래 용장 계곡을 조망할 수 있는 탁 트인 장소이다. 『삼국유사』 「생의사 석미륵」에는 생의 스님이 남산의 남쪽 골짜기에서 돌미륵을 얻어 삼화령에 안치했다고 하였다. 이로 보아 삼화령은 남산의 남쪽 골짜기 위의 고개이니, 전 삼화령이 아니라 삼화령에 해당하는 곳일 것이다.

혜성에 얽힌 삼화의 사건과 결부시켜 보아도 천문을 관측할 수 있는 곳으로는 전 삼화령보다 삼화령이 적합하다. 또한 〈혜성가〉에서 봉화를 살랐다는 구절이 있는 것에 유의한다면, 천문 관측과 봉화 전달이 한꺼번에 이루어질 수 있는 곳도 삼화령이다. 삼화령은 남산의 봉화대와 능선길로 연결되어 있고 봉화를 가까이에서 볼 수 있는 곳이기 때문이다.

그리하여 이제 남산 삼화령을 오른다. 효종랑 기록에 그곳과 혼동을 가져온 포석정에서 출발하여 금오봉에 이르고 다시 능선을 따라 걷다가 삼화령에 닿는다. 자동차도 다닐 수 있게 닦아 놓은 남산 순환로를 걷는 것이어서 등산보다는 산책 기분이 난다. 삼화령에서 고위봉 아래 용장 계곡을 조망하고 다시 그 위쪽의 하늘을 쳐다본다. 삼화의 무리가 금강산 행을 준비하던 중에 이곳에 올라 밤하늘의 별자리를 보지 않았을까. 아니면 혜성의 출현 소식을 접한 후 부랴부랴 무리를 모아 이곳에 올라와 혜성의 정체를 자세히 관찰하려고 하지는 않았을까. 첨성대가 설치되기 이전 시

기인지라 서라벌 주변의 조망 좋은 높은 곳에 올라 천문 관측을 하였을 텐데 그중의 한 곳이 여기 삼화령이 아닐는지.

이곳에서 삼화의 무리가 밤하늘을 쳐다보고 혜성을 확인할 즈음 그 무리에 속한 융천이 나서서 천체 현상을 찬찬히 다시 관찰한다. 그리고는 뭇 사람의 생각과 다른 결론, 즉 혜성이 아니라 화랑의 금강산 유람 길을 닦아 줄 '길 쓸 별'이라는 결론에 도달한다. 이러한 생각을 〈혜성가〉로 표현해 낸 것이다.

다만 봉화를 통한 왜군의 침입 소식을 이와 동시에 접했는지 시차가 있었는지는 알 길이 없다. 왜적 퇴치도 〈혜성가〉의 중요한 내용 중 하나인데 그것까지 혜성 퇴치와 동시에 이루어졌을지는 의문이다. 그렇긴 하지만 작품 내용과 관련된 장소인 봉화대가 삼화

령 근처에 있다는 점은 생각해 볼 문제이다. 삼화령을 지나 남산의 능선을 오르락내리락 하며 남쪽으로 가다 보면 나오는 봉화대는 신라의 수도 서라벌에 위험을 알리는 중요한 기지였을 것이다. 동햇가의 어느 지방에서 올린 봉화가 이곳 남산의 봉화대에까지 도달하였을 것이다. 작품에 나오는 왜적의 침입 때에도 여기에서 횃불이 타오르지 않았을까.

삼화와 삼화령을 결부시켜 길을 찾아 나선 여행은 〈혜성가〉 이야기가 마무리되는 장소 역시 상상을 통해 가 닿는다. 이것도 근거가 빈약하지만, 이번에는 삼화와 '삼랑三郞'이 '화랑'의 한 글자씩을 따서 각각 명명된 이름으로 보아 '삼랑사' 창건 사실에 주목한다. 삼국의 혜성 출현 기록을 검토하여 〈혜성가〉가 594년(신라 진평왕 16년/백제 위덕왕 41년)에 창작된 것으로 추정한 견해가 있다(조동일, 1983). 그런데 그 후 3년이 지난 597년에 삼랑사가 창건되었다. 이 절은 신문왕이 문무왕의 유조를 받들어 경흥 법사를 머물게 한 곳이고, 후에 헌강왕이 신하를 거느리고 몸소 행차한 곳이다. 진평왕—문무왕—신문왕—헌강왕에 이르는 오랜 기간 동안 신라 왕실과 긴밀한 관계를 유지한 절이다. 이러한 삼랑사에 대해, 혜성 및 왜군 퇴치 후 금강산 유람을 성공적으로 다녀온 삼화를 기념한 절로 볼 여지가 있지 않을까 한다. 삼화, 삼화령, 삼랑사가 하나의 사건과 결부된 인명, 지명, 사명寺名이 아닐까 싶은 것이다.

이러한 생각에서 나의 발길은 경주 시내 서천(형산강)가에 위치한 삼랑사터로 향한다. 지금은 맵시 있는 당간 지주만 덩그렇게 남은 빈 절터이지만, 서라벌을 떠날 때 서천가에 놓인 길을 따라 북쪽으로 갔다가 다시 돌아올 때 같은 길로 왔을 그 언저리에 있는 절터로서는 적합한 자리라고 생각된다. 절터 옆으로 난 도로로 자동차들이 달리는 모습에 삼화의 화랑도가 말을 타고 가는 모습을 겹쳐서 생각해 보는 것은 지나친 연상이겠으나, 왠지 그렇게라도 해서 텅 빈 이 자리에 약간의 내용을 채워 넣고 싶은 마음이다.

〈혜성가〉, 천문 해석의 현실적 문맥

〈혜성가〉는 삼화령에서 밤하늘을 관측한 바로 그 자리에서, 아니면 날이 밝은 다음 궁정이나 귀족 저택 같은 곳에 다시 모여 사태 수습의 방안을 찾을 때에 지어졌을 것이다. 이제 작품의 내용을 검토해 보기로 한다. 혜성을 물리친 주술적인 노래로 알려진 이 작품이 사실은 주술성보다 현실성이 훨씬 강하다는 점을 인식하여야 작품의 서정적 깊이를 맛볼 수 있다.

배경 기사는 '세 화랑이 금강산을 유람하고자 하였다.→혜성이 심대성을 범하였다.→화랑도가 의아하여 그만두려 하였다.→융천이 향가를 불렀다.→혜성의 변괴가 사라졌다.→일본 군사가 돌아갔다.→왕이 기뻐하여 화랑도를 금강산으로 보냈다.'의 순으로 기술되었다. 그런데 일본 군사와 왕의 행동은 앞에서는 언급되지 않다가 뒤에서 한꺼번에 나온다. 이야기를 요약하는 과정에서 앞선 사건들을 생략한 채 전개한 다음, 뒤에 몰아서 서술한 것이다. 혜성의 출현과 왜군 침입은 동시적으로 발생한 것인데 이러한 축약 방식에 의해 따로 떨어진 것이라 할 수 있다.

혜성과 왜군 침입이 주요 사건이긴 하지만, 배경 기사는 세 화랑의 활동이 줄거리를 이룬다. 시작부터 세 화랑이 주체이고, 중간에 화랑의 의아심이 기술되었으며, 마지막에 화랑도의 금강산 행으로 끝맺었다. 세 화랑이 금강산 유람을 계획하였는데 혜성과 왜군의 출현으로 그만두려다가 융천이 향가를 불러 변괴를 물리치고 나서 유람 길에 올랐다는 것이다. 이 일을 기념하기 위해 삼랑사를 창건했으리라는 추정까지 보태어 기사를 마무리 지을 수도 있다. 이렇게 본다면, 배경 기사는 세 화랑의 현실적인 이야기가 길고 복잡하게 얽혔을 것 같다. 그 이야기 속에 융천이 지은 〈혜성가〉가 들어 있다.

옛날이 새려는 물가에서	녀리 샐 믌ᄀᆞᆺ
'건달바의 논 성'을랑 바라보고,	'乾達婆ᄋᆡ 노론 잣'홀라 ᄇᆞ라고,
"왜군도 온다,	"여릿軍두 옷다,
횃불 사르라."는 변방의 무리여!	홰 ᄉᆞ르라"ㄴ ᄀᆞ샤 수하!
세 화랑의 산 보시려 함을 듣고	三花ᄋᆡ 오롬 보시올 듣고
달도 다좇아 헤아리려는 바에,	ᄃᆞᆯ두 바디리 혀여렬 바ᄋᆡ,
'길 쓸 별' 바라보고	'길 ᄡᆞᆯ 벼리' ᄇᆞ라고
"혜성이야 사뢰라."는 사람이 있다.	"彗星야 ᄉᆞᆯᄫᆞ라"ㄴ 사ᄅᆞ미 잇다.
아아, 거리낌 없이 떠나갈 것이라.	아야, ᄉᆞ므라 뻐갯 ᄃᆞ라.
이야 떨어낼 비—의 혜성 따위가 있는 탓.	이야 덜갓 바—ㅅ 彗ㅅ기 잇 닷.

동트는 바닷가에서 변방의 무리가 본 것은 '왜군'인데 화자는 '건달바의 성'이라고 단정하고, 어느 일관이 보고한 천체 현상은 '혜성'인데 화자는 '길 쓸 별'이라고 단정한 것이 작품의 요지이다. 혜성 출현과 왜군 침입 사건을 실제 일어난 일로 기술한 배경 기사와 연관 지어 보면, 변방의 무리가 본 것은 왜군이었고 어느 일관이 본 것은 혜성이었다. 그런데 융천은 이 점을 완전히 부정하지는 않으면서도 다른 판정을 내리고 있다.

그렇다면 어떤 근거에서 왜군을 건달바의 성으로, 혜성을 길 쓸 별로 단정하였을까? 이러한 단정에 이르는 논리적 맥락이 내용 전개에 따라 잘 드러나지 않으므로, 이는 화자의 주관적인 판단에서 나온 것으로 생각된다. 작품이 지닌 주술성은 아마도 이로부터 나오는 듯하다. 화자의 단정에 논리적 근거가 취약하다는 점은 달리 보아 현실의 논리를 넘어선 주술적 능력에 따른 것이라 할 수 있기 때문이다.

그런데 작품 전체의 문맥을 따져 보면 제한적이나마 다음과 같은 논리적인 맥락을 찾을 수 있다. 왜군을 건달바의 성으로 단정한 제1구(제1~4행)의 배경은 제1행에 그려진 '옛날이 새려는 물가에서'이다. 옛날 것들이 새로워지려는 상황에서 출현한 왜군은 곧 옛날에 속한 것으로 규정되었다. 새로운 해가 떠오르는 마당에 옛날 것인 왜군은 건달바의 성인 신기루가 되어 사라지기 마련이다. 진평왕대에는 제도 개혁이 의욕적으로 추진되었고 외적을 방어하기 위해 수도 주변에 튼튼한 성을 쌓았다. 당대에 마련된 이러한 대비책으로 인해 왜군의 침입은 걱정할 것 없다는 문맥이다.

혜성을 길 쓸 별로 단정한 제2구(제5~8행)의 배경은 제5, 6행 '세 화랑의 산 보시려 함을 듣고 / 달도 다좇아 헤아리려는 바에'이다. 세 화랑이 금강산을 유람한다는 소식을 듣고 달도 임박하여 염려해 주는 상황이다. 이는 세 화랑의 여행 의도와 그에 대한 왕 혹은 부처의 전폭적인 지원을 상징적으로 표현한 것이라 할 수 있다. 왕과 화랑의 의지와 정성이 지극한 바에 혜성은 오히려 금강산 가는 길을 쓸어 주려고 나타난 것이다.

인간의 의지와 정성이 천문에 반영되기도 한다는 생각이 잘 나타난 예로 김유신의 일화를 들 수 있다. 선덕왕이 돌아가고 진덕왕이 즉위할 즈음, 비담과 염종이 여왕은 나라를 잘 다스릴 수 없다고 하여 군사를 일으켰다. 반란군은 명활성에, 관군은 월성에 진을 치고 10여 일 간 공방을 벌였다. 그러던 어느 날 밤 큰 별이 월성에 떨어졌다. 반란군은 관군이 패할 조짐이라고 여겨 환호성을 지른 반면 관군은 두려움에 떨었다. 이때 김유신이 나아가 "길흉은 덧없어서 오직 사람이 불러들이는 바입니다. …… 덕망이 요사함을 이긴다는 것을 안다면 별의 변괴는 두려워할 바가 아닙니다."라고 진언하고 허수아비를 만들어 불로 감싸 바람 연에 실어 날려 보냈다. 그러고는 사람을 시켜 어젯밤 떨어진 별이 도로 올라갔다는 말을 퍼뜨렸다. 그리고 흰말을 잡아 별이 떨어진 곳에서 제사하고 축문을 지어 "지금 비담이 신하로서 임금을 도모하고 아래로부터 위를 범하니, 이는 이른바 난신적자로서 사람과 귀신이 함께 미워할 바요 하늘과 땅이 용납지 못할 바입니다. 이제 하늘이 이 점에 뜻이 없는 듯이 하여 도리어 별의 변괴를 나타내

시니 이는 제가 의혹하여 깨달을 수 없는 바입니다. 오직 하늘의 위엄은 사람이 바라는 바에 달렸나니 선을 선하게 여기시고 악을 악하게 여기셔서 신령으로서 부끄러움을 짓지 마옵소서." 하였다. 이에 군사를 독려하여 반란군을 무찔렀다.

이러한 김유신의 이야기에서 천문과 인간사의 관계에 대한 인식이 나타난다. 천체 현상은 천도를 드러낸다. 별이 떨어진 것은 인간에게 경고를 보내는 것이다. 그렇지만 천도의 위엄은 인간의 의지와 욕구에 따르기도 한다. 물론 여기서의 의지와 욕구는 천도에 부합하는 정당하고 선한 욕구여야 한다. 난신적자를 치는 일은 선의 입장에서 악을 치는 일로서 천도에 부합하는 인간의 행위인 것이다.

융천이 혜성을 물리치는 것도 이와 상통하는 의식에 기초한다. 〈혜성가〉의 주제가 집약된 제3구(제9·10행)에 표명된 생각이 그렇다.

> 아아, 거리낌 없이 떠나갈 것이라.
> 이야 떨어낼 바—의 혜성 따위가 있는 탓.

혜성 따위의 재액 가운데는 떨어낼, 즉 불양祓禳할 만한 것이 있다는 것이다. 인간의 의지와 정성이 재액을 물리칠 수 있다는 믿음은, 객관적 물리 현상을 도외시한 면이 있기는 하지만, 기본적으로 인본주의인 것만은 사실이다. 신라를 비롯하여 역대 왕조에서 불양의 의식을 거행한 것도 이러한 인본주의에 바탕을 둔 것이다.

이렇듯 역사적 배경을 고려하면서 내용을 살필 때 〈혜성가〉는 나름대로 현실적이고 합리적인 문맥을 이루고 있다. 화자의 주관적인 신념이라는 것도 시대 배경 속에서 배태된 것임을 보여 준다. 이러한 관점에서 이 작품의 주술성을 지나치게 강조하는 태도는 반성을 요한다.

이와 함께 천체의 운행을 살펴 인간사와 연관 짓는 점성술이 고대 및 중세 사회에 큰 영향력을 행사했다는 점을 고려할 필요가 있다. 천체가 인간사에 관여한다는 관념하에 당대인은 천체의 운행에 대해 면밀하게 관측하여 역사책에 기록해 놓았다. 이는 나름대로의 합리적인 인식을 바탕으로 한 활동이었다. 첨성대로 대표되는 신라인의 천문 관측 수준은 상당하였을 것이나 『삼국사기』에 기록된 많은 천문 기록들은 간단하게 사실만 적어 놓았기 때문에 그들이 가졌을 천문 인식을 체계적으로 살피기 어렵다. 여기서는 중국 당나라 때까지의 천문 기록을 검토한 연구를 참조하여 〈혜성가〉에 그려진 천문 관련 표현이 어떠한 관측을 기반으로 하여 나왔을지 추정해 보겠다. 이를 통해 이 작품이 당대인의 천문 인식을 합리적으로 반영하고 있음을 보여 주고자 한다.

먼저 작가의 이름이기도 한 '융천'의 주제가 표현된 양상이 주목된다. 작품 속에는 '(옛)날이 새다', '달이 세 화랑의 산 보심을 듣고 다좇아 헤아리다', '별이 길을 쓸다'의 날/해, 달, 별이 주체가 된 활동이 표현되어 있다. 천체 운행의 핵심인 해·달·별, 즉 삼광三光이 주어가 되고, '새다, 듣고 다좇아 헤아리다, 쓸다'라는 서술어가 그것에 연결되어 있다. 해는 세상을 밝게 비추는 천체이므로 '새다'

라는 서술어는 해의 본래 역할을 충실히 표현한 말이다. 혜성은 꼬리에 광채를 단 빗자루 모양을 하고 있기 때문에 '길을 쓸다'라는 역할을 수행할 수 있다. 이렇게 해와 별에 연결된 서술어는 그 자체로 명백한 논리성을 갖추고 있다. 이에 비해 달에는 세 가지 서술어가 연결되었다. 그중 '듣다'와 '헤아리다'는 달을 의인화한 표현이기에 인간사와 관련된 이해가 요구되지만, '다좇다'(임박하다)는 달의 운행을 객관적으로 지시하는 말로 생각된다.

동양의 점성술에서 중시한 스물여덟 개의 별인 28수宿 중 동방 7수는 각角—항亢—저氐—방房—심心—미尾—기箕의 순서로 서쪽에서 동쪽으로 벌여 있다. 594년에 나타난 혜성은 『삼국사기』에 각수와 항수 사이에서 별이 패孛하였다고 기록되었다. 그리고 『삼국유사』에는 혜성이 심대성을 범犯하였다고 하였다. '패하다, 범하다'는 한 별이 다른 별 가까이에 접근하는 정도를 표현하는 말이다. 그 혜성이 동쪽으로 움직여 심수의 세 별 중 가운데의 심대성에 아주 가까이 접근했거나, 혹은 먼저 심대성에 가까이 갔다가 서쪽으로 움직여 각수와 항수 사이로 이동했을 것이다. 그런데 심수의 서쪽 옆에는 방수 네 별이 남북으로 늘어서 있는바, 방수는 달의 운행 궤도를 판단하는 기준의 하나가 된다. 방수 네 별 중 가운데 두 별 사이를 중도中道라고 하는데, 달이 이곳을 지나면 안녕하고 화평하다고 해석된다(이문규, 2000). 이 점을 위에서 추정한 혜성의 움직임과 연관 지어 생각해 볼 수 있다.

일관은 혜성이 심대성에 가까이 간 것만을 관측하고 급히 조정에 보고한 것 같다. 그에 비해 융천은 혜성뿐만 아니라 혜성 주변의 천체도 면밀히 관측하여 동방에 나타난 혜성이 '길 쓸 별'임을 선포하였다. 혜성이 심대성에 근접하였을 즈음에 달 또한 그 근처에서 운행하고 있었을 터인데, 이로 인해 달이 심수와 혜성에 '다 좇아' 있었다는 표현이 쓰였을 것이다. 융천은 그 달이 정상적인 궤도를 따라서 방수의 가운데 두 별 사이인 중도를 지나가는 것을 정확히 관측하였다. 그리고 심대성에 근접한 혜성은 달의 운행 궤도를 거꾸로(즉, 동쪽으로) 혹은 앞서서(즉, 서쪽으로) 지나갈 것임도 예측하였다. 혜성은 심대성을 스쳐간 다음 달의 궤도를 먼저 지나갔으므로 결국 달의 정상적인 운행을 도와준 꼴이 되었다는 판단이 가능한 것이다.

이렇게 보면, '날이 새다, 달이 다좇다, 별이 길을 쓸다'는 문장은 삼광의 정상적인 운행, 다시 말해 천체의 융화(융천)를 표현한 것이다. 천체가 정상적으로 운행하고 있는 마당에 '혜성 따위'는 두려워할 것 없다는 말이다. 이와 같이 재액을 떨어내는 데는 인간의 정성과 의지도 필요하지만, 천문 해석에 있어서 그 나름의 합리적인 근거를 제시하여야 했다. 이 역시 〈혜성가〉가 당대인의 관념 속에 있는 현실적, 합리적 문맥을 형상화한 작품임을 말해 준다.

왜군이 아니라 건달바의 성이고, 혜성이 아니라 길 쓸 별이라는 화자의 판단은 비록 주술적 성격을 지니고 있긴 하나 당대의 상황과 당대인의 의식을 바탕으로 한 것이다. 천체의 변괴는 인간에 대한 경고이기도 하지만 인간의 정성과 선한 의지는 천체의 변괴를 떨어낼 수 있다는 인본주의적 의식이 나타나 있다. 뿐만 아니라 당대 최고 수준의 천문 관측사인 작가가 천체의 운행에 대한 면밀한 관측을 통해 그 나름의 합리적인 판정을 하였음도 알 수 있다. 융천은 해·달·별 삼광의 정상적인 운행으로 천체가 굳건한 바에 혜성 따위는 재액을 가져올 수 없다는 뜻을 시로써 표현하였다.

이와 같이 〈혜성가〉는 어느 정도의 주술성을 지니고 있긴 하지만 그보다 역사적 현실성이 훨씬 두드러진다. 작품이 창작된 당대의 역사가 배경을 이루며 당대인의 관념과 의식이 작품에 잘 나타나 있다. 향가는 주술적, 초자연적 신앙이 담긴 고대적 유물이 아니라 신라 당대의 역사적 산물이다. 설사 주술적 측면이 있다 하더라도 그것 역시 신라 시대라는 역사적 배경을 떠나서 초역사적으로 해석될 것은 아니다.

화랑의 집단 여행길의 자취를 찾아서

세 화랑의 무리가 가려던 금강산 유람 길은 현재 경주에서 고성까지 이어진 7번 국도의 원래 길이었을 것이다. 형산강 지구대를 따라 올라가면 오른쪽에 동해가, 왼쪽에 산맥이 이어져 있는 길이 북쪽을 향해 뻗어 나간다. 경주에서 금강산에 이르는 이 길 주변에는 이름난 해변들이 늘어서 있고 명산의 골짜기마다 절이 들어섰으며 명승지에는 화랑의 옛이야기가 서려 있다.

현대의 우리도 한 번쯤은 7번 국도를 따라 가는 여행을 시도한다. 기차나 버스를 타고 동해안을 따라 남북으로 연결된 그 길을 가다 보면 아련히 낭만적인 생각에 젖어 든다. 무엇보다도 수려하고 탁 트인 풍광이 사람의 마음을 시원하게 만들기 때문일 것이다. 나는 이 길을 서너 번 정도 각각 다른 목적에서 지나간 바 있지만, 〈혜성가〉의 내용을 기억하고 간 적은 없었다. 이제 7번 국도의 낭만적인 여행길은 잠시 접어 두고, 그 길 중에서 작품의 내용이나 배경 기사와 연관될 만한 곳을 가려서 여행을 하기로 한다. 세 화랑의 무리가 유람 길을 떠났다는 내용에 따라 이 여행의 주제는 화랑의 집단 여행에 초점을 맞추었다.

그리하여 찾아간 곳은 삼척 두타산에 있는 삼화사이다. 『신증동국여지승람』에 따르면 신라 말에 세 신인神人이 각각 많은 무리를 거느리고 이곳에 들어와 회맹會盟을 하였는데, 그들이 오래 머물다 떠난 후 그곳을 삼공三公이라 불렀다고 한다. 신인 세 사람의 존재, 무리를 거느리고 유람하였다는 행적 등이 신라 말에서 한참 올라간 진평왕대 세 화랑의 무리가 금강산 유람 길을 떠난 모습과 겹쳐진다. 시대는 다르지만 세 명의 지도자에 무리가 모여 함께 여행을 떠나 경치 좋은 곳을 찾아들어가 맹세의 모임을 열었고 그러는 중에 무술 경쟁, 음악 연주, 문학 창작 등의 활동도 이루어졌으리라. 화랑의 산수 유람은 신라 일대에 걸친 전통으로서 행하여졌을 것이다.

삼화사가 자리한 무릉 계곡의 초입에 있는 아주 넓은 바위에는 많은 사람의 이름이 새겨져 있다. 그 이름자보다 압권인 것은 '무릉선원 중대천석 두타동천武陵仙源中臺泉石頭陀洞天'이라는 휘호이다. 찍고 잇고 빼고 끌어올리고 하는 글씨의 기세에 잠시 취해 보아도 좋다. 돌다리를 건너 경내로 들어서면 오른쪽에 삼화사 사적비가 서 있는데 앞서 본 세 신인 이야기를 필두로 절의 내력이 적혀 있다. 그 옆에는 고려 시대 이곳에서 『제왕운기』를 지은 이승휴의 유적비가 있다.

절 안으로 들어가면 마당 가운데 삼층 석탑을 보게 되는데 오랜 풍상을 지내서인지 몸돌과 지붕돌이 마모가 심하고 군데군데 떨어져 나갔다. 그래도 천년 이상 의연하게 버텨 온 석탑인지라 탑 꼭대기에 남아 있는 찰주가 하늘로 솟은 모습에서 옛 기상을 떠올릴 만하다. 화랑의 무리가 금강산으로 가면서 경치 좋은 이곳 무릉 계곡에 들어와 잠시 쉬어 갔으리라고 상상하기에 적당한 탑이라고 생각된다.

삼화사의 또 다른 보물은 대웅전에 안치된 철조 노사나불 좌상이다. 전신을 복원하여 놓았는데 두상과 상반신 일부는 원래대로라고 하고 불상 뒷면에 새겨져 있는 명문으로 제작 경위를 알 수 있다고 한다. 삼화사 주변을 서성거리다가 절 앞으로 흐르는 시원한 계곡물에 손을 씻어 본다. 이것만으로도 옛날 화랑들이 무리지어 유람했던 자리에 머물렀다는 생각에 젖을 수도 있으리라.

삼화사 다음으로 찾아간 곳은 오대산 상원사이다. 『삼국유사』에는 두 장에 걸쳐 보천(보질도)과 효명 태자가 오대산에 은둔한 이야기가 실려 있다. 정신 대왕의 두 태자가 하서부(명주)에 이르러 세헌 각간 집에서 묵고 대관령을 넘어 성오평에서 여러 날 유람하다가 오대산에 은거하였다는 것이다. 이때 두 태자는 각각 1000명의 무리를 거느리고 성오평에 이르러 여러 날 유람하였다. 두 사람이 숨어 버리자 시위하던 이들은 그들이 어디로 간지 모른 채

귀국하였다고 했는데, 여기서 '귀국'이란 신라국의 수도 서라벌로 돌아왔다는 뜻이다. 그러니까 애초에 두 태자는 1000명씩 무리를 거느리고 서라벌을 출발하여 명주까지 왔고 대관령을 넘어 성오평이란 곳에서 놀다가 은둔한 것이다. 성오평이 어딘지는 정확히 알 수 없으나 지금의 강릉에서 대관령을 넘어 오대산에 이르는 도중의 어느 평평한 지역일 것이다. 1000명의 무리는 화랑도 한 집단의 규모에 해당하고, 지도자가 태자 신분인 것도 낭도를 이끈 화랑이 귀족 자제인 점과 상통한다.

이러한 배경 지식을 가지고 상원사를 찾았다. 보천과 효명이 은둔한 후 매일 아침 36가지 형상으로 나타나는 문수보살에게 차 공양을 했던 곳이 진여원, 지금의 상원사이다. 월정사에서 계곡물을 따라 난 선재길로 걸어 올라가면 상원사가 나온다. 입구에는 세조가 사용했다는 관대 걸이가 있다. 새로 정비된 계단을 올라 절

마당에 서면 새로 세운 오층 석탑을 마주하게 된다. 고양이 석상은 여전히 그 자리에 있고 문수전에는 볼이 통통하여 친근한 문수보살상이 앉아 있다. 문수전 건너편에 동종각이 마련되어 상원사 동종과 그 복제품이 나란히 달려 있다. 원래의 종은 사방 유리로 둘러싸여 보호받고 있는데 유리를 통해 들여다보는 것이 못내 아쉽다. 그래도 원 작품의 생동하는 맛을 복제품과 비교하는 재미가 생겼다. 동종에 새겨진 비천상은 생동감이 넘쳐흐른다. 숭고한 종교 음악을 연주하는 천인의 진지한 표정까지 느껴질 정도로 부조가 세밀하고 힘차다. 공후와 생황을 연주하는 천인의 모습은 국토를 순례하며 음악을 연주하던 화랑도의 모습을 닮지 않았을까 싶기도 하다.

상원사에서 더 올라가면 사자암을 거쳐 적멸보궁에 이른다. 불상 없이 불단만 놓여 있는 그 건물의 단청이 너무 화려한 듯하여 약간 모순된 감정에 빠지긴 하지만, 주변 경관을 둘러보고 그 건물이 들어선 자리를 다시 살피면 참 대단한 안목이라고 감탄하게 된다. 산 정상 가까이에 이렇게 포근하고 안정된 자리가 있다는 것이 신기할 정도이다. 보천과 효명이 속세의 인연을 끊고 수도 정진할 만한 곳임을 마음으로 수긍한다.

석탑에서 만나는 건달바

〈혜성가〉에 나온 '건달바의 논 성'은 동해에 가끔 나타난 신기루 현상을 말하는 것이다. 동해의 신기루는 『신증 동국여지승람』이나 『고려사』에도 기록되어 있다. 부처의 설법을 듣는 팔부중 가운데 한 명, 부처 옆에서 공후를 타고 있는 건달바가 음악의 신으로서 바다 저편에 아련한 모습으로 나타났다가 꺼져 버린다. 동해가 지니는 국토방위의 의미를 담아 왜군의 침입을 격퇴시키는 주술적 의도로 신기루 현상을 활용하였다. 따라서 이 부분에서는 왜군을 퇴치하는 실제의 노력을 찾아보기 어렵다. 단지 천문에 대한 지식과 함께 지리적인 이점에 따른 자부심의 발로가 아닐까 한다.

〈혜성가〉를 생각하며 금강산 가는 길에서 만나는 유적으로 팔부중상이 새겨져 있는 석탑들을 들 수 있다. 작품 제2행에 '건달바의 논 성'이라고 하여 신기루를 지칭하는 말에 '건달바'가 쓰였다. 건달바를 포함하여 팔부중은 부처가 설법할 때 항상 따라다니며 불법을 수호하는 여덟 신장을 말한다. 이들은 불교 경전 속에서 늘 법회 자리를 수호하는 무리로 등장하는데, 원래는 인도의 토속 신이었으나 불교에 수용되어 불법과 불국토를 수호하는 역할을 했다고 한다. 천天, 용龍, 야차, 건달바, 아수라, 가루라, 긴나라, 마후라가 등이 불타 팔부중이라고 하는 신들이다. 팔부중의 형상은 고대 인도 신들의 모습에서 서역을 거쳐 중국과 한국으로 들어오면서 투구와 갑옷을 입은 무장 상으로 정형화되었다고 한다. 각 신장의 도상은 특징이 있는데 머리에 사자관을 쓴 것 혹은 사자관에 공후를 타는 것이 건달바 상이라고 한다(한재원, 2006).

〈혜성가〉의 산실을 경주 남산으로 추정하였으니 먼저 남산 서쪽과 동쪽 기슭에 서 있는 창림사지 삼층 석탑과 남산리 삼층 석탑

의 건달바를 보아야 할 것 같다. 전자의 기단에는 건달바, 천, 용, 아수라 등 네 신장 상만 남아 있다. 이 탑의 건달바 상은 사자관만 쓴 것으로 표현되었는데, 그 옆의 천, 용과 함께 건달바의 얼굴 모양은 부드러운 곡선으로 둘러져 있어 친근한 느낌을 준다. 후자는 쌍탑인데 그 서탑의 기단에 새겨진 팔부중은 전국에 퍼져 있는 석탑의 팔부중 조각을 이해하는 데 중요한 자료라고 한다. 머리를 둘러싼 사자관이 뚜렷한 모양을 드러내고 있어 건달파 상의 전형적인 모습을 본다.

경주 남산 삼층 석탑의 건달바 상을 염두에 두고 경주에서 금강산 가는 길 여기저기에 흩어진 석탑들을 찾아본다. 팔부중이 석굴암의 감실 입구를 의연한 자세로 지키고 있음은 잘 알려진 사실이나 아쉽게도 사진 촬영이 금지되어 있어 그 모습을 담아 올 수 없었다. 하지만 어

두운 조명 아래에도 건달바의 모습은 뚜렷이 눈에 들어왔다. 이제 강원도 절터에 남은 석탑에서 팔부중 상을 만나기로 하자.

양양에 가면 구룡령 고개를 오르는 입새에 미천골이 있고 거기에 선림원지 삼층 석탑이 서 있다. 지금 한창 발굴 중이긴 하지만 탑을 보는 데는 지장이 없다. 거기서 시골길을 따라 자동차로 30분쯤 북쪽으로 올라가면 진전사지 삼층 석탑을 만날 수 있다. 전자는 부조가 마모되어 형체가 뚜렷하지 않으나 건달바가 오른발을 살짝 들고 있는 모습이 동적인 느낌을 준다. 후자는 두 기단과 1층 몸돌에 각각 신인, 팔부중, 부처 상을 새겨 놓아 탑이 온통 조각상으로 치장되어 있다. 그중 건달바 상은 전체의 윤곽이 뚜렷하

고 생동감 있는 모습을 하고 있다. 금방이라도 그가 연주하는 하늘의 음악이 들릴 듯하다.

그런데 이들 팔부중은 모두 앉아 있는 모습을 하고 있다. 이에 비해 강릉 오죽헌 박물관 야외에 전시되어 있는 옥천동 석탑재의 팔부중 상은 서 있는 형상이다. 남아 있는 것이 건달바는 아니고 천과 가루라 상인 듯하지만 잘은 모르겠다. 두 신장의 건장하면서도 날렵한 다리 모양이 매력적이다. 서라벌에서 이곳 강원도 땅을 거쳐 금강산으로 갔다가 다시 길을 되돌아오곤 했던 화랑도의 건각을 연상할 만하다.

금강산 가는 길의 역사성을 생각하며

〈혜성가〉는 왜군과 혜성의 변괴를 물리치면서 화랑도의 금강산 행을 권유한 작품이다. 시를 지은 융천이나 유람 길에 나서는 세 화랑의 무리는 오래 전부터 계승되어 온 화랑의 전통을 잘 알고 있었을 것이다. 서라벌을 출발하여 금강산에 이르는 길 곳곳에 묻어 있는 선조들의 발자취를 기억하는 일 또한 산수 유람의 중요한 과업이었으리라. 진평왕대의 그들이 다녀온 그 길은 세대를 이어 또 다른 화랑도가 다녀왔을 것이다. 그렇게 수백 년 쌓인 전통을 지켜 가며 새로운 이야기를 덧붙이고 각 시대의 사명감도 굳건히 했을 것이다. 화랑도의 유람 길은 단순히 산수 경치를 완상하고 풍류를 즐기는 데에만 있지 않고 어떻게 하면 나라와 백성을 위해 봉사, 헌신할 것인가를 늘 생각하며 가는 청년 화랑들의 여행길이기 때문이다.

이번 여행이 그 길을 처음부터 끝까지 가 본 것은 아니지만 그 길 곳곳에 깃들어 있는 신라 문화의 흔적들은 우리의 소중한 자산이기에 그 어디를 찾아가도 나름의 느낌을 간직하고 있다. 한쪽에는 푸른 바다, 다른 한쪽에는 웅장한 산을 두고 신성한 장소인 금강산을 찾아갔던 그 길이 지금도 여전히 빛나는 모습으로 우리 앞에 놓여 있다. 지금은 고속도로가 놓여 빠른 속도로 지나가 버리는 길이 되었지만 그래도 국도를 따라 느긋하게 가면서 아름다운 풍경과 유서 깊은 문화유산을 맛볼 여지는 여전히 남아 있다.

언젠가 금강산 가는 길이 다시 열려 경주에서부터 동해안의 7

번 국도를 따라 금강산까지 가 보았으면 좋겠다. 시를 지어 하늘의 변괴를 물리치고 가벼운 마음으로 길을 떠났을 세 화랑의 무리, 성스런 자취가 남겨진 금강산과 건달바가 놀았던 동해를 품에 안고 갔을 여행 길, 가는 길 곳곳에서 선조들의 위대한 흔적과 가르침을 만나며 감동하고 다짐했을 그들의 마음, 그러한 길의 의미를 되새겨 볼 기회가 왔으면 좋겠다.

헌화가
獻花歌

노인이 수로 부인에게 꽃을 바치다

〈헌화가〉의 배경 기사는 우리에게 많은 궁금증을 일으킨다. 수로 부인이 얼마나 아름다웠으면 바다의 용이 납치하기까지 했을까, 부인에게 꽃을 바친 사람이 왜 하필이면 노인일까, 노인이 지어 부른 이 노래는 정말 구애의 민요일까, 부인이 갖고 싶어 했던 철쭉이 만발한 곳은 동해안 길 어디쯤일까, 순정공은 왜 그리도 무력하게 발만 동동 굴렀을까 등등. 『삼국유사』 「수로부인」에 실린 그리 길지 않은 이야기에는 여러 내용이 함축되어 있어서 상상력을 발동하여 해석할 여지가 많다.

먼저 노인의 정체부터가 논란을 일으켰다. 배경 기사에는 그가 누구인지 알 수 없다고 했기에 그 정체를 찾기 위해 여러 가지 가설과 논리가 동원되었다. 젊고 튼튼한 시종들이 오르지 못한 절벽을 노인의 몸으로 올랐다는 점에 주목하여 평범한 인물이 아닌 쪽으로 생각했다. 소를 끌고 가고 있었다는 데에서 심우尋牛의 상징적 의미를 부각하기도 했다. 또한 향가가 배경으로 하고 있는 중세의 사상이 도교, 불교 등이므로 이러한 측면과도 연관시켰다. 그리하여 선승, 신선, 무격, 농사의 신 등이 거론되었다.

그렇게 논의되긴 했지만 애초에 어느 견해가 옳다고 결론을 내릴 수 없는 문제였다. 이 기사 이외에 참조할 만한 자료가 달리 없고 이야기 자체가 설화적으로 윤색되어 있기 때문에 사실 확인이 어려운 것이다. 이에 논란은 현실적인 대안을 찾는 쪽으로 기울었다. 어찌되었든 향가를 지은 사람이므로 현실에 존재하는 일반인의 하나로 보아야 한다. 젊은이가 못 오른 절벽을 노인이 오른 것은 그가 그곳 지리에 익숙했기 때문이다. 이렇게 현실의 인물로 보게 되자 〈헌화가〉도 상징적인 의미를 띤 노래가 아니라 생활인의 정서를 담은 것으로 볼 수 있게 되었다.

한편, 〈헌화가〉가 민요라는 견해는 지금도 여전히 큰 영향력을 끼치고 있다. 4행 향가를 민요로 보는 것은 연구 초창기부터 있어 온 것이다. 이 노래는 남성이 꽃을 꺾어 여성에게 바치며 부른 것인 만큼, 남성이 노인이라는 점만 달리 보면, 구애의 주제를 담은 민요로 보는 데 쉽게 동의할 듯하다. 꽃을 바치는 자리에서 노인이 그 지역 구애의 민요를 가져다가 불렀다는 식으로 말이다. 그런데 그래서는 노인이 노랫말을 지어 바쳤다는 배경 기사와 어긋나는 점이 마음에 걸린다. 한 개인이 민요를 지어 바칠 수는 없는 노릇이니 노인이 지은 것은 민요라기보다 개인 서정시일 가능성이 높다.

수로 부인 이야기에서 무엇보다 흥미로운 것은 노인이 아름다운 부인에게 꽃을 꺾어 바치며 노래까지 지었다는 점이다. 이야기와 노래 속에 두 인물의 형상이 어떻게 그려졌는지를 자세히 살펴보면, 그들의 개성과 지향이 이야기에 생명력을 불어 넣어 오늘날까지 전승될 수 있었음을 짐작할 수 있다.

〈헌화가〉를 생각하며 떠나는 여행은 순정공이 강릉 태수로 부임할 때 갔던 길을 따라가는 것이다. 지금의 경주에서 강릉에 이르는 길인데 그 길 중간의 어디쯤에서 노인이 수로 부인에게 시를 지어 바쳤고 또 어디쯤에서는 바다의 용이 부인을 납치하는 사건이 일어났다. 납치 사건은 용과 용궁이 등장하는 이계 여행담으로서 환상적인 내용을 담고 있다. 그때 지역민을 모아 부르게 한 〈해가〉는 김수로왕 신화의 〈구지가〉를 확대한 것이라서 신화 삽입시의 맥락을 잇고 있는 작품이다. 이에 후자의 사건은 일단 환상의 영역에 놓아두기로 하고 전자, 즉 노인의 시 헌정 이야기를 중심 소재로 삼아 여행길에 오르고자 한다.

강릉 태수 부임 행차

경주에서 강릉에 이르는 길은 〈혜성가〉에서 세 화랑의 무리가 서라벌을 떠나 금강산으로 갔던 길과 겹친다. 그렇지만 세 화랑의 무리는 유람 길을 간 것이고 순정공은 강릉 태수로 부임하는 행차 길에 오른 것이다. 전자 역시 국가적인 관심사로서 이루어졌겠으나 공식적인 행사라는 면에서 후자는 더욱 격식을 차린 것이었으리라 여겨진다.

지방관으로 부임하는 데 따르는 여러 절차가 있었을 것이다. 왕 앞에 나가 부임의 증표를 받았을 것이고, 친지와 동료, 상하 관원이나 문도에 의해 전별연이 베풀어졌을 것이며, 부인과 함께 떠나는 길이기에 서라벌의 본댁을 단속해 두고 강릉 관사를 정돈하는 일 등도 만만치 않았을 것이다. 그리고 규례에 따른 행렬의 서차가 정해져 있었을 텐데, 그중 태수가 타는 말과 부인이 타는 수레가 행차의 가장 화려하고 중심이 되는 자리에 놓였으리라. 말 탄 시위 부대가 앞뒤에 늘어서고 태수와 부인을 모시는 남녀 하인들이 걸어서 뒤를 따랐을 것이다. 맨 앞에는 태수의 행차를 알리는 깃발이 나부끼고 취주악대가 앞장서서 나아갔을지도 모른다. 행렬 속에는 태수 집안의 살림살이를 실은 수레도 상당수 있었을 것이다. 이러한 모습을 상상해 보면 순정공의 부임 행차는 대단한 볼거리를 제공했을 것 같다.

삼국 시대의 행렬도는 현재 고구려 고분 벽화의 것이 남아 있고 신라 것은 찾을 수 없다. 다만 천전리 각석에 가는 선으로 그려진 행렬도가 신라 당대의 면모를 아주 조금 보여 주고 있을 뿐이다. 그리하여 이번 여행은 〈처용가〉 여행길에 다녀왔던 천전리 각석을 다시 가 보는 것에서 시작해야겠다.

저번 여행에서 눈 여겨 보지 못한 각석 아랫단을 유심히 본다. 각석을 설명해 놓은 안내판에 행렬도가 그려져 있어 대강의 위치를 알 수 있다. 그곳을 뚫어지게 보아도 행렬도를 눈으로 확인하기가 어렵다. 거무튀튀한 물때가 끼고 흰 점들이 번져 있기 때문이기도 하지만 선이 너무 가늘고 산만해서 윤곽을 찾을 수 없다. 다만 아랫단 왼쪽에 말 탄 사람의 그림 한 점이 희미하게 눈에 들어올 뿐이다.

연구에 따르면 행렬도 오른쪽에 두 척의 배가 있고 그 왼쪽에 산개傘蓋를 쓴 말 탄 인물을 중심으로 그 앞뒤에 기마병, 춤추는 사람, 말에서 내린 사람 등이 그려져 있다. 배를 타고 육지에 닿은 후 다시 말을 타고 이곳 각석 주변에 다다른 모습을 그렸다는 것이다(김현권, 2011). 이러한 해석은 천전리 각석을 탁본을 떠 그림으로 복원한 것을 검토하여 나왔는데, 그 그림 중 행렬도 부분을 보이면 아래와 같다(황수영·문명대, 1984).

이 그림을 각석에서 직접 확인하지 못한 아쉬움에 지난번 그 오솔길을 따라 반구대 암각화 박물관으로 간다. 그곳에 각석의 모조품이 전시되어 있으므로 좀 더 가까이에서 확인해 보고 싶어서이다. 모조품은 경주 박물관 본관 왼쪽 벽에도 만들어져 있는데 거기 것은 낙서가 많이 되어 있다. 그런데 암각화 박물관의 각석

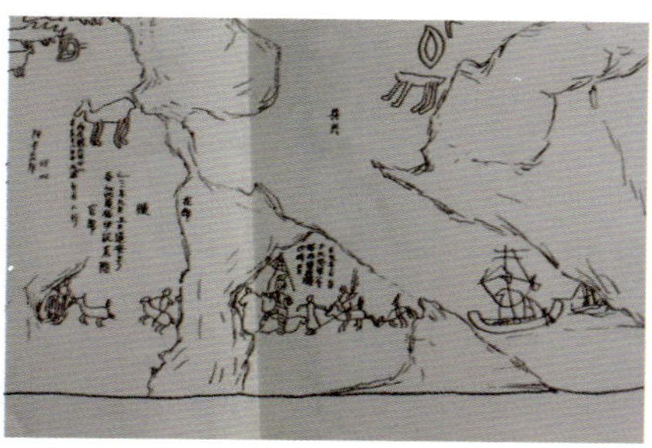

아래쪽 부분은 조명조차 어두워 아무리 유심히 살펴도 중심인물의 윤곽이 잘 잡히지 않는다. 결국 책에 그려진 그림을 떠올리며 크게 그려진 말을 타고 산개를 쓴 인물을 중심에 놓은 긴 행렬을 생각해 볼 수밖에 없었다.

이렇게 천전리 각석의 행렬도를 살펴보는 것은 수로 부인 이야기에서 행차의 중요성을 기억하기 위해서이다. 순정공과 수로 부인을 중심으로 한 강릉 태수 부임 행차의 위의와 화려함을 염두에 두어야 노인이 부인에게 꽃과 노래를 바친 정황을 좀 더 현실적으로 그려 볼 수 있다.

행렬도와 관련하여 국립 중앙 박물관에 전시된 기마 인물형 토기를 살펴보아도 좋을 것이다. 무장인지 화랑인지 그 복장의 내력은 잘 몰라도 전체적인 인상은 늠름하고 의지적이다. 말 위에서 앞을 똑바로 응시하고 있는 인물의 치켜 올라간 눈초리가 매섭게 느껴지기도 한다. 혹시 왕 또는 상전을 지키기 위해 주위를 경계하거나 행렬 속의 일원으로 서 있는 모습은 아닐까. 그러고 보면 그의 말 탄 자세에서 긴장감이 넘쳐 난다.

기마 인물형 토기로 형상화된 인물들이 순정공의 행차를 호위하고 있었다고 상상해 보면 어떨까. 건장하고 씩씩한 호위병들이 말을 타고 줄지어 나아가는 모습은 그 자체로 사람들의 눈길을 끌기에 족했을 것이다. 여기에 당대 최고위층인 순정공과 수로 부인이 행렬의 중심에 있었으니 그야말로 무슨 퍼레이드를 보는 느낌이었을 것 같다.

배경 기사의 순정純貞공은 『삼국사기』에 기록된 순정順貞과 동일 인물로 생각된다. 동일한 한자음에 글자만 달리 표기된 이름이고 살았던 시대도 성덕왕대로 같기 때문이다. 그렇다면 그는 성덕왕 다음인 경덕왕의 첫째 왕비 삼모 부인의 부친이며 경덕왕대 활동한 정치가 김옹의 할아버지 혹은 아버지이다. 순정과 수로 부부는 왕비의 부모가 될 정도로 신라 최고위층에 속한 진골 귀족인 것이다. 그러니 행렬의 위의는 상당했으리라 짐작된다.

강릉 헌화로

7번 국도를 따라 경주에서 강릉으로 올라가다 보면 삼척 망상해변을 지나 옥계 해변에서부터 정동진까지 절벽을 끼고 굽이도는 해안 길이 나온다. 이를 헌화로라고 명명하여 수로 부인 이야기의 배경이 된 장소로 지정하였다. 아마도 배경 기사에 나온 강릉 태수의 '강릉'이라는 지명을 중요하게 여긴 결과가 아닐까 한다. 어림잡아 20~30미터쯤 되는 절벽이 바다에 임해 있는데 옥계 쪽에서 가자면 해변이 끝나는 지점부터 구비 진 길을 따라 절벽이 늘어서 있다. 회색과 황색이 섞인 바위 절벽에는 소나무가 들어차 있고 바위들이 삐죽삐죽 나와 있다. 그 길의 한 구비에 멈춰 서서 둘레를 살펴보면 바로 앞은 삐죽삐죽한 암석이 솟아 있는 바다이고 뒤의 절벽은 안으로 움푹 들어갔다. 남쪽 길은 절벽을 끼고 돌아나가고 북쪽 길은 조그만 항구에 잇닿아 있다. 멀리 항구의 방파제 끝에 등대가 보인다.

수로 부인 이야기는 행렬이 잠시 머물러 점심을 먹던 곳에서 사건이 벌어졌다. 행렬의 규모를 생각하면 절벽 바로 앞에서는 어렵고 절벽에서 조금 떨어진 해변이 그 장소가 아닐까 한다. 그러니까 지금 조성된 강릉 헌화로에서 옥계 해변의 북쪽 끝자리쯤이 사건이 일어나기에 적당한 지점이 아닐까 싶다.

사건 배경과 관련하여 또 하나 염두에 둘 것은 주변에 마을과 경작지가 있었다는 것이다. 소를 끌고 가던 노인의 존재와 사건의 정황이 이를 시사하고 있다. 점심을 먹던 차에 절벽에 만발한 철쭉꽃을 보고 수로 부인이 좌우의 시종에게 꽃을 꺾어 주기를 요청한다. 그러나 시종들은 사람이 올라갈 수 없는 곳이라며 모두 사양한다. 마침 소를 끌고 그곳을 지나가던 노인이 그러면 자기가

해 보겠다면서 나선다. 노인은 부인과 시종의 대화를 보고 들은 다음에 나선 것이다.

노인이 점심을 먹던 순정공 일행을 지켜본 것은 아마도 여러 사람 틈에서일 것이다. 강릉 태수의 부임 행차는 바닷가 마을 사람에게는 아주 화려한 볼거리였으리라. 행차의 중심에 있는 순정공과 수로 부인에 시선이 집중될뿐더러 시종하는 무사나 하녀들, 가지고 가는 살림의 규모 등에도 눈길이 갔을 것이다. 그러니 행차가 자기 마을에 들어와 바닷가에 머물러 점심을 먹는 광경을 보고 사람들이 우르르 몰려 나와 구경할 만하다. 철쭉꽃 피는 계절에 농사를 짓기 위해 지나가던 노인도 무슨 구경이 났나 싶어 그 곁을 기웃거렸겠다. 그리하여 수로 부인의 요청과 시종의 거절을 지켜볼 수 있었고 마을 사람 중에서는 감히 나설 용기를 내지 못할 즈음, 그 상황에 대한 판단을 마친 노인이 자청하여 나선 것이

겠다.

옥계 해변을 지나 절벽 길을 구비 돌아가다 보면 마을(심곡리)이 나온다. 마을 어귀에 바다를 향해 경사진 길 가에 가비가 세워져 있다. 붉은 철쭉꽃, 『삼국유사』 해당 원문, 해독문, 현대어 번역문을 담은 평면의 도기가 네모난 벽에 붙어 있다.

이렇게 강릉에 조성된 헌화로는 그 길을 따라 걷든지 차로 지나가든지 〈헌화가〉의 장소로 기억하도록 조성되어 있다. 지자체에서 적당한 장소를 골라 공들여 만들었다는 생각이 드는 한편으로 좀 더 신중하게 고증하여 헌화로를 지정했으면 어땠을까 하는 아쉬움도 있다.

배경 기사에는 노인의 꽃과 시 헌정 사건 이후 이틀을 더 간 다음 바다의 용이 부인을 납치하는 사건이 벌어졌다고 하였다. 물론 납치 사건의 내용 자체는 현실에서 일어날 수 없는 환상적인 것이다. 그렇지만 가령, 행차 도중 용신을 모시는 굿판이 벌어졌다거나 일행 중 누군가가 바다에서 사고가 난 것을 수로 부인에 결부시켰다거나 하는 현실적 관점에서 해석할 여지가 있다. 이런 맥락에서 노인의 헌정 사건과 용의 납치 사건 사이에 있었던 이틀의 일정을 실제의 거리로 받아들일 수 있다.

순정공 부임 행차의 대미를 장식한 것이 납치 사건인데 이는 아마도 강릉 지역에 들어서서의 일일 것이다. 그 이틀 전에 헌정 사건이 일어난 것이면 거리상 강릉 남쪽의 삼척이나 울진쯤이어야 얼추 거리 대비 행차 속도가 맞을 듯하다. 이에 나의 소견으로는 지금 조성되어 있는 헌화로는 납치 사건에서 불렸던 〈해가〉를 따서 '해가로'로 고쳐 부르고 삼척이나 울진 지역에서 헌정 사건의 장소를 추정하는 것이 어떨까 한다.

그렇지만 현재로서는 〈헌화가〉를 기억하도록 만들어 놓은 강릉 헌화로를 지나칠 수는 없다. 사건이 발생한 곳이 어딘지 분명치 않은 바에 풍경과 분위기가 이야기와 어울리는 그곳에서 노인과 수로 부인의 만남, 〈헌화가〉의 내용을 떠올려도 무방할 것이다.

〈헌화가〉, 여유와 열정의 다가섬

〈헌화가〉의 내용은 배경 기사와 밀착되어 있다. 작품에 사용된 주요 시어가 배경 기사의 이야기에도 나오고 있다는 점이 그것을 말해 준다. 이야기 속의 '돌 봉우리, 철쭉꽃, 암소' 등의 말이 노래에서 '바위, 암소, 꽃'으로 표현되었다. 이 외에도 이야기의 '(바닷)가, (암소를) 끌고'와 노래의 '(바위) 가, 움킨'이 서로 관련된 말이다. 이는 배경 기사와 〈헌화가〉가 밀접한 관련 속에 전승되었음을 알려 준다.

이러한 양상에 주목하면, 노인이 민간에 떠도는 구애의 노래를 가져왔거나 그것을 본떠서 지었다는 견해는 받아들이기 어렵다. 이 작품은 구비 전승된 민요라기보다 배경 기사에 기술된 사건의 와중에서 노인이 직접 지어 부인에게 바친 노래로 보아야 한다. 개인이 창작한 시이므로 당연히 집단 전승의 민요와는 구별된다. 이 점을 분명히 해 두고 작품을 감상해 보도록 하자.

자줏빛 바위 가에	딛ᄇᆡ 바호 ᄀᆞᆺᄒᆡ
움킨 손에서 암소를 놓게 하시니,	움온 손 암쇼 노히시고,
나를 아니 부끄러워하신다면	나ᄒᆞᆯ 안디 붓그리시ᄃᆞᆫ
꽃을 꺾어 바치리이다.	곶ᄒᆞᆯ 것가 바도리—다.

이 작품은 시각적 심상이 뚜렷하다. 제1행의 꽃이 만발한 바닷가 절벽, 제2행의 몰고 가던 암소, 제3행의 부끄러워하는 얼굴빛, 그리고 제4행의 수로 부인에게 바쳐지는 꽃 등이 모두 색채감을 자아내고 있다. 멀리 보이는 짙붉은 색(절벽 위의 철쭉꽃), 누렁(암소), 주홍 내지 분홍(얼굴빛), 눈앞의 짙붉은 색(헌정되는 철쭉꽃 다발) 등의 색깔이 어우러져 있는 것이다. 대체로 붉은 색채가 작품 전체를 뒤덮고 있는 모습이다.

이러한 색채는 수로 부인의 성격과 관련된다. 수로 부인에 대해서는 배경 기사에서 절벽 위의 꽃을 갖고자 하는 마음, 좌우 시종을 다그치는 태도, 그들의 대답에 실망하는 기색이 역력한 모습 정도를 떠올릴 수 있다. 공식적인 행차에서 자신의 개인적인 욕구를 충족하기 위해 당당히 시종을 부리는 점에서 귀족 부인으로서의 고고한 태도를 엿볼 수 있다. 문득 꽃을 받고 싶어 했다가 좌우의 대답에 금세 실망하는 점에서 그녀의 불같은 성격도 짐작할 수 있다. 이렇게 그녀의 당당하고 열정적인 성격에 걸맞은 이미지가 작품에서 붉은 색채로 나타난 것이다.

따라서 시적 대상인 수로 부인의 형상은 그저 막연히 아름다운 미인의 모습이 아니다. 그것은 그녀의 고유한 성격을 형상화한 것이다. 다른 누가 아닌 바로 수로 부인이기 때문에 그녀의 형상이 붉은색과 연관되어 그려졌다. 이는 〈서동요〉에 나타난 선화 공주의 개성과 비교될 만하다. 선화 공주가 수줍어하면서도 당돌한 데 비해, 수로 부인은 당당하면서도 정열적이다. 두 작품은 모두 시적 대상의 개성을 생동하게 형상화하고 있다.

이 작품의 또 다른 묘미는 수로 부인의 열정에 대해 노인의 여유가 대비된다는 점이다. 작품의 어투는 매우 정중하며 화자의 태도 역시 점잖고 느긋하다. 그는 행차 옆을 우연히 지나가다가 수로 부인이 좌우 시종에게 하는 말을 들었을 따름이다. 그냥 지나쳐도 될 터였는데 부인의 태도가 하도 불같아서 어떻게든 해 볼 요량이 생긴 것이다. 제2행 '움킨 손에서 암소를 놓게 하시니'에서 그와 같은 정황을 짐작할 수 있다.

그런데 이 노인은 수로 부인만큼 자의식이 강한 사람이다. 제3행에 당당하게 '나'를 내세우고 있기 때문이다. 그의 예지로 순식간에 알아차린 수로 부인의 성격상, 자신같이 늙은 사람의 헌정에 대해 그녀가 부끄러워할 수도 있다는 점을 인정한다. 그렇지만 '나'는 나대로의 매력을 지닌 인물이라는 점, 그녀의 고고한 태도로 보아서는 자기를 부끄러워할지 모르지만, 그녀 내면의 열정적인 욕구에 비추어서는 부끄러움 같은 것은 무시하리라는 확신의 어조가 제3행에 담겨 있다. 제4행의 꽃을 헌정하는 일은 이 같은 심리적 장애를 극복한 이후 실행될 수 있었다.

따라서 이 작품은 두 인물의 개성과 심리가 섬세하게 얽히는 양상을 띠고 있다. 그러면서도 수로 부인의 탐미욕耽美慾에 대한 노인의 정중한 배려가 돋보인다. 신라 시대 귀족 부인의 기풍과 미적 취향에 대한 정중한 찬미의 뜻을 담은 작품인 것이다.

이제 〈헌화가〉의 주제가 어떻게 형상화되었는지를 찬찬히 살펴보자. 이 작품이 구애의 민요는 아니지만 사랑을 주제로 한 것임은 인정된다. 사실 이 작품을 사랑의 시라고 하기는 좀 어색한 점이 있다. 작자가 노인일뿐더러 시적 대상에 대한 사랑의 감정이 뚜렷이 드러나 있지 않기 때문이다. 그렇더라도 동해안 어느 시골의 노인이 서라벌 귀족 부인에게 꽃을 헌정하면서 은근하게 사랑의 감정을 표현한 것은 분명하다. 청춘 남녀 사이의 열정적, 충동적 사랑과는 다른, 그윽하고 공감어린 사랑이 그려져 있다.

제1행의 '자줏빛 바위 가'는 짙붉은 철쭉꽃이 만발한 동햇가의 어느 벼랑 아래를 지칭한다. 그 벼랑은 서라벌의 진골 귀족인 순정공이 강릉 태수로 부임하는 행차가 잠시 머물러 점심을 먹던 곳 옆에 있었다. 수로 부인이 그 위에 핀 꽃을 보고는 갖고 싶어 했는데 시종들 중 아무도 가져다주지 못했다.

벼랑이 있는 곳은 서라벌에서 살던 수로 부인과 하인들에게는 낯선 장소였다. 그 위의 꽃은 그들 중 아무도 다가갈 수 없는 곳에 피어 있었다. 한편 노인을 포함한 지역 주민에게 그 꽃은 자신의 생활 근거지에 핀 친근한 사물인 반면에 순정공의 행차는 그들에게 신분적, 문화적 거리감을 느끼게 하는 것이었다. 다시 말해, 벼랑 위의 꽃은 서라벌 귀족에게는 거리감을, 지방민에게는 친근감을 주는 사물이었고, 서라벌 귀족의 행차는 지방민에게 거리감을 주는 광경이었다. 이렇듯 꽃에 대한 서라벌 귀족의 시선과 귀족의 행차에 대한 지방민의 시선이 교차하는 지점이 '자줏빛 바위 가'인 셈이다.

제2행 '움킨 손에서 암소를 놓게 하시니'는 화자가 나설 수밖에 없는 정황을 나타낸 것이다. 서라벌 귀족으로서의 취향과 미의식을 지닌 수로 부인에게 벼랑 위의 꽃이 준 어떤 매력이 있었을 것이다. 아마도 서라벌에서 느끼는 것과는 다른 성질의 미감, 말하자면 서라벌의 세련미, 인공미와 대비되는 지방의 자연미, 소박미를 그 꽃에서 발견하지 않았을까 싶다.

이에 비해 마을 사람에게 서라벌 귀족의 행차는 큰 볼거리였을 것이다. 행차의 위의 자체가 감탄스러웠을 터에 그 여주인공인 수로 부인이 취하는 일거수일투족은 더욱 주목거리가 되었으리라. 그러한 그녀가 벼랑 위의 꽃을 갖고 싶어 하였다. 그 모습은 마을 사람들로 하여금 또 다른 감탄을 자아냈을 법하다. 서울의 고상한 귀족 부인이 시골의 벼랑 위에 핀 꽃을 원했으니까.

그런데 시종들은 사람이 갈 수 없는 데라면서 물러섰다. 그것을 지켜보던 마을 사람 중 누군가가 나서서 도와줄 만도 했지만 워낙 고귀한 신분이라서 감히 그럴 수 없었던 것 같다. 결국 암소를 끌고 지나가던 노인이 나섰다. 그는 아무도 나서지 않는 것을 보고 민망해하는 한편 아름다운 수로 부인이 꽃을 갖고자 하는 마음에 공감하였을 것이다.

제2행은 이러한 화자의 마음이 담겨 있다. 수로 부인이 좌우 시종에게 한 말이었지만 아무도 할 수 없다고 하자 그 말이 화자 자신에게 던져진 명령으로 받아들인 것이다. 사정이 딱하게 되었고 부인의 간절한 태도에 이끌려 마을 사람으로서 귀족 부인에 대해 느꼈던 거리감을 떨쳐낼 만한 사정이 생긴 것이다.

제3행에는 수로 부인이 화자인 '나를' '부끄러워'할 수도 있음에 대한 염려가 깔려 있다. 제2행에서 거리감을 떨치고 나선 화자였지만 아직도 심리적 부담감은 남아 있는 것이다. 노인은 자신이 끌고 가던 '암소'의 심상을 그대로 갖고 있으므로 '꽃'을 원하는 수로 부인에게는 부끄러운 존재일 수 있다. 여기서 암소와 꽃이 드러내는 심상의 차이가 나타난다. 구체적으로는, 서라벌 귀족과 지방 평민 사이의 신분적 거리, 꽃에 대한 세련된 감각과 일상적 감각 사이에 놓인 미감의 차이, 나이 든 노인과 한창 때로 추정되는 귀족 부인 사이의 연령상 간격 등이 가로놓여 있다.

그러나 화자는 '나를 아니 부끄러워하신다면'이라는 부정의 가정법을 씀으로써 이러한 부담감을 넘어서고 있다. 그는 수로 부인이 자신을 부끄럽게 여겨 배척하기보다 너그럽게 받아줄 것임을 알았다. 이는 암소와 꽃이 상징하는 바의 공통성에 근거한 예지일 수 있다. 지방민의 생활 수단인 암소는 새끼를 낳는 능력을 지니고 있다. 수로 부인이 원하는 바의 꽃은 아름다움의 상징이면서 자연의 충만한 생명력을 표상하기도 한다. 암소와 꽃은 각각 생활과 아름다움의 상징으로서 대비되는 동시에 생명력의 상징인 점에서 공통된다. 화자는 부인이 벼랑 위의 꽃에서 지방민의 삶에 밀착된 생명력을 느꼈으리라 생각하였다. 수로 부인이 서라벌에서 흔히 접한 세련미, 인공미가 아니라 지방의 자연미, 소박미를 맛보았으리라 짐작하였다. 이에 그는 꽃에 대한 미의식을 수로 부인과 공유하고 있음을 확신하게 되었다.

이렇듯 화자는 서라벌의 세련된 문화는 아닐지라도 지방 나름의 소박하고 자연스런 아름다움을 알아보는 수로 부인의 미의식에 공감하였다. 이는 서라벌 귀족의 장엄한 행차에 대해 거리를 두고 바라보았던 데에서 지방 문화의 아름다움을 긍정적으로 인식한 수로 부인의 미의식에 공감하는 데까지 거리감이 좁혀졌음을 뜻한다.

제4행의 '꽃을 꺾어 바치'는 일은 심리적 거리감을 극복하고 자신을 부끄러워하지 않을 것이라는 확신이 선 다음에야 가능한 것이었다. 화자가 꺾어 바친 꽃은 제2행의 '암소'를 '움킨' 그 '손'에 의한 것이다. 그의 손은 고삐를 움켜쥐고 암소를 끌기도 하였고 수로 부인이 원하는 꽃을 꺾어 바치기도 하였다. 지방민에게 두 가지 일은 따로 할 성질의 것이 아니다. 생활의 현장에서 암소도 끌고 꽃도 꺾는 것이다. 아름다움은 생활 속에 있다는 점을 노인의 손이 웅변해 주고 있다.

이 작품에는 제1행에서 제4행에 이르기까지 멀리서 가까이로 다가가는 정서적 흐름이 있다. 꽃을 꺾어 바친 일은 화자의 입장에서는 늘 가까이 두고 보았던 생활 속의 아름다움을 저 멀리 고귀한 곳에 있는 귀족 부인에게 헌정한다는 의미를 갖는다. 한편, 수로 부인의 입장에서는 저 멀리 탐스럽게 피어 있는 자연의 꽃을 노인의 손을 거쳐 자신이 직접 갖게 된다는 것을 뜻한다. 멀리 있는 꽃을 자신의 것으로 받는 수로 부인의 정서와 가까이 있는 꽃을 멀리 있는 수로 부인에게 헌정하는 화자의 심리가 교차한다. 이러한 흐름 속에서 수로 부인에 대한 화자의 사랑스런 감정이 점차 거리감을 좁혀 간다. 애초에 위의가 엄숙한 서라벌 귀족의 행차에 대해 거리감을 갖고 바라보았다가, 딱한 사정을 보고 자발적으로 나섰고 상대방이 부끄러워할지도 모른다는 의구심까지 넘어선 다음, 꽃을 꺾어 바친 것이다. 화자가 시적 대상에게 심리적, 정서적으로 점차 가까이 다가가는 양상이 작품 속에 그려져 있다.

마침내 제4행에서 꽃을 꺾어 바치면서 화자는, '부인께서는 꽃만큼 아름답고 사랑스러우십니다.'라는 메시지를 전달하게 되었다. 이에 이 작품이 사랑의 서정시임을, 그것도 존경심이 담긴 은근하고 정겨운 사랑의 시임을 느낄 수 있다.

수로 부인이 살았던 강릉을 둘러보다

순정공과 함께 강릉에 온 수로 부인은 아마도 강릉 태수를 위해 마련된 관사에서 생활했을 것이다. 그 위치가 어딘지는 알 수 없지만 그녀가 살았던 강릉을 둘러보는 일이 〈헌화가〉와 관련된 여행의 마지막 코스가 된다. 강릉 하면 휴가철에 사람들이 많이 가는 바닷가 피서지이자 경포대, 오죽헌, 초당 두부 등으로 유명한 관광지로 알고 있다. 그러나 이곳은 삼국 시대 이전부터 있었던 우리나라 고대 도시 중 하나로서 유래가 아주 깊다. 지금의 강릉 시내는 삼국 시대 이전의 예국 고성과 조선 시대의 읍성이 들어섰던 자리다. 여기에는 신라 시대의 유적도 남아 있다.

강릉 시내의 문화 유적을 둘러보기 위해 강릉역 앞에서 출발해 본다. 역 광장에서 직진하여 육거리를 건너 걷다 보면 소방서가 나온다. 그 건물 못 미쳐 오른쪽 길로 들어가 조금만 가면 왼쪽 길가에 대창리 당간 지주가 서 있다. 경주 삼랑사 터나 남간사 터의 당간 지주보다 조금 높은 듯하고, 매끈하기보다는 다듬은 자국을 그대로 드러낸 돌 표면이 눈에 띈다. 구멍이 없는 대신 맨 꼭대기에 홈을 파 놓았다. 이 당간 지주는 상가 건물과 주택이 삼면을 둘러싼 곳에 서 있다. 절이 있던 자리가 중생의 삶의 터전으로 변한 것이 뭔가 부조화인 듯하면서도 신성성과 세속성이 섞여 있는 모습에서 묘한 편안함을 느끼게 된다.

다시 소방서 앞길로 나와 쭉 앞으로 걸어가면 네거리가 나오고 그 한쪽 귀퉁이에 용지각이 있다. 이 못에 빠진 말이 용이 되어 하늘로 올라갔다는 전설을 품은 용지는 경주 최씨 시조와 관련된 유적이다. 안내판을 보니 고려 충숙왕대의 일이라 하고 원래는 수백 보에 이르는 넓은 연못이었다고 한다. 여기서 이 못이 신라 시대부터 있었던 지방 귀족의 저택에 딸린 것이 아니었을까 상상해 본다. 예국 고성의 영역 안이라고 여겨지는 이 자리에 인공적으로 조성한 못이라고 생각되고 그 유래도 아주 오래되었을 것이기 때문이다.

용지각 앞길을 건너 강릉 여고를 끼고 왼쪽 길로 돌아서 좀 가다가 오른쪽으로 꺾어 들어가면 옥천 초등학교가 나온다. 그 옆 주택가 사이에 수문리 당간 지주가 서 있다. 앞서 본 것보다 키는 작고 몸통은 도톰한 돌기둥인데, 오른쪽 것의 표면에는 내려쓴 한

자로 이 당간 지주의 재건 연도가 기록되어 있다. 이 역시 표면을 매끄럽게 다듬지 않았고 오른쪽 것 뒷면 모서리에는 몇 개의 홈이 파여 있다. 이것도 주택들로 둘러싸인 곳에 서 있어서 절터의 느낌은 별로 나지 않는다.

큰길로 나와 옥천 오거리 쪽으로 걸으면 시내 중심가가 나온다. 계속 직진하여 가다 보면 복원해 놓은 관아 건물을 볼 수 있다. 큰길 쪽에 동헌을 중심으로 한 관아, 그 옆에 칠사당이 있고 동헌 뒤편에 객사문, 전대청 등의 객사가 위치한다. 칠사당은 문을 닫아 놓아 담장 너머로만 그 건물의 단아한 모습을 볼 수 있었다. 아문을 들어서서 중문을 거쳐 동헌을 지나면 왼쪽 언덕 위에 의운루가 있다. 작은 언덕길 건너에 객사문이 서 있는데, 척 보기에도 멋진 품이 느껴진다. 날렵하게 내려온 맞배지붕과 그 양쪽에서 네 개씩의 배흘림기둥이 떠받치고 있는 모습이 간결, 단정하면서도 객사 정문으로서 기품을 드러내고 있다. 지붕과 기둥을 잇는 부분의 잘 짜인 공포와 가운데 가로축의 나무창살로 인해 지붕이 살짝 들려 있는 듯한 인상도 준다. 훌륭한 목조 건물을 감상하는 즐

거움을 누리는 것이다.

객사문, 전대청을 지나 언덕길을 따라 오르면 언덕 위에 아담한 성당 건물과 만난다. 임당동 성당인데 연한 하늘색의 외관이 친근한 인상을 준다. 고개 너머로 조금 더 가면 길모퉁이에 오래된 건물이 있고 그 안은 공방이 차려져 있다. 객사 옆의 이 언덕은 옛 정취를 맡으며 걷기에 좋은 길이다.

아까 왔던 길로 돌아와 관아 앞 큰길을 따라 강릉 의료원을 지나 내곡교를 건넌다. 강변을 따라 가다가 고가도로 밑을 지나 왼쪽 산길로 들어가면 그곳에 신복사 절터가 있다. 고려 초·중기에 건립된 삼층 석탑과 석불 좌상이 남아 있는데, 탑과 보살상 모두 단정한 아름다움을 지니고 있다. 특히 보살의 허리가 살짝 틀

려 있는 것이 상당히 매력적이다. 왼쪽 무릎을 올리고 왼손을 오른손과 함께 가슴에 모으는 동작에서 허리가 살짝 왼쪽으로 기울며 앞으로 쏠려 있다. 기원하는 마음의 간절함에 몸이 반응한 결과가 아닐까 싶다.

이렇게 강릉역에서부터 신복사 절터에 이르는 강릉 시내 답사는 이 터전에 쌓인 역사의 두께를 조금이나마 맛보게 해 준다. 이 코스에 더하여 시내버스를 타고 강릉 외곽으로 나가서 신라 문화의 흔적을 찾아보아도 좋다. 학산리의 굴산사지, 대관령 아래 보광리의 명주군왕릉, 초당동 고분 터 등을 꼽을 수 있는데, 그중 강릉 여행에서 빼놓을 수 없는 곳이 굴산사지이다. 절터 뒤에 있는 부도는 굴산사를 창건한 범일의 것으로 추정된다. 받침돌에 아로새겨진 짐승 모양과 구름 모양, 중간 돌의 8면에 그려진 악사의 연주 모습이 인상적이다.

거기서 개울을 건너 언덕진 곳의 논 한가운데에 우뚝 서 있는 당간 지주는 강릉 시내에서 본 것들에 비해 훨씬 크고 장대하다. 주변은 논이고 멀리 대관령에서 이어진 산이 병풍처럼 둘러 있는 자리에 돌 표면은 거친 자국을 드러낸 채 다듬어졌고 기둥 위 끝은 둥글어지다가 가로로 잘린 모습이 웅혼, 장쾌하다. 신라 후기 구산선문의 하나로 이름을 떨친 굴산사의 선풍禪風이 깃들어 있는 유적이라 생각하면 그 느낌이 더 풍성해진다.

신라인의 사랑에 대하여

〈헌화가〉가 띠고 있는 붉은 빛깔의 색채감은 신라인의 열정과 낭만적인 사랑에 대한 상상으로 이끈다. 『삼국유사』와 『삼국사기』 여러 곳에 실려 전하는 남녀의 사랑 이야기가 이야기 자체로 재미있기도 하지만 그 인물이나 사건이 신라 시대에 실제로 일어났을 가능성을 생각하면 더욱 실감 있게 다가온다. 그중에서도 여기서 살펴본 수로 부인 이야기는 독특하면서도 깊은 맛을 느낄 수 있는 사랑의 이야기이다.

수로 부인의 귀족적 취향과 품격이 좀 더 두드러지긴 하지만 소를 끌고 가던 노인의 품격도 충분히 음미될 만하다. 그는 동햇가 시골 마을에 사는 노인이었지만 부인의 심미안에 공감하여 꽃을 꺾어다 바치는 수고를 아끼지 않았다. 그리고 수준 높은 서정시로서 4행 향가를 지을 줄 알았다. 4행의 짧은 형식에 화자와 시적 대상의 개성이 녹아들게 하고 서로간의 거리감을 점차 좁혀나가는 시상을 전개한 것은 상당한 수준의 시인이 아니라면 불가능한 일이다. 그런 점에서 노인은 서라벌의 귀족 문화 속에서 살다가 낙향한 은퇴자라고 생각할 수도 있다. 수도 서라벌의 세련된 향가 문화를 향유했던 그가 수로 부인을 만나 예전의 실력을 발휘하여 낭만적인 작품을 지었다고 보는 것이다. 물론 은퇴한 자신의 현재 처지도 작품 속에 반영하고 있다.

귀족 부인에 대한 시골 노인의 은근한 사랑과 찬미의 노래에서 청춘 남녀의 사랑과는 다른 색깔, 다른 격조의 사랑을 느낀다. 신라 시대 청춘의 사랑은 무수히 있었을 것이다. 지금은 많이 전해지지 않지만 그 사랑의 두께가 얼마나 두꺼우면 수로 부인 이야기와 같이 독특한 맛의 사랑까지 나왔을까. 수로 부인에 대한 노인의 은근한 사랑은 그 자체로도 의미 있지만 지금은 사라진 신라인의 넓고 다양한 낭만적 사랑의 색채들을 떠올리게 하는 데에도 도움을 준다.

그 사랑을 떠올리며 바다와 절벽 사이로 난 동해안 길을 따라 걷다 보면 마음이 한없이 푸근해진다. 이 땅에서 그러한 품격 높은 서정시가 배태된 것에 자부심도 갖게 된다. 그리하여 신라 문화의 넓고 깊은 세계의 한 자락을 살짝 잡아 본 듯한 착각에 빠지기도 한다. 그 길, 7번 국도는 〈헌화가〉가 있어 더욱 풍요로운 길이 되었다.

우적가
遇賊歌

은둔 길에서 도적을 만나다

〈우적가〉는 향찰로 쓰인 원문에서 빠진 글자가 네 군데나 있어 해독이 어렵다. 작품 창작의 내력을 알려 주는 배경 기사로 『삼국유사』 「영재우적」이 있는데, 이를 향가와 서로 견주어 빠진 글자에 대해 추정하는 방식이 어느 정도 유효하다. 그렇더라도 작품에 대한 충분한 이해는 좀 더 완벽한 해독이 이루어질 때까지 기다려야 할 듯하다. 여기서는 내가 해독하고 이해한 내용을 가지고 이야기해 볼까 한다.

영재가 도적을 만난 이야기는 크게 두 가지 주제를 함축하고 있다. 하나는 골계적인 성격에 향가도 잘 지은 영재가 인생의 노년기에 지리산에 은둔하고자 했다는 것이다. 은둔의 주제는 배경 기사와 향가에 두루 통하는바, 이에 대한 음미가 작품 이해에 꼭 필요하다. 다른 하나는 은둔 길에 갑자기 닥친 도적 앞에서 의연하게 행동했다는 점이다. 이 의연함 혹은 초연함은 영재의 무욕無慾의 삶에서 나왔다. 향가에 감동한 도적이 비단을 주자 땅에 던져 버리는 행동에서 이 점이 잘 드러난다. 이를 보고 또다시 감동한 도적들은 아예 머리를 깎고 그의 제자가 되어 함께 지리산으로 들어갔다.

무욕과 은둔, 이 두 주제는 종교적인 의미를 가지고 있다. 세상에서 초연하여 무욕의 삶을 살고자 한 사람이 세상을 떠나 깊은 산속으로 들어갔다. 더럽고 추한 속세를 넘어서서 맑고 깨끗한 신성의 세계를 추구한 것이다. 그 경지에 이르기 위해서는 모든 것을 버리고 수도에 정진하는 길을 가야 한다. 그러니 그의 은둔은 인간의 내면을 다스려 신성한 세계를 지향하는 종교적인 성격을 지닌다.

한편, 영재의 뜻과 대척적인 자리에 욕망으로 가득 찬 세상이 있다. 그 세상은 영재가 노년기까지 살았던 곳, 아마도 서라벌이었을 그곳의 향락과 화려함으로 표상될 것이다. 원성왕대는 성덕왕, 경덕왕대 신라 문화의 난숙기를 이어받고 있는 시대이다. 경덕왕 다음의 혜공왕, 선덕왕대에 왕권이 잠시 흔들렸고 그 뒤를 이어 왕위 계승 과정에서 김주원과 갈등했지만, 원성왕은 나라 사람들의 추대로 즉위하여 정치 안정을 도모하였다. 크게 보아 성덕왕대에서 원성왕대에 이르는 8세기는 신라 문화가 안정적으로 발전하고 난숙했던 시대라고 할 수 있다.

이 시기를 살았던 영재가 무욕의 삶을 추구한 것은 당대에 재물을 모으고 향락에 빠지는 세태에서 벗어나려 한 것으로 볼 수 있다. 예나 이제나 인간의 욕망은 그칠 줄 모른다. 안정된 시대일

수록 사람들은 생존을 넘어서 향락과 사치를 추구한다. 그러한 세태 속에서도 인간 본연의 자세에 대해 물음을 던지는 사람이 있기 마련이다. 향가 시인으로서 세태를 개탄하고 종교를 통해 세상을 초월하려 한 영재의 뜻과 행동은 존경받을 만한 것이었다.

〈우적가〉를 생각하며 떠나는 여행은 지리산이 종착지가 될 수밖에 없다. 영재를 따라 지리산으로 가는 여행은 아마도 경주에서 시작하는 것이 온당할 것이다. 화려했던 신라 문화의 유산을 엿보려면 우선 경주 박물관을 찾아가야 한다. 그렇더라도 거기서 만나는 몇 점의 정교한 금속 공예나 생활용품으로 당대인의 마음까지 헤아리기에는 턱없이 모자라다. 또한 지금의 경주 시내는 여러 기의 고분과 약간의 석조물만 제자리에 놓여 있을 뿐 그 주변을 감쌌을 수많은 건물들, 건물 안을 채웠을 무수한 물건들은 온데간데 없다.

그러니 경주에서 화려함을 찾는 것은 포기하고 곧바로 지리산을 향하는 것이 낫겠다. 떠나온 곳의 화려함은 상상 속에 맡기고 경주에서 지리산으로 가는 어느 길목에서 여행을 시작하고자 한다. 별다른 고증의 자료는 없지만 배경 기사에 기록된 대현의 고개를 추정해 보고, 그곳을 거쳐서 지리산으로 가기로 한다.

지리산 근처 대현리와 그 주변

영재가 서라벌에서 남악까지, 즉 경주에서 지리산까지 어느 길로 갔는지는 알 수 없다. 다만 그 사이에 '대현의 고개大峴嶺'가 있다는 것만 나와 있으므로 이 지명으로 약간의 추정은 가능하다. 경주 서남쪽 산내면에 대현리가 있긴 한데 '大賢'이라는 한자를 쓰므로 논외가 된다. 영재가 지리산으로 간 경로를 추정한 기존의 논의에서는, 경주에서 멀지 않은 곳, 도적 60여 명이 주둔할 만하고 물자의 왕래가 빈번한 곳을 조건으로 설정하고 이에 부합하는 곳으로 경북 청도읍 상리의 한재大峴을 지목하였다(성호경, 2008). 공들여 얻은 결론이긴 하지만 지리산과의 관련성이 멀어졌다는 점이 마음에 걸린다. 오히려 지리산 근처 동일 지명의 두 곳 중 하나로 추정하는 것이 좀 더 그럴듯하지 않을까 한다. 경남 의령군 궁류면과 합천군 쌍백면의 경계, 그곳에서 멀지 않은 경남 거창군 신원면과 산청군 오부면의 경계에 대현리가 있는 것이다.

지도를 보면, 경주에서 청도 혹은 밀양을 지나 창녕에 이르면 대현리가 있는 이 지역을 거쳐서 산청 혹은 함양으로 가게 된다. 그러니까 이 두 곳은 지리산에 들어가는 입구에 해당한다고 볼 수 있다. 두 곳의 중간쯤에는 황매산이 있는데 그 동남쪽 기슭에 신라 고찰 영암사 터가 있다. 여기서 좀 더 서쪽으로 가면 남강 상류를 건너 단속사 터가 나온다. 영재처럼 향가 시인인 신충이 지리산에 은둔하여 지은 절이다. 영재와 신충은 살았던 시대가 겹치는 만큼 당시에 지리산 은둔은 일단의 지식인에게 하나의 유행이었을 수 있다. 이렇듯 영암사 터와 단속사 터를 가까이 두고 있는 대현리 인근이 영재 이야기에 나오는 대현 고개가 아닐까 추정해 본다.

이제 창녕에서 서쪽 방향으로 궁류면 쪽의 대현리를 찾아간다. 대중 교통편이 불편할 듯하여 자동차로 가는 여행이다. 창녕에 가면 유명한 창녕비를 비롯하여 고분군, 마애여래 좌상 등을 볼 수 있어 신라 시대의 중요한 거점임을 새삼 알게 된다. 여기를 출발지로 잡긴 했으나 여행의 목적이 대현리를 찾아가는 것이므로 창녕 답사는 건너뛰기로 한다.

꾸불꾸불한 고개를 거의 다 올라간 지점에 마을이 나오는데 그 어귀에 범죄 없는 마을, 대현 마을이라는 표지석이 서 있다. 그리고 고개 정상을 갓 넘은 곳에서 저 멀리 아스라이 지리산 천왕봉이 보인다. 문득 〈우적가〉에 나온 '아스라한 안식처'라는 구절이 떠오르며, 영재가 그 아래에다 마련하려던 안식처(수도처)를 염두에 두고 저기 아스라이 보이는 천왕봉을 손가락으로 가리키면서 향가를 짓지 않았을까 상상해 본다. 다시 꾸불꾸불한 고개를 내려가면 길가에 대현 마을 팻말이 보이는데 이곳은 쌍백면 대현리이다. 고개의 이쪽과 저쪽에 마을이 형성되어 똑 같은 이름으로

불리는 것이다.

이곳을 지나 또 다른 대현리를 찾아가는 길목에 황매산이 있다. 산 아래의 영암사 터는 하늘로 솟은 바위들이 병풍처럼 막아선 곳에 계단식으로 터를 다져 건물들이 앉혀져 있다. 대체적인 윤곽만 보아도 드라마틱한 이야기가 수없이 펼쳐질 만한 장소이다. 그곳에 남겨진 삼층 석탑, 쌍사자 석등, 무지개 곡선의 돌계단, 여러 모양의 사자상을 새겨 놓은 건물 받침돌, 연주하는 천인상을 난간으로 한 건물 계단, 거북 모양의 비석 받침돌 등 석조물은 모두 정교하고도 화려한 모습을 간직한 채 놓여 있다. 어느 것 하나 그냥 지나칠 수 없을 만큼 경탄스러운 형태와 새김에서 이 땅에 구현된 불토를 보는 느낌이다. 은둔의 땅으로 삼기에는 어울리지 않는 세계라고 여겨지지만, 달리 생각해 보면 가장 화려한 모습의 불토는 가장 화려한 모습의 이 세상에서 유추된 것일 수밖에 없지 않을까 싶기도 하다.

이번 여행에서 두 번째로 찾는 대현리는 황매산을 돌아 나와 합천호 옆길로 해서 산청 방향으로 가다 보면 감악산을 지나서 나온다. 고개의 이쪽 신원면과 저쪽 오부면에 걸쳐 같은 이름의 마을이 있다. 고개를 빙 둘러서 난 길로 가기 때문에 아까처럼 고갯마루에서 지리산 봉우리를 보는 경험은 못했지만 저 고개 역시 그러한 전망을 지녔으리라 짐작이 간다. 이곳 신원면 대현리가 지리산에 가까운데, 이보다 먼 궁류면 쪽이 〈우적가〉의 문맥에 좀 더 들어맞지 않을까 싶다.

대현리에서 산청 방향으로 남강을 따라 가다가 오른쪽의 다리를 건너 고개를 넘으면 단속사 터에 이른다. 영암사 터와 이곳은 둘 다 석조물만 남은 폐사지이지만 느낌은 많이 다르다. 단속사 터는 그리 높지 않은 산줄기가 좌우로 둘

러 내리뻗고 남쪽 멀리까지 툭 트였는데 그 안쪽 나지막한 둔덕에 자리 잡고 있다. 널찍한 터를 야트막한 산들이 감싸 안은 듯한 형세라서 깊은 산중이라는 생각이 안 든다.

두 기의 삼층 석탑이 있는 이곳에 서는 순간 아늑하고 편안한 느낌을 받는다. 저녁 무렵 가을 햇살이 퍼지는 때에 와서 그런지 모르겠다. 지난번에는 절터 뒤쪽에 있는 정당매政堂梅에 매화가 필 즈음에 왔었는데 그때는 따스한 기운이 더욱 포근하게 밀려왔었다. 자리 자체가 아늑하고 볕도 많이 드는 곳이라서 그런 것 같다. 영재는 신충처럼 정치가가 아니었으니 은둔의 방식도 은둔처를 고르는 취향도 달랐을 것이다. 더욱이 60여 명의 추종자들까지

이끌고 들어왔으니 단속사 터보다는 더 넓은 장소가 필요했을지 모른다. 그렇지만 지리산 어딘가에 이 단속사 터처럼 운둔하기 좋은 곳을 찾아들어 갔을 영재의 발자취가 이곳에도 잠시 머물렀으리라 상상해 보면 은둔지로서 이곳이 주는 느낌이 새삼스럽게 다가온다.

은둔의 장소로서 영암사 터와 단속사 터를 와 보는 것은 그곳을 서라벌같이 화려한 도시와의 대비 속에 살피는 일이다. 그리고 이번 여행처럼 〈우적가〉라는 향가의 내용을 떠올리면서 둘러보게 되면 또 다른 감회에 젖을 수 있다.

〈우적가〉, 여행의 구조와 타자 수용

〈우적가〉는 원성왕대에 지어진 작품으로서 왕생사상이 배경에 놓여 있다. 영재가 도적을 만나 죽을지도 모를 상황에서도 여유롭게 대처한 이면에는 죽음 이후의 세계에 대한 확신이 깔려 있는 것이다. 이에 우선 작품 속에 드러나는 화자의 의식을 통해 작품의 주제를 살펴보고자 한다.

자기 마음의
모습 구하려거든
해 멀리 숨은 잘못을 알고
이제는 숲에서 떠나갈 것이다.
다만 잘못된 것은, 해치는 님,
채비 없이 들여도 돌아갈 승랑僧郎이
이 병장기야 지나치련?
좋을 것이라야 들이다니.
아아, 오직 나—의 한은
아스라한 조용한 시골집 아무오이다.

저의 ᄆᆞᅀᆞ미
즈ᅀᅵ 모ᄃᆞ기려ᄃᆞᆫ
ᄒᆡ 멀오 숨온 디나촐 알고
엳ᄃᆞᆫ 더믜 가고소다.
다ᄆᆞᆫ 외온ᄋᆞᆫ, 허른 님,
ᄌᆞ비 업시 드려도 도롤 郞야
이 잠갓사 디나온?
됴흘 이사야 드료ᄃᆞ니.
아야, 오지기 나－잇 恨은
아ᅀᆞ론 알히 스집 아모니다.

제1구(제1~4행)에서 화자는 도적에게 자기 마음의 본모습을 찾으라고 말한다. 자기 안에 있는 불성佛性을 깨달으라는 말이다. 강탈과 살인을 일삼는 도적에게 인간으로서 취해야 할 도리를 생각해 보고 스스로 참회하여 참된 마음으로 돌아가라는 것이다. 자기를 해치려는 도적을 두려워하지 않고 의연한 태도로 훈계하고 있다.

더 나아가 제2구(제5~8행)에서는 골계적인 어조를 드러낸다. 도적이 들이댄 병장기를 자기 육신에 받아들이는 것쯤이야 별 문제가 안 된다는 것이다. 화자가 이러한 여유를 부릴 수 있는 것은 왕생극락에 대한 믿음 때문이다. '채비 없이 들여도 돌아갈 승랑'(제6행)이란 아무런 준비 없이 죽음을 맞는다 해도 극락세계에 환생할 수 있고 또 언제 어디서든 왕생극락의 준비가 되어 있는 승랑이라는 말이다. 돌이켜 보면, 제1구의 훈계는 이와 같은 왕생사상에 바탕을 두고 나온 것이기도 하다. 왕생극락의 길은 자신의 참모습, 즉 인간에 내재한 불성을 점차 미루어 가서 지고의 세계에 도달하는 것이다.

제3구(제9·10행)에서는 왕생을 위해 수도하려는 뜻이 실현되지 못함을 한탄하였다. 멀리 지리산 속에 암자를 짓고 안식, 수도해야 하는데 그러지 못하고 도적을 만나 곧 죽게 된 것이 한스럽다. 제1구에서 도적에게 훈계도 하고 제2구에서 왕생의 의지도 천명했지만 도적의 위협 앞에서 어쩔 수 없이 탄식하고 있다. 그런데 화자의 한탄은 청자인 도적들에게 감동을 주었다. 영재의 무욕의 마음, 왕생극락에 대한 확고한 의지, 향가의 노랫말이 갖는 의미와 고도의 서정성 등이 복합적으로 작용하여 도적을 감동시킨 것이다. 결국 영재를 강탈하려던 도적이 그에게 감복하여 함께 지리산으로 들어가게 된다. 영재 한 사람의 왕생 의지가 도적들에게 전파되어 이제 미타신앙의 결사結社로 승화되었다.

이와 같이, 〈우적가〉는 왕생극락에 대한 확고한 믿음을 가진 화자가 자신을 핍박하는 도적을 의연하게 타이르는 내용이다. 작자 영재의 골계적 성격과 의연한 자세는 무욕의 마음과 왕생사상에서 기인하였다. 여기서 흥미로운 것은 도적들이 영재의 향가에 감동을 받았다는 점이다. 즉흥적으로 지어진 향가의 내용을 잘 이해하여 감동까지 한 이들은 어떤 도적이었을까. 이를 알아보기 위해 잠시 원성왕대를 살펴보기로 한다.

『삼국사기』에는 원성왕이 14년간 재위하는 동안 자연재해나 기근 등이 많았던 것으로 나오지만 이는 신라 시대 어느 왕대나 그만큼은 되는 정도이다. 한 번의 반란이 있었을 뿐 대체로 안정기였다고 볼 수 있다. 『삼국유사』에 기술된 왕의 즉위를 둘러싼 이야기, 호국룡을 구출한 이야기, 뭇 사람을 홀린 묘정의 이야기, 만파식적을 전수받은 이야기, 그리고 김현과 호랑이 처녀의 낭만적인 사랑 이야기 등이 원성왕대를 배경으로 한다. 이는 원성왕대가 신라 중대의 진흥왕, 진평왕, 문무왕, 신문왕대 정도로 흥미로운 이야기들이 부회될 만큼 다채로운 문화가 꽃피웠던 시대임을 말해 준다.

이 시대를 배경으로 도적 60여 명에 대한 기록이 영재 이야기 속에 남은 것이다. 이로써 원성왕대를 혼란기로 볼 여지도 있지만 그보다는 일정하게 안정된 정치 상황에서 발생한 도적으로 보는 편이 낫다. 안정기든 혼란기든 개인적, 집단적 이유로 평민 혹은 귀족 중 일부가 도적이 될 여지는 늘 있다. 이 시대에 가뭄과 누리가 발생하여 도적이 많아졌다는 기록이 있는데, 기록자는 도적이 증가한 것을 가뭄, 누리 등 자연재해로 인한 유랑민의 확산으로 이해하고 있다. 이는 김헌창, 김범문 부자처럼 왕권 탈취를 위한 조직적인 반란군이나 원종과 애노, 적고적 같은 대규모의 도적 무리와는 구분된다. 이에 여기서의 도적 60여 명은 자연재해로 인해 발생한 유랑민이 생계를 위해 도적질을 한 경우로 보인다.

이들 중 영재를 알아본 자가 있었다는 것인데 아마도 도적의 지도자급에 해당하는 사람이었으리라. 향가가 당대에 널리 향유된 국민문학이었기 때문일 수도 있고 도적 중에 지식층이 있었기 때문일 수도 있다. 어쨌든 영재는 도적의 요청에 따라 향가를 지었고, 작품에 담긴 뜻을 이해한 도적이 감화를 받았고 더 나아가 머리를 깎고 제자가 되었다. 이를 보아도 선량한 일반 백성이 생계의 어려움으로 인해 도적이 되었다고 보는 편이 무난함을 알 수 있다.

〈우적가〉는 작자 영재가 도적을 만나 지은 것이기에 화자와 시적 대상, 즉 주체와 타자 사이의 관계에 초점을 두고 감상하면 작품의 의미가 더욱 살아난다. 우선 배경 기사에 따라 영재의 은둔길이 작품의 기본 구조가 됨을 지적해 두기로 한다. 곧, '시골집'(제10행)이 여행의 목적지, '숲'(제4행)이 경유지이다. 아마도 서라벌이었을 거주지에서 출발하여 '숲'을 지나 '시골집'으로 가는 것이 기본 구조이다.

이러한 바탕 위에서 화자의 관심이 대상에게 향했다가 자신에게로 돌아오는 시상이 전개된다. '자기'(제1행)에서 '님'(제5행)과 '승랑'(제6행)을 거쳐 '나'(제9행)로 연결되는 것이다. 화자와 대상이 함께 포함된 '자기'에서 대상만을 지칭하는 '님'으로 갔다가 화자 자신을 뜻하는 '승랑'과 '나'로 돌아온다.

제1구는 화자가 여행 도중 갑자기 만난 도적에게 하는 말이다. 먼저 제1, 2행에서 '자기 마음의 / 모습 구하려거든'이라고 하였다. 화자나 도적이나 자기 '마음'의 참된 '모습'을 찾아 나서야 한다는 말부터 하고 있다. 이는 여행 도중 겪게 된 불의의 사태에 처하여 화자가 애초에 지녔던 자유분방한 성품과 수도자로서의 자세에서 나온 말이다. 마음의 문제에 대해 사색하고 그 참모습을 구하기 위해 수도했던 화자의 경력이 이 말 속에 담겨 있다. 이러한 문제의식은 도적에게 던지는 훈계인 동시에 스스로 여행자가 되어 길을 떠난 동기이기도 하다.

이렇게 화자와 도적, 즉 주체와 타자가 같다는 점을 전제한 다음, 제3, 4행에서 둘 사이의 다름에 대해 말한다. 화자는 도적이 '해 멀리 숨은 잘못'(제3행)을 범했다고 하였다. 광명을 피해 어둠 속에서 불의한 행동을 한 것이다. 이것이 화자와 도적의 다른 점이다. 이렇게 서로가 다르다는 점을 확인한 다음 도적이 그 점을 '알고' '이제는 숲에서 떠나갈 것이다.'(제4행)라고 훈계한다.

도적의 소굴인 '숲'은 '해 멀리 숨은' 어둠의 장소이다. 잘못을 알았다면 그곳에서 벗어나 광명의 세계로 나아가야 한다. 이것은 화자가 도적에게 던진 훈계인 동시에 자신의 여행길이 지닌 의의이기도 하다. 어둠을 지나 광명에 이르는 길은 화자가 지금 가고 있는 은둔 수도의 길이다. 화자와 도적은 이승에 존재하는 사람으로서는 같지만, 도적이 잘못을 저질렀으므로 서로 다르다. 그러나 광명을 찾아 가는 길에서 둘은 같은 존재가 된다.

제2구는 제1구의 같음의 논리에서 벗어나 다름을 강조하고 있다. 제1행이 '~하려거든'이라고 가정한 것과 유사하게 제5행은 '다만'이라고 조건을 단다. '다만'은 제1구의 훈계를 도적이 받아들인다 하더라도 남는 문제, 다시 말해 둘 사이의 다름에 대해 말하겠다는 의도를 내비치고 있다.

'다만'에 이어 단도직입적으로 자신을 '해치는' 도적이 '잘못되었다'고 꾸짖는다. 앞의 '잘못'(제3행)이 일반적, 관습적 잘못이라면, 여기서 잘못되었다는 것은 현장에서 벌어지는 잘못을 뜻한다. 지금 자기를 해치려는 도적의 행동이 잘못되었다는 것이다. 그런데 화자는 도적을 '님'(제5행)으로, 자신을 '승랑'(제6행)으로 칭하였다. '님'은 사람을 '해치'고 '잘못된' 데 반해 '승랑'은 '채비 없이 들여도 돌아갈' 존재이다. 이 세상에서나 소용될 재물을 빼앗으려고 악행을 저지르는 도적과 내세를 위해 무욕의 수도를 행하는 화자가 서로 구별된다. 그렇지만 잘못된 행동을 질책하면서도 존칭 표현인 '님'을 쓴 것이 재미있다. 잘못을 준엄하게 꾸짖은 끝에 '님'이라고 불러 주어 도적을 높이는 뜻을 담았다. 이런 데에서 화자의 골계적인 성품이 드러난다.

제7, 8행은 화자와 도적이 다르다는 점을 현재 벌어지고 있는 상황에 대응시켰다. 도적에게 '병장기'는 사람을 위협하는 도구이지만 화자에게는 그저 순순히 받아들일 사물이다. 화자에게 병장기가 '좋을 것'은 아니지만 그렇다고 위협적이지도 못하다. 도적이 재물을 뺏으려고 병장기를 휘두르는 것에 화자는 순순히 응한다. 제5행에서 도적을 '님'이라고 지칭한 골계적인 태도는 제7, 8행에서 '지나치련?'과 '들이다니.'의 자문자답 형태에서 또다시 나타난다. 의연하면서도 깔보는 듯한 어조로써 상대의 감정을 완화시키고 여유 있는 웃음을 자아내어 공감을 유도하는 것이다.

이렇듯 화자는 '채비 없이 들여도 돌아갈 승랑'이라 하여 자신이 어떤 사람인지를 밝힘으로써 병장기로 위협하는 도적과 자신이 다르다는 점을 분명히 하였다. 그는 아무런 준비 없이 어떤 시련이나 위협에 닥쳐도 모든 것을 툭툭 털고 '돌아갈' 수 있는 사람이다. 여기서도 여행의 주제는 지속된다. 여행자인 화자가 가는 길은 지리산 속 '시골집'이 목적지가 아니라 그로부터 다시 '돌아갈' 곳,

즉 극락세계를 상정해 놓고 있다. 실제 여행은 거주지에서 출발하여 대현 고개의 숲을 지나 지리산 시골집에 이르는 길이지만, 이 여행의 궁극적인 목적지는 시골집에서부터 나아갈 극락세계인 것이다.

제3구는 화자 자신을 '나'라고 하여 전면에 내세웠다. 제2구 처음에 '다만'이라는 조건을 단 것에서 나아가 제3구 첫머리에 '오직'이라는 단정적인 표현을 썼다. 화자와 도적의 같음에서 출발하여 다름으로 나아갔다가 화자 스스로 주체로 나서는 양상이다. 도적, 즉 타자와 다르다는 데에서 나아가 화자, 즉 주체는 오직 자기 자신으로서 존재하므로 '나'라는 표현을 쓴 것이다.

그러한 '나'가 '한'을 품을 수도 있는 상황에 놓이게 되었다. 제2구처럼 병장기를 받아들이게 되면 화자는 생명을 잃게 될 테니 '나'의 '한'이 남게 된다는 것이다. 이 '한'은 '마음'(제1행)과 대비된다. '마음'을 찾기 위한 여행길이었는데 그것이 좌절된 후 '마음'의 부정적인 결과인 '한'이 남는다. 이는 화자가 도적과 다름을 확인하는 동시에 도적이 지녔을 '한'을 의식한 것이기도 하다. 자신의 '한'을 말함으로써 도적이 내면에 품은 '한'에 대해 공감을 표시하였다.

그러나 죽을 고비에 이르러 화자는 자신의 염원을 더욱 뚜렷이 되새긴다. '한'이라는 말은 죽음에 임박하여 나왔으면서도 삶의 의의를 상기하는 역할도 하고 있다. 그리하여 작품을 마무리하면서 '아스라한 조용한 시골집'(제10행)이 제시된다. 한이 아닌 염원이 담긴 '시골집'은 실제의 여행과 관념상의 여행이 만나는 곳이다. 그곳에 가서 수도하여 극락세계로 나아가는 길을 열 수 있다. '시골집'

을 수식하는 '아스라한 조용한'은 '멀리 숨은'(제3행)과 연결되는데 둘은 같으면서도 다르다. 은둔과 원거리라는 뜻은 같지만 '멀리 숨은'은 도적을 꾸짖는 말이고 '아스라한 조용한'은 화자의 염원이 담긴 말이다.

〈우적가〉는 길을 가던 화자가 갑자기 만난 도적에게 말한 내용이다. 화자는 자기나 도적이나 모두 마음의 참모습을 찾아야 한다는 점을 깨우치고, 자기를 해치려는 도적의 행동이 잘못되었음을 꾸짖은 다음, 결국 염원을 이루지 못하는 것을 한탄함으로써 마무리 지었다. 이로써 왕생극락에 대한 염원과 수도의 자세를 보여 주는 한편 도적의 행동과 욕망의 무의미함을 폭로하였다. 그러면서도 타자인 도적의 처지를 이해하고 수용하려는 태도를 취하였다.

이 작품은 마음의 참모습을 찾는다는 여행의 동기, 예기치 못한 사건을 겪은 여행의 도중, 수도에 정진할 곳인 여행의 실제 목적지, 그리고 세상을 초월하여 도달할 여행의 최종 목적지까지, 실제의 여행과 관념상의 여행이 결합된 구조를 이루고 있다. 이러한 여행의 구조 속에 여행과도 같은 인생길의 주체가 타자와 만나 맺게 되는 관계를 준엄하면서도 따스하고 여유로우면서도 역동적인 양상으로 그려 내었다.

향가 음악을 상상하며 운상원을 찾다

향가 한 편으로 도적을 감화시켜 함께 은둔한 영재가 지리산 어느 곳으로 들어갔는지는 알 수 없다. 원성왕대에는 이미 화엄사, 연곡사, 쌍계사 등의 절이 지리산에 창건되어 있었다. 그가 무리를 이끌고 초창기의 그 절들 중 하나로 들어갔을 수도 있고, 알려지지 않은 새 터전을 잡아 주변에 몇 개의 암자를 짓고 지냈을 수도 있다. 그 어딘가에서 60여 명의 새로 얻은 제자와 함께 왕생극락을 위한 수도에 정진했을 것이다.

그런데 향가 시인으로서 영재를 주목한다면, 그가 지리산에 들어가 수도를 닦는 중에 찾았을 법한 장소로서 운상원雲上院을 꼽을 수 있을 듯하다. 운상원은 원성왕대보다 조금 앞선 경덕왕대에 옥보고가 지리산에 들어와 거문고 연구에 몰두하여 30여 곡을 지었다는 곳이다. 또한 『화랑세기』에서 명산대천을 찾아 음악과 향가를 즐긴 설화랑의 낭도를 운상인雲上人이라 했다고 한다. '운상'이라는 이름이 같다는 점에서 서로 관련지어 볼 수 있다.

영재와 옥보고를 엮어 보려는 것은 둘 다 서라벌에서 남악 지리산으로 은둔했다는 점, 그리고 시와 음악을 하는 예술가라는 점이 공통되기 때문이다. 향가는 노래로 불려 향유되었다. 영재가 도적의 요청으로 향가를 지을 때 가락을 붙여 불렀을 것이다. 그것이 어떤 가락이었는지는 알 길이 없다. 영재의 노래뿐 아니라 오늘날 노랫말만 전하는 향가는 모두 그러하다. 지금 들을 수 있는 조선 시대의 시조창이나 가곡창 같은 것과 얼마큼 같고 다를지 궁금하기만 하다. 이렇게 향가가 노래로 불렸던 그때를 생각하면 영재와 옥보고를 함께 기억하는 일은 곧 향가 음악을 상상하는 것과 관계된다.

지리산에 은둔한 시인이 신충과 영재이고 음악가가 옥보고이다. 이들은 성덕왕, 경덕왕, 원성왕대에 활동한 인물들로 생존 시기가 겹친다. 거의 같은 시대의 시인, 음악가 들이 세상을 등지고 지리산을 찾아들어 은둔하면서 자신의 목적한 바를 이루고자 하였다. 이런 점에서도 영재와 옥보고는 함께 기억될 만하다.

옥보고가 거문고에 몰두했던 운상원이 어디였는지 분명하게 고증되지는 못했으나 전해 오는 말로는 화계의 칠불사 자리가 그곳이라 한다. 이에 지리산 칠불사를 찾아가 그 주변 경관을 보면서 옛 운상원이 자리했던 곳의 분위기를 느껴 보면 어떨까 한다.

화계 장터에서 계곡을 따라 들어가는 길은 아름답기로 유명한 길이다. 벚꽃이 만개할 때의 그 길은 가히 환상적이다. 쌍계사 입구를 지나쳐 한참 가다 보면 왼쪽으로 해서 산으로 올라가는 길이 나온다. 계곡은 더욱 깊어지고 산골 마을이 나오는가 싶더니 칠불사 입구에 도착한다. 이 절은 동국 다도를 일으킨 초의 선사와 아자방亞字房이라는 건물로 이름이 나 있다. 절을 둘러본 다음 그 절 스님께 운상선원을 한 번 보게 해 달라고 부탁하였다. 건물을 새로 짓고 스님들이 참선하는 장소로 사용되므로 일반인 출입을 금하였기 때문이다. 허락을 받고 길을 따라 조금 올라가니 단을 세운 위에 한옥 두 채가 서 있다. 새로 지었기에 옛 정취를 느끼기는 어려웠으나 건물이 주는 단정한 기품은 알아볼 수 있었다.

건물보다는 건물이 서 있는 자리가 옛 자취를 더듬는 마음에 부응하는 것 같다. 운상선원 앞마당에서 내려다보면 지리산 줄기가 겹겹이 뻗은 광경이 한눈에 들어온다. 토끼봉 정상 가까이에

있어 구름이 낄 때면 발아래로 그것을 굽어볼 수 있는 곳이다. 그러기에 운상이라는 이름에 걸맞지 않을까 싶다. 반드시 이곳이라고 말할 수는 없지만 지리산의 풍만한 산세와 중첩된 산줄기를 바라보며 거문고를 타던 옥보고를 상상해 볼 만한 장소가 아닐까 싶다.

그리고 이곳을 경주 남산의 금송정 터와 비교해 보아도 좋을 것이다. 옥보고는 남산의 이곳에 올라 거문고를 타며 세상 시름을 잊었다고 한다. 어떤 시름을 지녔는지 알 수 없지만 서라벌의 번성한 시가지를 내려다보며 눈 아래에 펼쳐진 세상에서 멀리 떠날 생각을 품었을지 모른다. 오직 거문고 하나에 의지하여 세상 시름을 잊었던 그이기에 초월을 위한 예술혼이 그로 하여금 서라벌을 떠나 지리산으로 들어가게 했을지 모른다. 이는 곧 왕생극락의 염원을 품은 영재가 욕망의 도시 서라벌에서 벗어나려는 뜻을 지닌 것과 유사하다.

옥보고와 영재는 예술가이자 구도자로서 서라벌이라는 화려한 세상을 떠나 지리산 품속에 숨어들었던 것이다. 두 예술가는 시와 음악, 그리고 은둔의 길에서 인생의 어느 지점부터 비슷한 길을 걷게 되지 않았을까 상상해 본다.

은둔의 노래, 현재형의 울림

지리산은 오늘날에도 여전히 민족의 영산으로 추앙받는 산이다. 능선을 따라 종주를 하거나 노고단, 반야봉, 천왕봉 등 봉우리를 오르다 보면 산이 주는 장엄함과 푸근함, 그리고 신령스러운 느낌을 받게 된다. 깊은 골마다 맑은 물이 흐르고 아기자기한 산세는 서로 겹치면서 멀리까지 뻗어나간다. 산 남쪽에는 화엄사, 연곡사, 쌍계사, 북쪽에는 실상사, 대원사 등 천년 고찰이 골짜기마다 들어서 있다. 어느 절을 가더라도 지리산의 그윽함 속에 안긴 수도의 도장임을 느낄 수 있다.

지금도 그러한데 서라벌에 살던 신라인이 이곳을 찾았을 때는 얼마나 큰 감흥을 받았을까. 무수한 사람들이 오가고 화려한 궁궐과 사찰, 생활 및 치장에 요구되는 온갖 물건들로 가득 찬 서라벌 시가지와, 더없이 조용하고 그윽하며 신령한 기운이 깃들어 있는 지리산의 봉우리와 골짜기는 하늘과 땅만큼 서로 다른 세상으로 여겨졌으리라. 그러기에 〈우적가〉의 주제처럼 마음의 참모습을 찾으려는 이에게 지리산은 은둔 수도의 장으로 적격의 땅이었다. 그러한 은둔자의 자취가 남음으로써 지리산은 자연 자체로 남지 않고 인간의 역사 속에 들어왔던 것이다.

은둔의 주제는 여전히 우리의 삶에서 중요한 자리를 차지하고 있다. 갑자기 병을 얻은 이가 치료를 위해 자연 속으로 들어가거나 자식들 다 키워 내보내고 한적한 생활을 원해 전원으로 돌아가거나 하는 것이 옛사람의 은둔에서 그리 멀지 않다. 자연 속에 도를 닦는다는 거창한 뜻을 두지 않더라도 삶의 기반을 도시에서 자연으로 옮기는 것만으로도 은둔의 주제는 살아 있다. 물론 여기에 자신의 참모습을 찾으려 각고의 수행을 하는 구도의 의미가 들어 있다면 더욱 그 주제의 본뜻에 부합할 것이다.

〈우적가〉를 음미하면 할수록 우리 마음의 참모습, 왕생극락의 보편적 의미 같은 것에 생각이 빠져든다. 또한 위험에 처했을 때 보여 주는 여유와 유머는 친근하고도 멋스럽게 다가온다. 지리산을 배경으로 피어난 향가의 향취는 이 산의 웅숭깊음만큼이나 그윽하게 멀리까지 풍겨 나가고 있다.

chapter 2

서라벌의 궁궐

원가
怨歌

신충에 대하여

〈원가〉는 신충이 지은 10행 향가인데 낙구(제3구, 제9·10행)가 탈락되어 지금은 8행만 남아 있다. 서동이나 처용처럼 향가의 작자는 대개 설화적으로 분식된 인물이라서 일상생활을 하며 살아갔던 사람으로 보기보다 영웅이나 신으로 보려는 경향이 있다. 그러나 향가의 작자는 실존 인물이다. 향가에서 느껴지는 정서와 의식은 모두 일상인의 것이기 때문이다. 인간이 지은 향가를 영웅이나 신에게로 돌릴 이유가 없다. 그런 점에서 〈원가〉의 작자 신충은 이러한 논란이 필요 없는 역사적 인물이다. 향가 작자 중 그 경력이 정식 사서에 기록된 거의 유일한 사람이다.

신충信忠은 자료에 따라 김신충金信忠, 충신忠信, 김충신金忠信, 김충신金忠臣 등으로 나온다. 그는 726년(성덕왕 25)에 하정사로 당나라에 들어갔다. 거기서 숙위하던 중 733년 7월 발해가 등주를 공격하는 사건이 발생한다. 이에 군사를 동원해 협공하라는 당 현종의 칙서를 성덕왕에게 전하는 사신으로 선정되었다가 어떤 이유에서인지 김사란으로 교체되었다. 그해 12월에 입당한 김지렴과 교대하여 귀국할 것을 청하는 표문을 다음해인 734년에 올렸다. 그 글의 내용이 『삼국사기』에 실려 있는데, 당시의 동아시아 정세에 비추어 당나라가 발해를 치는 명분과 위엄을 추켜세우는 중에 자신이 귀국해야 하는 당위성을 공손하고도 분명하게 밝힌 내용이다. 표문을 올린 그해에 그는 신라로 돌아올 수 있었다. 8년간이나 당나라에 있으면서 신라와 당나라의 교류를 담당했던 것으로 보아 성덕왕의 친당 정책을 보좌하는 실무진의 한 사람으로 생각된다.

신충이 귀국하고 나서 3년쯤 지난 737년 2월에 성덕왕이 돌아가는데, 그 몇 개월 전에 태자와 은밀한 약속을 한다. 그는, 724년에 책봉되어 13년 동안 태자의 신분으로 지내온 승경과 태자의 궁인 임해전에서 바둑을 두곤 하였다. 궁궐의 뜰에 있는 잣나무 아래에서였다. 그러던 어느 날 둘 사이에 무슨 말이 오가던 중, 태자가 "다른 날에 만약 경卿을 잊는다면 저 잣나무와 같음이 있으리라." 라고 말했다. 그러자 신충은 일어나 절하며 태자를 보필하겠다고 다짐한다.

태자와 신충이 다짐하는 모습에서 당시 왕위 계승을 둘러싼 다툼이 있었음을 알 수 있다. 그러한 정황에 대해 『삼국사기』의 성덕왕대 기록을 살펴서 어느 정도 추측할 수 있다. 승경이 태자로 책봉되기까지 10여 년간 중경의 태자 책봉, 그의 모친 성정 왕후의 출궁, 중경의 때 이른 죽음 등의 사건이 일어난다. 그 후 김순원의 딸 소덕 왕비가 입궁하고 그녀의 아들 승경이 태자로 책봉되지만 곧이어 소덕 왕비가 죽는다.

여기서 주목되는 인물이 김순원인데, 그는 예전에 반란 사건에 연좌되어 파면되었다가 복권된 후 딸을 왕비로 들이고 있다. 딸이 왕비가 되었다고 해도 반란에 연루된 그의 전력은 성정 왕후의 배후 세력으로 보이는 반대파의 표적이 되었을 것이다. 태자로 책봉되었더라도 반대파가 건재하고 김순원의 전력이 문제되는 한, 승경의 왕위 계승은 불안했을 것이다. 더욱이 태자 책봉 후 1년도 안 되어 어머니 소덕 왕비가 죽음으로써 승경이 궁중에서 기댈 버팀목이 사라졌다. 이런 상황에 놓인 태자로서는 신충의 지지가 절대적으로 필요했고 그래서 임해전에서 바둑을 두다가 은밀히 다짐을 받았을 것이다.

이렇게 하여 승경과 김순원을 도와준 신충이었지만 승경이 즉위한 후 그의 공은 무시되었다. 혹시 신충이 성정 왕후 세력과도 관련된 인물이라서 그렇게 된 것인지도 모르겠다. 왕위 계승이 불안한 상황에서 태자를 즉위시키려는 김순원이 도움을 청했을 때는 신충에게 그만한 힘이 있었을 것이다. 아마도 그 힘은 성정 왕후 쪽과의 관계에서 나온 것이라서 김순원이 그쪽을 견제하는 데 신충을 활용했을 것이다. 그러나 효성왕이 즉위한 후에는 어려울 때 도와준 공보다 기존의 정치적 배경을 문제 삼아 신충을 배제했을 것 같다. 나중에 신충이 효성왕과 경덕왕의 총애를 받는 것으로 보아 김순원과 연대했던 것은 분명한데, 다만 그렇게 되기까지 신충의 미묘한 정치적 행보가 있었을 듯하다.

이러한 사건의 와중에 나온 작품이 〈원가〉이다. 그러니 이 작품만큼 정치적인 배경을 지닌 것도 달리 없다. 향가를 지어 붙였더니 잣나무가 말라 버렸고 벼슬을 주자 잣나무가 소생했다는 이야기가 결부되어 주술적인 노래로 보는 경향이 있으나, 설화적으로 분식된 면을 걷어 놓고 보면 위와 같은 신충의 정치적 행보와 관련된 작품임을 알 수 있다. 이제 작품 창작의 실제 배경인 임해전, 즉 지금의 안압지를 찾아 그 자취를 더듬어 보기로 한다.

안압지에서

안압지 정문을 들어서면 덩그러니 서 있는 세 채의 건물이 보인다. 나머지 잔디밭 터는 건물이 있던 자리들이다. 오른쪽으로 연못이 있고 셋 중 가운데 건물에 가면 안압지의 전체 모형이 전시되어 있다. 모형을 보고 나서 그곳을 다시 둘러보면 회랑으로 둘러싸인 안쪽 건물들이 머리에 그려진다. 표지판에는 건물터 중에서 서쪽에 자리한 것 중 하나가 임해전이라고 설명되어 있다. 그곳을 거처로 하여 신라의 역대 태자가 여러 사람의 시중을 받으며 살았을 것이다.

모형으로 보는 모든 건물이 복원되면 좀 더 실감나지 않을까 싶기도 하지만 그것이 욕심인 줄 안다. 놓인 방향과 규모가 서로 다른 세 채의 건물에다가, 나오고 들어간 물가 축대의 곡선이 아름

다운 연못을 보는 것으로 만족해야 한다. 천천히 건물 주위를 돌아보고 건물 난간에 기대어 연못과 섬, 그 배경이 되는 야트막한 가산假山을 조망해 본다.

가장 안쪽의 건물을 돌아 연못 건너편으로 난 산책로를 따라가다가 돌아보면 물에 비친 건물의 그림자가 잔물결에 흔들린다. 복원할 때 심어 놓은 나무들은 아직 아름드리가 되지 않아 숲다운 맛이 적지만 그런대로 호젓한 느낌이 드는 오솔길이다. 주변에는 소나무가 많이 보이는데 중간에 대나무 숲도 조성되어 있고 군데군데 벚나무, 단풍나무도 있다. 하지만 〈원가〉의 주요 소재가 되는 잣나무를 볼 수 없는 것이 아쉽다.

그 길에서 눈에 들어오는 것은 배수구이다. 연못의 물이 흘러나가는 그곳에 유독 관심이 가는 것은 〈원가〉의 '달이 그림 저 닿은 연못에 / 오가는 물결에서 새어나감같이'라는 표현 때문이다.

안압지로 물이 들어왔다가 빠져나가는 것을 생각하면서 이러한 표현을 썼을 것이다. 비록 근래에 복원한 곳이긴 하지만, 1300년 전의 표현이 가리키는 장소를 오늘에 와서 만날 수 있다는 것이 경이롭게 느껴진다.

느긋한 마음으로 오솔길을 걷다 보면 연못 뒤편으로 개울물이 흐르는 곳에 닿는다. 졸졸졸 물소리도 들려 제법 깊은 산속에 들어온 느낌을 준다. 나뭇가지 사이로 보면 작은 배도 한 척 연못가에 매여 있다. 조금 더 가면 개울물이 흘러내리는 곳에 설치된 입수구를 보게 된다. 배수구는 그렇지 않은데 입수구는 단계별로 물을 가두었다 흘려보내도록 석물이 설치되어 있다. 현재 복원된 안압지에서 원래의 모습을 가장 잘 간직한 곳이라고 할 수 있다. 물을 가두기 위해 다듬은 돌들이 부드러운 곡선을 이루며 참외 모양의 공간 두 곳을 만들어 놓은 모습이 참으로 사랑스럽다. 위쪽 공간을 이루는 좌우의 길쭉한 돌은 물이 내려가는 곳에 이르러 용의 머리 모양을 하고 있다. 용 두 마리가 옆으로 누운 상태로 얼굴을 맞대고 있는 모습에는 유머까지 느껴진다. 입수구의 요모조모를 살펴보며 한참을 있어도 전혀 싫증이 나지 않는다. 안압지 최고의 구경거리라고 해도 될 듯싶다.

입수구를 지나면 다시 정문이 나오고 그 사이에는 잔디밭을 깔아 놓은 회랑터가 놓여 있다. 앞서 본 모형에서 승경 태자와 신충이 잣나무 아래에서 바둑을 둘 만한 곳이 어디쯤일까 생각했었다. 둘러보고 나니 아마도 입수구에서 정문 쪽으로 난 회랑의 아래쪽 연못가 언덕이 아닐까 하는 생각이 든다. 잣나무 옆에 정자

하나 쯤 놓일 만한 곳으로 여겨지기 때문이다. 온통 〈원가〉을 생각하며 둘러본 안압지는 구석구석에 내 멋대로의 상상을 채워 넣는 장소가 되어 버렸다.

〈원가〉, 비유로 표현된 군신 관계

〈원가〉의 배경 기사에 '효성왕이 태자로 있을 때 어진 선비 신충과 함께 궁정의 잣나무 아래에서 바둑을 두곤 하였다.'고 했다. 여기서 궁정은 효성왕이 즉위하기 전, 승경이라는 이름의 태자 신분이었을 때 거처했던 궁인 임해전의 뜰을 말한다. 이 건물은 안압지를 끼고 있었기 때문에 '궁정'이란 안압지 주변을 지칭한다. 문무왕대 궁궐 안에 연못을 파고 가산을 만들어 꽃과 나무를 심고 진기한 새와 짐승을 길렀다. 그 가산은 무산 12봉을 본떠 만들었는데 발굴 조사 결과 삼신산을 상징하는 연못 속 세 개의 섬과 뭍에 만든 9개의 봉우리와 더불어 무산 12봉을 이룬다고 한다. 복원해 놓은 지금의 안압지에서 그 모양을 확인할 수 있다.

한편 태자와 신충이 그 아래에서 바둑을 두었던 잣나무는 궁정에 심어져 있었다. 안압지 주변에 심어 놓은 여러 종류의 나무들 가운데 하나인 것이다. 예로부터 잣나무는 소나무와 함께 정원수로 널리 심은 나무이다. 적송, 금송, 매화 등은 건조한 땅에 심는데 비해 잣나무, 수양버들 등은 습한 땅에 심는다. 따라서 궁정의 잣나무는 안압지의 연못가에 심어져 있던 잣나무였을 것이다. 아마도 연못에 잇닿아 있는 곳에 가설한 정자, 그 옆에 서 있는 아름드리 잣나무 아래에서 바둑을 두지 않았을까 싶다.

이러한 배경은 향가에 반영되어 나타난다.

물 좋은 잣이	갓 됴히 자시
가을에 아니 이르러 떨어지매,	ᄀᆞᄉᆞᆯ 안ᄃᆞᆯ 니르기 디ᄆᆡ,
'너하고 같이 다니고 싶구나.' 하신,	'너어 다히 녈져' ᄒᆞ신,
우러르던 낯이 변하신 데에야.	울월ᄃᆞᆫ ᄂᆞ치 가ᄉᆡ시온 ᄃᆡ야.
달이 그림 져 닿은 연못에	ᄃᆞ라리 그르기 고린 못잇
오가는 물결에서 새어 나감같이	녈 믌겨랏 ᄉᆡ이기 다히,
모습이야 바라보나	ᄌᆞᅀᅵ삿 ᄇᆞ라나
세상 아무데에 숨은 적에야.	누리 아모잇 숨온 뎨야.
	後句亡

'잣'(제1행)과 '연못'(제5행)이 궁정과 직접 관련되는 시어들이다.

배경 기사에서 '다른 날에 만약 경을 잊는다면 잣나무와 같음이 있으리라.'는 효성왕의 말이 향가에서는 '너하고 같이 다니고 싶구나.'로 약간 변형되어 표현되었다. 이 말을 한 장소가 궁정의 잣나무 아래였다.

이 잣나무는 신충에 대한 태자의 다짐을 보증하는 역할을 하였다. 그러므로 다짐이 지켜지지 않았을 때 잣나무는 시들어 버렸다. 매년 '물 좋은 잣'이 영글었던 그 나무에서 미처 가을도 되지 않았는데도 잣이 떨어져 버리는 변괴가 일어난 것이다. 이는 애초 신충에게 다짐할 때의 효성왕의 '낯이 변하신 데에' 원인이 있다. 이와 같이 화자는 궁정의 잣나무를 두고 맹세한 말이 지켜지지 않은 것에 대해, 그 소재를 끌어와 시적으로 변용하여 자신의 심정을 하소연하고 있다.

궁정에서 빼놓을 수 없는 것이 연못이다. 배경 기사에는 연못에 대한 언급이 없지만 향가 작품 속에 연못이 등장하고 있다. 따라서 배경 기사의 궁정이라는 말에는 이미 연못이 포함되어 있다고 할 수 있다. 제5, 6행의 '달이 그림 져 닿은 연못에 / 오가는 물결에서 새어 나감'이라는 비유는 화자의 현재 처지를 빗댄 말이다. 연못에는 달그림자가 비치고 물결이 오가며 출렁인다. 그 물결 중 일부는 연못에서 새어 나간다. 이러한 연못의 비유가 태자의 측근이었다가 논공행상에서 누락된 화자의 현재 처지를 대변하고 있다.

앞서 보았듯이, 현재 복원된 안압지는 못에 물을 대는 수로인 입수구가 궁정의 동남쪽에 위치해 있다. 물은 수조에 모였다가 흘러 작은 못에 고인 다음 작은 폭포가 되어 떨어져 연못으로 들어간다. 물이 빠져 나가는 배수구는 중도中島 동쪽의 북쪽 호안에 자리 잡고 있다. 못의 물은 동쪽으로 흐르다가 다시 북쪽으로 흘러 나간다.

이 안압지에서 신충은 태자와 여러 차례 대면하여 유희를 즐겼을 것이다. 바둑, 뱃놀이, 작시나 가창 시합 같은 유희를 하며 교유하였으리라. 안압지는 태자와 신충이 친밀하게 지낼 때 함께 즐겼던 장소인 것이다. 그러니 효성왕의 배신에 대해 추억의 장소를 상기시켜 자신의 처지를 호소하는 것은 아주 자연스런 일이다.

이와 같이 〈원가〉는 배경 기사에 기록된 궁정인 안압지를 배경으로 창작된 작품이다. 안압지와 그 주변의 잣나무를 소재로 끌어와 효성왕에 대해 하소연하는 비유로 활용하고 있다. 궁정에서 이루어진 신라의 왕족과 귀족 사이의 친밀한 관계가 작품의 바탕에 깔려 있다. 이러한 유대 관계가 깨어진 것이 창작의 동기가 되었던 것이다.

이제 향가 작품 자체를 음미해 보기로 하자. 이 작품의 특징은 무엇보다도 비유가 두드러지게 쓰였다는 점이다. 전체 8행은 첫 행부터 각 2행씩 '비유—직설—비유—직설'로 이루어져 있는데 제1구(제1~4행)는 은유가, 제2구(제5~8행)는 직유가 사용되었다.

제1구의 첫 두 행에 잣나무의 비유가 나온다. 바둑을 두던 태자가 신충에게 잣나무를 두고 맹세했다는 배경 기사의 내용이 이와 관련된다. 제1행의 '잣'은 태자가 맹세한 바로 그 잣나무에서 이끌어온 것이다. 다만 잣나무 대신 잣을 말하고 가을이라는 계절까지 설정하여 애초에 이루어진 잣나무의 맹세를 시적으로 변용하였다. 이는 태자가 왕이 된 후 달라진 상황으로 말미암은 것이다.

제1, 2행 '물 좋은 잣이 / 가을에 아니 이르러 떨어지매'도 화자와 태자의 맹세를 보증해 주었던 잣나무와 연관된다. 그 나무는 궁정에 있는 것인 만큼 훌륭한 재목이고 나무의 열매 또한 품질 좋은 것이다. 그런데 그 잣이 가을이 되지도 않았는데 떨어져 버린 사건이 발생하였다. 이어지는 제3, 4행 ''너하고 같이 다니고 싶구나' 하신 / 우러르던 얼굴이 변하신 데에야'로 보아 그 사건은 모종의 인간사와 연관된 의미를 함축하고 있다. 독대하여 은밀한 맹세까지 한 화자로서는 왕의 즉위에 공훈이 있다고 생각했는데, 즉위 후 논공행상에서 빠져 버린 것이다. 이에 물 좋은 잣은 화자의 맹세나 공훈을, 가을은 공훈을 매기는 수확의 계절을, 잣이 떨어졌다는 것은 논공행상에서 빠졌다는 뜻의 은유가 된다.

제2구에는 '달, 못, 물결'의 세 단어가 '물결'을 중심으로 서로 연계되어 보조관념을 이룬다. 제1구 잣나무의 비유에서 제2구 물결의 비유로 옮겨간 것은 의미 맥락에 따른 것이다. 맹세를 보증한 잣나무와 천상의 존재이자 왕의 상징인 달의 의미가 겹쳐진다. 잣나무와 연못은 궁정이라는 같은 장소에 있다. 제1구의 시간적 배경인 가을과 제2구의 보름달도 긴밀하게 연관된다. 비유가 또 다른 비유를 낳으면서 작품의 의미를 심화하고 있는 양상이다.

제5, 6행 '달이 그림 져 닿은 연못에 / 오가는 물결에서 새어 나감같이'에서 달—연못—물결로 연결되는 말이 궁정 생활과 관련된 의미를 형성한다. 달은 지고한 절대자인 왕을 상징한다. 달그림자가 닿은 연못의 표면이란 달과 못 사이의 밀착된 관계를 뜻하는

데, 달이 왕이라면 연못은 궁정 또는 궁정의 신하들을 의미한다. 연못에서 오가는 물결은 왕과 신하가 맺는 관계 양상을 보여 준다. 궁정의 연못으로 흘러드는 물결이 있고 그로부터 흘러 나가는 물결이 있는 것이다.

제2구의 앞뒤 두 행의 사이에 '같이'가 옴으로써 이 구절이 직유임을 알 수 있다. 비교의 대상이 되는 보조관념과 원관념은 '오가는 물결에서 새어 나감'(제6행)과 '세상 아무데에 숨은 적에야'(제8행)이다. 세상 속으로 숨게 된 화자의 처지를 연못에서 새어 나간 물결에 비유한 것이다. 누락과 소외라는 공통된 의미로써 보조관념과 원관념을 연결시켜 놓았다.

그런데 '달이 그림 져 닿은 연못에'(제5행)라는 부사구가 '오가는 물결'을 수식하고 있다. 이는 달로 상징된 왕의 은총과 보호, 왕과 신하 사이의 밀착된 관계 등을 뜻하는데, 화자는 이러한 상황에 익숙해 있었고 지금도 여전히 그것을 동경하고 있다. 그런데 연못의 물결에서 새어나가게 된 것이 화자의 현재 처지이다. 그는 연못의 물결이 밀려왔다 밀려 나가는 것이 필연의 추세라는 점을 인식하고 있다. 그렇지만 현재로서는 궁정에서 밀려난 자신의 처지에 탄식하면서 다시 궁정 생활에 복귀할 것을 희망하고 있다. 이렇듯 물결의 비유는 친밀감과 격절감의 선명한 대비를 이룬다.

'같이'에 바로 이어 나오는 '모습이야 바라보나'(제7행)는 '달이 그림 져 닿은 연못'(제5행)과 연관되는 한편으로 새로운 의미를 더하고 있다. 공중에 뜬 달이기에 화자는 그 모습을 바라볼 수 있다. 공중의 달이 지상의 연못을 수직으로 비추는 데 반해, 화자의 시선은 지상에서 공중으로 향해 있다. 이렇듯 앞의 의미를 이으면서도 달에서 화자 자신으로 시선을 이동시켜 나온 표현이다. 이는 '우러르던 얼굴'(제4행)에 내포된, 왕에 대한 숭모와 충성의 의미를 강화한 것이다. 이러한 의미는 '세상 아무데에 숨은' 상황과 어긋남으로 해서 극적인 효과를 자아낸다. 지금은 소외되어 있지만 왕에 대한 충성심은 예전에 우러러 맹세하던 때에서 조금도 변하지 않았음을 강조하였다. 이로써 현재의 소외 상황이 변함없는 충성과 모순되었음이 드러난다. 모순된 현 상황을 인식하고 바른 데로 돌이킬 것을 왕에게 촉구한 것이다.

'같이'의 앞뒤 두 행은 곧바로 대응하기보다는 어느 정도의 시공간적 전이, 그에 따른 의미의 전이를 보여 준다. 왕의 상징인 달이 왕의 '모습'으로, 궁정의 연못에서 새어 나간 물결이 이제 '세상 아무데'에 숨어 있는 것으로 그려짐으로써 앞의 비유가 뒤의 직설에 연결된다. 그 사이에는 궁정에서 물러간 것과 세상 아무데에 숨은 것만큼의 시간적 추이와 공간적 이동이 이루어진다. 이에 따라 '같이'로 연결되는 앞뒤의 의미 맥락은 과거에서 현재로, 궁정에서 세상 아무데로 확장된다.

이와 같이 〈원가〉는 잣나무와 물결의 비유를 통해 자신을 소외시킨 왕에 대해 애초의 맹세를 상기하며 충성심을 표현하였다. 제때가 아닌 데도 나무에서 떨어진 잣과 달빛 어린 연못에서 새어 나간 물결에 비유하여 왕에게 버림받은 신하의 처지를 표현한 것이다.

이 작품은 군신 관계에서 이루어진 정치 이념을 형상화하고 있다. 임금과 신하 사이의 신의의 문제, 신하로서 갖는 충성심과 보필의 의지가 드러나는 것이다. 특히 왕족으로서 늘 임금 가까이에서 모시고 국사를 보필하고자 하는 소망이 간절하게 피력되어 있다. 이 점은 군신의 신분적 관계를 넘어선 혈연 혹은 인척 관계에서 오는 유대 의식의 발로로 보인다. 그러기에 효성왕이 이 작품을 보고 크게 놀라면서, '국가의 일로 바쁘다 보니 거의 왕과 가까운 친척을 잊을 뻔하였구나.'라고 말했던 것이다. 이에 효성왕은 신충을 불러 벼슬을 주었다.

신충의 재등용은 향가만이 이유가 되었던 것 같지는 않다. 737년(효성왕 1) 10월에 당나라에 갔던 김포질이 돌아왔고, 738년 2월에 당나라 사신인 형숙이 조문 온 것이 그에게 유리한 조건이 되지 않았을까 한다. 김포질이 귀국하여 당나라 정부에서 조문 사절단을 보내리라는 전갈을 하였을 것이다. 조만간 닥칠 당나라 사신을 대접하는 일은 중요한 국가사업이었을 텐데 8년간이나 당나라에서 숙위하였던 신충이 지목되었을 가능성이 높다.

실제로 당나라 사신 형숙은 신라로 올 때 '신라는 군자의 나라라 일컬어지고 자못 글을 잘 알아 중국과 비슷함이 있다.'는 훈시를 받았고, 또 신라 사람들이 '바둑을 잘 두었다.'고도 하였다. 문장과 바둑에 능함은 누구보다도 신충에게 해당하는 것이다. 이에 당나라 사신의 접대를 위해 신충을 특별히 등용했을 것이고 일을 잘 해낸 덕분에 다음해인 739년 1월 중시에 발탁했던 것이다. 신충이 중시가 된 직후 3월에 김순원의 또 다른 딸 혜명이 왕비로 입궁하였고 5월에 헌영(경덕왕)이 태자로 책봉되는 등 국가의 중대사가 이어진다. 이 일들에 신충이 핵심적인 역할을 했을 것이다.

효성왕 즉위 시에 일시적인 좌절을 겪긴 했으나 신충은 성덕왕, 효성왕, 경덕왕 3대에 걸쳐 왕의 측근으로 활동하였고, 효성왕 3년에 중시, 경덕왕 16년에 상대등이 되어 신하로서 최고의 지위에 올랐다. 그가 상대등으로 있던 경덕왕 16년에서 22년까지 중국의 제도를 수용하는 정책이 단행되었는데 그 일에도 중심적 역할을 하였을 것은 미루어 짐작할 수 있다. 그는 7년간 상대등으로 있다가 763년(경덕왕 22)에 관직에서 물러난다. 그리고 지리산으로 들어가 단속사를 짓고 은둔한다.

신충의 은둔은 〈원가〉에서 표현된, 연못의 물결이 흘러 들어왔다가 흘러 나가는 심상에서 예견되는 것이기도 하다. 궁정의 연못에 들어오는 물결이 있고 흘러 나가는 물결이 있다. 마찬가지로 임금을 보필할 인재가 새로 뽑혀 관직을 채우고 그 자리에 있던 인물은 나이가 들고 시대가 변함에 따라 물러난다. 이와 같은 세상의 자연스런 추이에 맞추어 스스로 물러났던 것이다. 그의 은둔은 물 흐르듯 한 세상 이치에서 얻은 지혜로부터 우러나온 행위였던 셈이다. 이에 배경 기사에서 그를 '어진 선비'라고 평한 말이 온당함을 알 수 있다.

신충이 물러나 살던 동네는 어디?

〈원가〉는 안압지를 제재로 활용한 작품이지만 그것이 지어진 곳은 '연못'이 아닌 '세상 아무데', 다시 말해 궁정이 아닌 민간이다. 이 두 장소의 대비는 천상의 달과 지상의 연못만큼이나 뚜렷하게 그려져 있다. 왕 및 왕족과 함께 궁정 생활에 익숙했던 신충이 왕위 계승 다툼의 와중에서 밀려나 민간에 숨어 버리게 되었다. 여기서 민간은 말 그대로 일반 백성들 사이라기보다는 자신의 집에 틀어박혔다는 의미로 보아야 할 것이다.

그렇다면 신충과 같은 진골 귀족이 모여 살던 동네는 어디쯤이었을까? 6부部의 연합으로 신라가 건국하여 고대 국가로 발전했으니 6부의 근거지가 진골 귀족의 거주지였으리라 생각된다. 그런데 경주 분지 일대를 크게 여섯 지역으로 구분하여 6부의 위치를 비정하는 것은 가능하지만 세부적으로 어디가 귀족의 주거 밀집 지역이었는지 알기는 어렵다. 또 약간의 근거로써 추정이 가능하다고 해도 경주에는 신라 귀족의 저택이 남아 있지 않다. 그래서 내 나름의 생각으로 김유신 저택의 재매정, 요석 공주의 요석궁, 경주향교 등이 위치한 교동 일대를 그 후보지로 지목하고 다녀 보고자 한다. 월성 서쪽 남천 위쪽이고 내물왕릉에 인접해 있는 이곳은 경주의 한옥 마을로서 옛 정취를 풍기고 있다.

이제 안압지에서 나와 교동을 향해 걸어간다. 첨성대 쪽을 향해 걷다 보면 왼쪽에 월성이 있고 그 아래 해자가 복원되어 있다. 해자라고는 해도 같은 폭으로 성을 빙 둘러 판 것이 아니라 석축을 쌓은 연못같이 서로 끊어져 있다. 혹시 애초에는 해자였다가 월성이 확장되어 첨성대까지 수용하면서 그 기능을 잃고 연못이 된 것은 아닐까. 길을 따라 걷다 보면 오른쪽에 첨성대가 나온다. 제 자리에서 1300년 이상을 견뎌 온 자태가 감개무량할 따름이다. 천문 관측을 위한 이 석조물은 궁궐 안에 수용되었을 것 같다. 통치의 주요 수단을 천문 관측에서 시사 받았던 당시의 관례에 비추어 관측소를 왕의 관할하에 두는 것이 번거로움을 피하는 길이었을 것이다.

첨성대를 지나면 왼쪽으로 계림이 보이고 그 옆에 자리한 내물왕릉을 비롯한 여러 기의 고분도 보인다. 대릉원 정문을 거쳐 황남 초등학교 앞을 지나 네거리에서 왼쪽으로 가면 남천에 이른다. 왼쪽으로 꺾어 남천의 둑길을 따라가면 재매정, 요석궁, 최씨 고택 등을 볼 수 있다.

재매정은 너른 들판 한가운데 비각을 두른 담 안에 있다. 우물 입구는 네모나고 그 속은 둥글게 되어 있다. 김유신 집안사람들이 이 물을 길어 음식을 해 먹었다는 생각만 해도 느껴지는 바가 있다. 『삼국사기』 10권의 열전 중 3권에 걸쳐 기술된 대영웅 김유신의 일상적인 자취를 눈으로 보고 있기 때문이다. 재매정 주변은

헛헛한 들판이지만 그래도 담으로 싸인 안에 옛 모습 그대로의 우물을 볼 수 있는 것이 다행이다.

다시 둑길을 따라 좀 더 걸으면 월성 옆 교동이 나온다. 근래 들어 고택과 인접한 곳에 새로 한옥 여러 채를 지어 전통 문화 체험장을 만들었으므로 교동은 옛날 집과 새 집이 섞여 있다. 골목을 따라 여기저기 구경하며 한옥 마을을 즐길 만하다. 남천 둑길로 가다가 옆으로 들어가면 입새에 음식점인 요석궁이 나오고 좀 더 가면 최씨 고택과 경주 법주 집이 있고 그 오른 쪽에 향교가 있다.

이 동네 대표적인 고택인 최씨 고택의 대문 안으로 들어서면 화단 주변에 여러 석물들이 놓여 있다. 석주 위에 석탑 지붕돌이 거꾸로 얹혀 있기도 하고, 팔각형 석등 지붕이 반 이상 땅에 파묻혀 있기도 하며, 석등 받침으로 삼층을 쌓아 등이 아니라 탑처럼 보이게 한 것도 있다. 그중에서 눈에 띄는 것은 단면으로 자른 참외 모양의 돌 수조이다. 비스듬히 파 내려간 밑까지 참외 껍질의 곡선이 살아 있게 한 솜씨가 친근하게 느껴진다.

고택 사이 골목을 다니다가 남천 쪽으로 나오면 복원 공사가 진행 중인 월정교를 볼 수 있다. 누각을 올린 다리 모습이 근사하긴 하나 왠지 신라 때 모습과는 거리가 있을 것으로 여겨져 친근감은 덜하다. 이번 길은 여기 월정교 앞에서 정리하기로 한다.

교동의 현재 모습은 조선 시대 것의 잔영이라서 신라 시대 귀족 주거지가 이랬으리라는 보장은 없다. 그렇지만 서쪽의 재매정에서 동쪽의 월정교를 아울러 보면 신라와 조선의 유적이 섞여 있는 지역이기도 하다. 그런대로 신라 귀족들이 모여 살던 곳, 그래서 신

충이 궁궐에서 내쳐져 돌아온 집이 있었을지도 모르는 그곳을 상상해 볼 만한 동네인 것 같다. 안압지에서 월정교 앞 교동에 이르는 도보 여행 길은 신충이 효성왕에게 버림받고 자신의 집에 틀어박히게 되는 과정을 떠올리며 걸어 보아도 좋지 않을까 싶다.

단속사 터에서

버림받은 신하의 마음을 〈원가〉를 지어 토로한 신충은 그 후 효성왕 3년부터 경덕왕 22년까지 24년간 중시, 상대등 등 최고의 관직을 역임한 다음 물러난다. 그리고는 지리산에 들어가 단속사를 짓고 은둔한다. 말년 행적이 은둔으로 막을 내리는 것이 그가 어진 선비로 칭송받은 것과 관련이 될 법하다. 성덕왕, 효성왕, 경덕왕대의 여러 정치적 난제들을 수습한 그였기에 가지게 된 권력도 상당했을 텐데 모든 것을 툭툭 털어 버리고 은둔자가 된 것은 당시 많은 사람에게 큰 가르침을 주었을 것이다.

그의 행적은 726년에서 763년까지 나타나는데, 당나라에 들어간 나이를 20세 정도로 잡으면 60세 가까이에 관직에서 물러나 은둔한 것이 된다. 영재가 90세 즈음에 지리산에 들어간 것에 비해 이른 나이에 은둔한 것이다. 단순히 나이만으로 비교하는 것이 성급하긴 하지만, 나이로써 영재와 신충의 은둔이 가진 의미에 차이가 있음을 추측해 볼 수 있다. 영재가 생애 막바지에 은둔한 것이라면 신충은 좀 더 활동할 만한 시점에서 단속斷俗, 즉 속세를 끊은 것이다. 그러므로 그가 단속사를 짓고 금당 벽에 경덕왕의 진영을 모셔 놓은 것은 아직 활발하게 활동할 여력을 은둔 생활에 쏟아 부은 것으로 해석할 수 있다.

단속사 터는 영재의 은둔 길을 따라서 갈 수도 있으나 신충의 은둔과 창건 이야기를 좇아서 이르는 것이 더욱 적실한 일이 된

다. 신충이 지리산에 은둔하여 창건한 절이 곧 단속사이고 지금 와서 보는 바로 이곳이 그 절이기 때문이다. 두 탑 뒤의 민가와 대숲 근처에 금당이 있었을 것인데 지금은 대숲 뒤에 금계사錦溪寺라는 작은 절이 들어서 있다. 절 앞마당에서 내려다보면 대숲 때문에 두 탑은 보이지 않지만 단속사가 놓인 자리가 얼마나 편안하고 또 좋은 전망을 갖고 있는지는 알 수 있다.

절에서 내려오면서, 대숲 언저리에 있었을 금당 안의 경덕왕 진영을 어느 시대 사람까지 볼 수 있었을까 새삼 궁금해진다. 전주 경기전에 모셔진 태조 이성계의 진영을 보면서 느끼는 왕의 위엄을 신라 경덕왕의 진영과 비교할 수 있다면 얼마나 좋을까 하는 생각도 해 본다. 이 절에 솔거의 유마 거사상도 있었다고 하니 여기가 신라 회화의 보고였을지 모른다.

이러한 맥락에서 석탑을 바라보면 처음 보았을 때와는 좀 다른 느낌이 든다. 은둔의 땅에 외로이 서 있는 탑이 아니라 왕의 진영과 신라 최고 화가의 그림이 걸려 있던 절 앞의 두 탑인 것이다. 정형화된 신라의 삼층 석탑 두 기가 다른 예술품과 함께 단정하고 기품 있는 모습으로 자리를 잡았던 것이니 그 형태의 단순성이 단순하게만 느껴지지 않는 것이다.

참신한 비유의 힘

신충의 〈원가〉는 비유가 갖는 호소력을 새삼 맛보게 해 준다. 고전으로 남은 이 작품의 비유법이 우리에게 상투적으로 느껴질지 모르지만, 배경 기사와 긴밀히 연결되며 잣나무와 연못의 물결을 끌어온 것은 분명 창작 당시의 독창성을 대변해 주고 있다. 아마도 비유를 통해 표현된 서정의 힘이 잣나무를 말라 버리게 했다는 이야기의 원천이 되지 않았을까 한다.

경주의 궁궐과 그 주변을 걷는 일은 조금 착잡한 감정에 젖게 만든다. 건물 하나 남아 있지 않은 궁궐터는 탁 트인 시야에 들어오는 첨성대와 몇 기의 고분을 돋보이게 하지만 그보다는 아주 허전한 느낌을 갖게 한다. 천년의 역사를 지낸 신라 왕국의 심장부로서 이곳에서 일어났던 수많은 일과 이곳을 다녀간 수많은 인물, 그렇게 해서 만들어진 한국사의 장이 오늘 우리에게까지 펼쳐져 있다. 새삼스런 말이지만, 이곳은 우리가 한국인으로서 정체성을 지닐 수 있도록 만든 한 축이다.

신충은 〈원가〉를 짓고 서라벌을 떠나 지리산에 들어갔고 결국에는 세상을 떠났다. 그가 남긴 시의 향취에 이끌려 경주 궁궐터와 교동을 쏘다녔고 단속사 터를 찾았다. 그가 떠난 자리에서 또 다른 이들의 삶이 시작되었을 것이고 그 삶은 지금까지 이어진다. 단 한 편의 향가이지만 그가 남긴 문화유산은 우리가 잘 보듬어 더욱 훌륭한 문학을 키우는 데 자양분으로 삼아야 한다. 안압지의 잣나무와 물결이 시적 표현이 되어 사람을 감동시켰음을 알고 나면 그곳이 단순히 태자의 궁이라는 점을 확인하는 자리가 아니라 우리의 정서를 환기하는 장이 될 수 있을 것이다.

도솔가
兜率歌

두 해의 변괴를 물리치다

〈도솔가〉는 해가 둘이 나타난 변괴를 물리치기 위한 의식에서 월명이 지어 부른 향가이다. 이렇게 말하면 이 작품이 어떤 초월적인 힘을 지녀 그로써 천체 이변을 정상으로 돌려놓은 것같이 생각하기 쉽다. 작품을 지은 월명 또한 대단한 능력을 지닌 주술사같이 여겨지기도 한다. 실제로 이러한 관점에서 작품의 주술성과 작자의 정체를 논한 경우가 많이 있다. 그러나 이렇게 보게 되면 작품이 지닌 인간적인 정서와 주제, 작자의 인간적이고 일상적인 면모가 무시되어 작품과 작자가 마치 세상 밖에 있는 것처럼 여겨진다. 평범한 우리로서는 범접할 수 없는 존재가 되고 마는 것이다.

중세 어느 왕조에서나 재액을 막고 복을 구하기 위한 의식은 거행되어 왔다. 천문을 관측하여 이상한 현상을 발견하면 불길함과 재액을 없애기 위해 불양祓禳의 의식을 거행하였다. 자연의 위력 앞에 인간은 초라한 존재일 수밖에 없으므로 국가적으로나 개인적으로나 제의는 삶의 중요한 행사로 행해졌다. 그로 인해 기적 같은 일이 일어나기도 했으나 결과가 어떻게 되는 것보다 재난을 막기 위해 온갖 정성을 쏟으며 비는 자세야말로 가장 인간적인 모습이라 할 수 있다.

760년(경덕왕 19) 4월 1일, 갑자기 하늘에 두 해가 나타나는 현상이 생겼다. 두 해는 열흘이 지나도록 계속되었고 조정에서는 그 불길한 조짐을 잠재우기 위해 제의를 거행하기로 했다. 점쳐서 나온 것은 불교식으로 산화 공덕의 의식을 행하라는 것이었다. 그리고 의식을 주관할 사람은 '인연 있는 스님'이어야 한다고 조건을 붙였다. 이러한 점괘에 응하여 경덕왕이 나서서 인연 있는 스님을 초빙해 온다. 수레를 타고 청양루라는 곳까지 몸소 나가 밭두둑 길로 오고 있는 스님 한 분을 맞이한다. 그 스님이 월명이고 그가 지어 부른 노래가 〈도솔가〉이다. 월명은 궁궐 안 조원전에 차린 제단에서 여러 절차에 따라 산화 공덕의 의식을 거행하였다. 그로 인한 결과였는지 두 해의 변괴가 사라졌다.

사실 두 해가 나타나는 현상은 비정상적이긴 하나 전혀 없는 일은 아니다. 이에 관한 논문들에서 이런 현상을 찍은 사진을 찾아볼 수 있고 햇무리 현상으로 규정하는 견해도 접할 수 있다. 빛의 굴절로 인한 현상이므로 배경 기사의 기록대로 열흘 정도 나타났다 사라질 수 있다. 이를 하늘의 조짐으로 해석한 신라인이 정성을 다해 의식을 치렀더니 효험을 보았다는 것이 기록의 요지이다.

물론 8세기 사람들은 오늘의 우리보다 자연을 훨씬 더 신비스럽고 위력적인 존재로 인식했을 것이고 이 세상에 재앙이나 복을 가져다주는 신적인 존재에 더욱 많이 의존했을 것이다. 그로 인해 현실적이거나 합리적이지 않은 사고방식에 따라 행동하기도 했을 것이다. 그렇다고 하더라도 배경 기사에 기록된 것처럼 의식을 주관하기 위해 엄선된 한 사람이 의식의 목적에 맞게 향가 한 편을 지었다는 사실을 놓쳐서는 안 된다. 설화로 분식된 이야기의 결과보다는 〈도솔가〉라는, 인간적인 체취가 물씬 풍기는 노래 자체에 다가가야 한다. 향가와 배경 기사를 지나치게 비현실적인 내용으로 해석할 필요가 없는 것이다.

〈도솔가〉와 함께할 이번 여행은 경덕왕이 직접 거동한 청양루, 노래가 불렸던 조원전의 위치를 추정하는 것부터 시작하고자 한다. 그 장소를 대강이라도 추정해 놓은 다음, 천체의 변괴에 대처하는 왕과 신하, 그리고 왕에게 선택받은 월명의 동선을 따라가 보기로 하겠다.

일정교와 월정교, 그리고 월성

『삼국유사』「월명사 도솔가」에는 향찰로 표기된 〈도솔가〉와 함께 그것을 번역한 한시가 함께 실려 있다. 〈도솔가〉는 '오늘 이에'라는 시공간적 배경을 밝히면서 시작되는데, 한시의 '용루龍樓'가 '이에(이곳에)'에 해당한다. '루樓'를 이층으로 된 궁궐인 누궁樓宮으로 해석하면, 이 말은 용, 즉 왕이 거처하는 궁궐로서 의식을 거행하고 있는 조원전을 가리킨다. 이와 달리 글자 뜻 그대로 누각으로 풀이하면, 이는 왕이 수레를 타고 몸소 거동한 청양루를 지칭한다.

배경 기사에서 제단을 만들어 의식을 거행한 곳이 조원전이라고 밝히고 있기 때문에 작품의 '이에'는 일차적으로 조원전을 말한다. 그러나 왕이 청양루에 거동한 것도 의식의 일부로 본다면 조원전과 청양루 두 곳 모두 해의 변괴를 물리치려는 의식과 관련된 장소이다. 따라서 〈도솔가〉의 '이에'는 '청양루에 거동하고 돌아온 조원전에서'라는 뜻으로 볼 수 있다.

그렇다면 청양루는 어디일까. 조원전이 월성의 정전正殿이라는 것은 확인이 되지만 청양루에 대한 기록은 남아 있지 않다. 그런데 두 해가 나타난 사건보다 두 달 앞서서 월성 남쪽에 흐르는 문천(남천)에 월정교와 춘양교를 가설한 사실이 주목된다. 그중 춘양교는 일정교라고도 하는데 다리의 형태는 무지개 모양이었다고 한다. 춘양교의 '춘양春陽'은 청양루의 '청양靑陽'과 글자가 비슷하여 혼동될 가능성도 있고 또 오행 사상에서 청색,

동쪽, 봄 등이 같은 계열에 속하는 개념이다. 월정교가 누교樓橋, 즉 누각이 덮인 다리라는 것은 분명한데, 그렇다면 같은 시기에 건립된 춘양교 역시 누교였을 가능성이 높다. 그래서 '누각이 얹힌 춘양교'라는 뜻으로 '춘양루' 혹은 '청양루'라고 하지 않았을까 한다. 이러한 관점에서 배경 기사의 청양루를 춘양교, 즉 일정교로 추정할 만하다.

좀 의심스런 자료이긴 하지만, 내가 본 기록에는 경덕왕에게 만월 부인과 함께 제정이라는 이름의 왕비가 있었는데 각각 월후月后, 일후日后라 불렸다고 한다. 그 이름으로 추측하건대 월정교와 일정교는 두 왕후를 위해 가설한 것이 아닐까도 싶다.

이제 경주의 월정교와 일정교를 찾아가 보기로 하자. 현재 월성

의 서쪽 끝은 교동이고 동쪽 끝에는 박물관이 자리해 있다. 남천은 박물관, 월성, 교동을 끼고 흘러서 형산강으로 합류한다. 교동과 월성이 맞붙은 곳에 월정교가 있고 박물관 뜰의 아래 연못 쪽과 맞닿는 곳에 일정교가 있다. 월정교는 지금 복원 공사가 한창인데 누각이 올라 간 모습은 멀리서도 잘 보인다. 교동에서 나와 월정교 누각에 오르면 서쪽으로는 교동 마을과 저 멀리 태종 대왕의 능이 있는 서악리 고분군이, 동쪽으로는 월성 남쪽 언덕과 국립 경주 박물관이, 다리의 직선 방향인 남쪽으로는 도당산과 남산 서쪽 자락이 보인다. 누각도 웅장하려니와 툭 트인 주변 풍경이 눈을 시원하게 한다.

월정교를 건너 남천을 따라 동쪽으로 걸어가다 보면 일정교 터가 나온다. 여기는 복원이 안 되어 다리의 바탕 돌이 그대로 드러나 있다. 이것을 박물관 쪽에서 보게 되면 대충 방향을 가늠할 수가 있다. 월정교와 마찬가지로 도당산과 남산 쪽을 향해 있긴 하지만 왼쪽으로 남산의 동쪽 자락 및 그와 맞붙어 있는 인왕동과 남산동의 들판이 넓게 펼쳐져 있다. 저 들판 너머에 낭산이 있고 그 아래 사천왕사 터가 있을 것이다.

그쪽으로 눈이 가는 것은 월명이 걸어온 길이 사천왕사에서 이곳 일정교로 이어졌으리라 추정하기 때문이다. 월명은 사천왕사에 머물렀고 그곳에서 이름이 났기 때문에 그 절과 월명은 뗄 수 없는 관계에 있다. 그는 무슨 일인가로 사천왕사를 나와 월성 가까운 곳으로 움직였고 그때 신하와 함께 청양루, 즉 일정교에 나와 인연 있는 스님을 기다리던 경덕왕의 눈에 띄었을 것이다. 이곳

일정교 터에서 신라 문화 전성기의 군주 경덕왕과 신라 최고의 시인 월명이 만났다고 생각하면 가슴이 두근거려진다. 물론 나만의 추정에 따른 것이라는 한계는 있지만.

이제 월성 안으로 발길을 옮긴다. 월성 아래의 넓은 잔디밭도 그렇지만 월성 안의 넓은 공터도 허전한 마음이 들게 만든다. 신라의 심장부가 무엇 하나 남은 것 없이 텅 비어 있다는 생각에서이다. 초승달 모양의 지형에 반월성이니 월성이니 하고 붙인 이름만 보아도 참 낭만적이다 싶은데, 그 멋들어진 이름에 값하는 유물 하나 놓여 있지 않은 것이 못내 아쉽다. 그래도 근래 이곳에 대한 발굴이 시작되었다는 소식을 접하면서 가슴이 두근거렸다. 향가와 관련된 뭔가 획기적인 유물이 나왔으면 하는 바람이 마음속에

서 일어났기 때문이다.

이 터의 중심에 궁궐의 정전인 조원전이 웅장한 모습으로 서 있었을 것이다. 신라의 역사와 함께한 이곳에서 760년 4월에는 두 해가 나타난 변괴를 불양하려는 산화 공덕의 의식이 거행되었다. 왕이 단상에 어좌하고 만조백관이 늘어선 이곳에 깨끗하게 새로 만들어 놓은 제단 앞에서 월명은 절차에 따라 의식을 이끌었으리라. 그 절차의 어느 순서에서 자신이 지은 〈도솔가〉를 불렀을 것이다.

이러한 상상을 하고 있자면 텅 빈 터가 그 나름의 의미를 가지고 다가온다. 역사는 흘러 흘러 한때 번영했던 시대는 가 버렸다. 수많은 사람들이 그 시대의 번영을 일구었고 또 구가했을 것이다. 그러나 지금은 학생들의 견학 장소, 아이들의 놀이터가 되어 있다. 이곳에서 당대를 상상하는 것은 시대의 요구에 부응하여 나라의 힘을 한데 모아 역사를 이끌어갔던 선조의 노력을 기억하려는 것이다. 그 노력의 한 자락이 월명이 지은 〈도솔가〉에 담겨 있다.

〈도솔가〉, 재난에 대처하는 왕의 마음

〈도솔가〉는 경덕왕 19년 두 해가 나타나 열흘간이나 사라지지 않은 사건이 계기가 되어 지어졌다. 이 작품을 주술적인 것으로 보면 불필요할지도 모르지만, 작품의 현실적 문맥을 파악하려면 이 시기를 전후한 역사에 대해 간략하게나마 살펴볼 필요가 있다.

경덕왕 16년에는 지방 제도를 정비하면서 주군현의 이름을 모두 한자식으로 바꾸었고, 18년에는 중앙 정부의 부서 이름을 한자식으로 바꾸었다. 경덕왕대 이루어진 중국식 지명과 제도의 수용이 바로 작품 창작 2, 3년 전이었던 것이다. 또한 동왕 17년 7월에 태어난 왕자를 19년 7월, 왕자가 세 살 되는 때에 맞추어 왕태자로 책봉하였다. 아이를 못 낳은 삼모 부인을 내쫓고 동왕 2년 4월에 맞아들인 만월 부인이 15년이 지나서야 왕자를 낳았으니, 그 사이 왕과 왕비의 걱정이 어떠했을지 짐작할 만하다. 이는 동왕 4년 7월에 동궁을 수리하고, 11년에 동궁아관이라는 태자 직속 관청의 관리를 설치한 데서도 알 수 있다. 후사 문제에 얼마나 골몰했으면 아직 태어나지도 않은 태자를 위해 미리 궁궐을 수리하고 관리를 두었을까 싶은 것이다. 이러한 점은 경덕왕이 표훈 대덕에게 후사를 부탁하는 이야기에서도 잘 나타나 있다. 이렇듯 경덕왕대의 중요한 정치적 사건들이 동왕 19년을 전후한 시기에 집중되어 있다.

이와 함께 경덕왕대는 천재지변으로 인한 자연 재해가 계속해서 발생했다. 동왕 2년 8월에 지진, 3년 겨울에 요성, 4년 4월에 우박, 5월에 가뭄, 6년 3월 진평왕릉에 벼락, 가을에 가뭄, 겨울에 눈이 안 내림, 7년 1월에 천구성, 8년 2월에 폭풍, 13년 4월에 우박, 8월에 가뭄과 누리의 재해, 14년 봄 가뭄, 15년 4월에 우박, 17년에 천둥 번개와 벼락, 18년 3월에 혜성, 19년 1월에 귀신의 북소리 등의 현상이 벌어졌다. 이렇다 보니 급기야 동왕 15년 2월에 상대등 김사인이 근년에 자주 일어난 재앙과 이상 현상을 염려하며 정치의 잘되고 잘못된 점을 극론하여 왕에게 올리기까지 하였다. 19년의 두 해가 나타난 사건은 이와 맥을 같이하고 있다.

천체의 변괴를 살펴보고 불양의 의식을 건의한 것은 일관이었다. 선덕왕대의 첨성대로 대표되는 신라의 천문 관측 기술은 독자적인 전통을 확보했을 것이지만, 692년(효소왕 1)에 고승 도증이 당나라에서 천문도를 갖다 바친 것으로 미루어 신라 중대에는 중국의 영향을 많이 받았던 것 같다. 718년(성덕왕 17)에는 시간을 측정하는 누각전이 설치되었고 749년(경덕왕 8)에는 천문박사 1인과 누각박사 6인을 두었다. 이로써 좀 더 과학적인 천문 관측과 교육이 이루어졌을 것이다. 여기서의 일관은 아마도 천문박사이거나 그의 조언을 받는 인물이었을 것이다.

월명이 〈도솔가〉를 지어 불양의 의식을 거행한 곳은 조원전에 차린 제단 앞에서였다. 이 조원전은 신라 궁궐의 정전으로서 651년(진덕왕 5) 처음으로 왕이 신하로부터 신년 하례를 받았던 곳이다. 이러한 관례는 신라 말까지 이어졌을 것이다. 868년(경문왕 8) 8월에 이 궁전을 중수하였고, 806년(애장왕 7)과 878년(헌강왕 4)에 이곳에서 왕이 일본 사신을 접견하였다.

이에 〈도솔가〉가 지어지기까지의 정치적 배경을 다음과 같이 정리해 볼 수 있다. 경덕왕은 성덕왕의 친당親唐 정책을 더욱 적극적으로 추진하여 전국의 지명과 정부 부서명을 한자식으로 바꾸었다. 이때는 특히 후사의 문제가 중요했는데, 왕비를 교체하고도 15년이 지나서야 아들을 얻었다. 바야흐로 이 왕자를 태자로 책봉하는 일이 급선무로 다가온 시점이었다. 그런데 자연 재해가 계속하여 발생함에 따라 백성을 위로하고 정국을 안정시키려고 노력하였고 신하의 시국에 대한 비판도 받아들였다. 이러한 상황에서 두 해가 나타나는 사건이 일어난 것이다. 효소왕, 성덕왕대를 거쳐 이전보다 과학화된 천문 관측 기술로 사태를 파악한 일관은 수습책으로 산화 공덕을 통한 불양의 의식을 건의하였다.

이에 경덕왕은 직접 사태 수습에 나선다. 신라 궁궐의 정전인 조원전에 제단을 차린 다음, 바로 두 달 전에 세운 청양루(일정교)에 몸소 거동하여 의식의 집행자를 뽑고자 하였다. 적임자로 월명을 선택하고 보니 그는 화랑도花郎徒에 속한 낭승郎僧 이었다. 왕에게 "신은 단지 국선의 무리에 속하여 그저 향가만 알고 성범聲梵은 익숙하지 않습니다."고 말한 것이다. 왕은 향가로 의식을 거행해도 괜찮다고 허락한다. 얼핏 보아 이는 왕이 추진했던 중국 제도의 수용 정책과 상반된 선택처럼 여겨진다.

여기서 좀 더 생각해 볼 거리가 있는데, 그것은 화랑 제도의 변천에 관한 것이다. 681년(신문왕 1)에 일어난 김흠돌의 반란 이후, 신라 중대에 화랑의 활동이 기록된 바가 별로 없다. 경덕왕대에 이르기까지 효소왕대 부례랑이 천여 명의 무리를 거느리고 금란을 유람했다 하고, 영랑을 비롯한 사선이 활동했다는 정도만 나온다. 신라 하대에는 화랑인 응렴이 경문왕으로 즉위하는 데에서 보듯이 화랑이 다시 정치 일선에 등장하고 있다. 이로써 추측하건대 성덕왕, 경덕왕대의 친당 정책에 따라 신라 고유의 사상과 제도를 기반으로 운영되던 화랑 제도는 점차 정치권력에서 멀어진 것이 아니었을까 한다. 이러한 시대에 낭승 월명이 살았던 것이다.

경덕왕이 월명을 선택한 것에 대해 이러한 해석이 가능하다. 전반적으로 친당 정책에 기울어진 경덕왕이, 태자 책봉과 같은 중차대한 일을 앞두고 일어난 천체의 이변에 대해, 화랑도 소속의 낭승을 선발하여 불교의 산화 공덕을 거행하였다. 의식 집행자의 성향으로 미루어 신라의 전통적인 화랑도花郎道가 불교 의식과 접맥되었을 가능성이 있다. 경덕왕이 바꾼 정부 부서의 명칭이 17년 후인 776년(혜공왕 12)에 원상 복구된 점에서 신라 중대 친당 정책과 전통 계승 정책이 서로 밀고 당기는 양상으로 전개되지 않았을까 한다.

향가에 국한해서 본다면 천체의 변괴를 물리치려는 목적에서 지어졌다는 점에서 〈도솔가〉는 진평왕대의 〈혜성가〉와 관련된다. 두 해가 나타난 것이나 혜성이 출현한 것은 모두 천체의 이변인데 이를 불양하기 위해 융천이 〈혜성가〉를, 월명이 〈도솔가〉를 지었다. 낭승이 천체의 운행에 대한 지식을 활용하여 재난 극복의 국가적인 의식에 참여했다는 점에서 공통된다. 이에 〈혜성가〉의 전통 아래 〈도솔가〉가 지어졌다고 해도 좋을 것이다.

이와 같은 역사적 배경하에 월명이 〈도솔가〉를 지었다.

오늘 이에 산화가 불러	오ᄂᆞᆯ 이ᄋᆡ 散花 블러
날려 올리는 꽃아, 너는,	ᄇᆞ보ᄉᆞᆯ본 고자, 너은,
곧은 마음의 명에 부려져서	고ᄃᆞᆫ ᄆᆞᄉᆞ미 命ㅅ 브리이악
미륵 좌주 모셔라.	彌勒 座主 뫼셔라.

제1, 2행의 '산화가 불러 / 날려 올리는 꽃아, 너는,'은 산화 공덕의 의식을 구체적으로 묘사한 대목이다. 여기서 '부르다'와 '날려 올리다'의 주체는 산화 공덕을 행하는 자들, 즉 월명을 중심으로 한 화랑도 소속 승려들이다. 정확히 옮기자면 '날려 올리옵는'이라는 말이므로 꽃을 공양하는 이들이 그 대상에게 스스로를 낮추고 있다는 점에 유의해야 한다.

작품 이해의 관건은 제3행의 '곧은 마음'이 누구의 마음인지, 어떠한 이념성을 띠고 있는지를 파악하는 데 있다. 일반적으로 불심佛心은 원만하다거나 융통하다고는 할지언정 곧은 마음으로 표현되지는 않는다. 또 문맥상 부림을 당하는 처지에 있는 꽃의 마음도 아니다. 그렇다면 화자의 마음일 것 같지만, 제2행에서 자신을 낮춘 화자가 느닷없이 스스로를 곧은 마음의 소유자로 내세울 수는 없는 노릇이다. 이와 관련하여 번역 한시에서 '은중殷重'이라는 말로 이 구절을 풀이한 점이 주목된다. 이 말로써 그 마음의 소유자가 지고한 지위에 있음을 시사 받을 수 있기 때문이다. 지고한 존재일진대 그는 부처가 아니면 왕이다. 부처가 아니라면 '곧은 마음'은 경덕왕의 마음인 것이다.

두 해가 나타난 변괴를 당하여 경덕왕이 취한 모든 행동은 지극한 정성에서 우러나왔다. 그것은 산화 공덕의 대상인 미륵불에게로 '곧게' 향한 마음이다. 그 마음에서 나온 '명령'이 산화 공덕의 의식을 거행하게 했고, 월명으로 하여금 〈도솔가〉를 짓도록 하였다. 따라서 의식에서 '날려 올리는' 꽃들이 따르는 명령의 진원지는 임금일 수밖에 없다.

그런데 왕의 '곧은 마음'은 개인적인 마음이 아니라 한 나라의 왕으로서 신라인의 마음을 모두 모아 대변한 것이다. 따라서 그 마음은 하나의 이념으로 승화된다. 지금 천체의 변괴로 인해 나라 전체가 동요하고 있으므로 하루 빨리 재앙을 물리쳐 안정을 되찾아야 한다. 그러한 사람들의 마음을 하나로 결집한 끝에 왕의 명령이 나왔다. '곧은 마음'은 왕의 마음이자 백성의 마음인 것이다. 이는 결국 재앙을 물리치려는 인간의 의지라고 할 수 있다. 따라서 이러한 마음에서 나온 명령은 최고의 위엄과 권위를 지니게 된다.

제3행을 '임금의 곧은 마음에 부려져서'로 보게 되면, 제4행 '미륵 좌주'의 '좌주'도 글자 그대로 풀이할 수 있다. 지금 거행되고 있는 의식 자리의 주인은 경덕왕인데 노래를 통해 그 자리에 미륵불을 모시는 것이다. 이러한 의미에서 제4행은 '미륵을 좌주로 모셔라.'로 풀이하거나 아니면 미륵이 곧 좌주라는 등식으로 '미륵 좌주'라는 말이 사용되었다고 할 수 있다. 이는 현세의 왕과 내세의 왕이 하나가 되는, 다시 말해 왕즉불王卽佛의 사상이 반영된 것이다. 번역 한시의 '한 조각 꽃'이나 일연이 붙인 찬시에 '한 곡조의 노래' 등 유독 '한'을 강조하여 〈도솔가〉를 해석한 것은 바로 이 작품의 지향점이 '둘의 하나 됨'에 있기 때문이다. 이는 왕과 부처의 하나 됨을 기원한 것이지만, 여기서 더 나아가 하늘에 뜬 해 둘이 하나가 되기를 희망하는 것이기도 하다.

이상의 해석을 바탕으로 〈도솔가〉를 서술적으로 풀이해 보면 이렇다. 두 해가 나타난 변괴가 일어났으므로 임금께서 청양루(일정교)의 누각까지 거동하셨다가 이제 궁궐 내로 돌아와 좌정하신 이곳 조원전에서 '오늘 이에 산화가를 불러', 산화 공덕의 의식을 행하며 '날려 올리는 꽃아, 너는,' 저기 앉아 계시는 임금의 '곧은 마음의 명에 부려져서' 저 하늘 위 도솔천에 계시는 '미륵 부처를 좌주로 모셔라.'라고 풀이할 수 있다.

이와 같이 〈도솔가〉는 인간으로서의 지극한 정성에다가 만민의 의지를 모은 국왕의 위엄과 권위를 담아, 꽃을 날려 도솔천의 미륵불을 모셔 오려는 노래이다. 위기감이 팽배한 시점에서 왕이 백관을 모아 놓고 행한 의식에서 불리기에 손색이 없을 만큼, 인간적인 정성과 재난 극복의 곧은 의지가 어우러져 조화와 통합을 추구하고 있다. 결국 이 작품은 향가의 주술적 성격이란 무슨 불가사의하고 비현실적인 어떤 것이 아니라 천지신명을 감동시킬 만큼 인간의 지극 정성을 작품을 통해 드러낸 데 말미암는다는 사실을 보여 준다.

경덕왕릉에서

이제 〈도솔가〉에 마음의 한 자락을 남겨 놓은 경덕왕을 찾아갈 차례다. 그 전에 경덕왕이 어떤 인물인지 약간이나마 살펴보고 떠나기로 한다. 금석문에 기록된 대로 경덕왕은 성덕왕의 '효성스런 후계자로서 세상을 다스리실 때 큰 왕업을 이어 지켜 뭇 정사를 잘 보살폈'다고 하였다. 그렇지만 '일찍이 어머니 소덕 왕후를 여의어 세월이 흐를수록 그리움이 일어났으며 거듭 아버지 성덕왕을 잃어 텅 빈 대궐을 대할 때마다 슬픔이 더했으니, 조상을 생각하는 정은 점점 슬퍼지고 명복을 빌려는 마음은 더욱 간절해졌다.' 이렇듯 경덕왕은 부모에 대한 그리움이 사무친 인간이었다. 게다가 후사를 잇는 일에 온 관심을 기울여 왕비를 교체하기도 하고, 태자가 태어나기도 전에 동궁을 수리하여 관리를 두고, 표훈과 같은 고승에게 기도를 부탁하기도 하였다. 경덕왕이 지닌 혈육에 대한 정을 염두에 둘 때, 곧 있게 될 태자 책봉의 중대사를 차질 없이 진행하기 위해서도 두 해의 변괴는 반드시 털어 내야 할 것이었다.

이와 관련하여 경덕왕이 부모를 위해 성덕 대왕 신종(에밀레종)의 주조를 추진했던 점도 기억해야 한다. 그가 추진한 주조 사업은 당시의 재상 김대성이 현세와 전세의 부모를 위해 불국사와 석굴사를 창건한 일과 더불어 이해된다. 왕을 비롯한 신라 귀족에게 부모의 명복을 비는 일은 불교 사업을 통해 이루어졌다. 부모의 명복은 곧 후손의 안녕을 위한 것이기도 하다는 점에서, 신라 귀족에게 불교 신앙은 가문의 번창을 기원하는 데 소용되기도 했던 것이다.

한편 경덕왕은 자신의 치세에 끊이지 않는 천재지변에 대해 고

심하면서 대응책 마련에 부심하였다. 동왕 6년의 가뭄에 사자를 지방에 보내 백성을 안정시켰고, 동왕 14년에 죄인을 사면하고 홀로 사는 이들을 위문하였다. 동왕 15년에는 김사인의 시국 비판을 가납하였고, 22년에도 이순의 간언에 감탄하였다. 어느 왕이나 민생 안정을 도모하는 데 힘을 쏟았을 테지만 그는 허심탄회한 태도를 갖고 더욱 적극적인 노력을 기울인 것이다. 이는 부왕인 성덕왕이 행하여 널리 칭송받은 구휼 정책을 본받으려 한 면이기도 하다.

이러한 경덕왕을 생각하며 그가 묻혀 있는 곳을 가 보려고 한다. 경주 터미널에서 내남면 방향으로 가는 버스를 타고 용장 2리 앞에서 내려서 인천교를 건너간다. 마을길을 따라가다 내남 초등학교를 지나 좀 더 걸으면 경덕왕릉 팻말이 보인다. 저 멀리 산 아래 소나무 숲이 우거져 있어 멀리서도 저기려니 짐작이 간다. 숲 가운데에 돌 울타리를 두르고 능이 앉아 있다. 묘 둘레의 석축에는 십이지신상이 새겨져 있다. 그 하나하나에 대해 찬찬히 살펴볼 만한 조형미를 갖추고 있다. 시간과 공간의 한 축을 지키며 서 있는 십이지신상들의 늠름함이 새삼 역사의 시간을 되새기게 한다.

경덕왕릉을 둘러보면서 향가와 관련된 그의 행적을 떠올리게 된다. 월명을 택해서 〈도솔가〉를 부르게 했고, 충담을 맞이해서는 〈안민가〉를 짓도록 했다. 두 작품 모두 나라의 안위를 걱정하고 백성을 편안하게 하려는 뜻에서 나온 것이다. 통일 신라의 전성기인 만큼 그 문화적 수준도 상당하였거니와 그렇게 높은 수준의 문화를 향유하기 위해서는 무엇보다 국왕의 건실하고 원만한 국정 운영이 받치고 있어야 한다. 경덕왕의 백성 위하는 마음은 두 작품에 잘 나타나 있다. 능 앞에서 왕의 그런 마음에 감사하는 느낌이 드는 것도 자연스러운 일이다.

하늘의 경고에 조심하는 일

〈도솔가〉라는 제목은 유리왕대 신라 가악의 시초라고 말해진 작품명과 같다. 월명의 〈도솔가〉에는 미륵 신앙이 담겨 있어서 불교적 색채가 짙지만 유리왕대의 〈도솔가〉는 백성을 편안하게 하는 노래라는 뜻이고 불교가 아닌 신라 고유의 전통에서 나온 것이다. 그리고 월명의 〈도솔가〉도 백성을 위한 뜻이 담겨 있어서 서로 상통하는 면이 있다. 이러한 맥락에서도 〈도솔가〉의 시가사적 위치는 중요하다.

이 작품의 작자 월명이 〈제망매가〉를 지었다는 점도 고려해야 한다. 4행 향가와 10행 향가라는 장르적 차이가 있긴 하지만 〈제망매가〉를 통해서도 인간의 삶과 죽음의 문제를 종교적인 전망을 갖고 절실하게 표현하였다. 다만 〈도솔가〉가 의식에 쓰인 만큼 가급적 감정을 개입하지 않고 격식을 차린 면이 있다. 그렇더라도 같은 작자의 서로 다른 작품으로서 각각의 특징과 함께 공통점도 지닌다. 말이 간결하고 쉬운 가운데 뜻이 깊고 울림이 큰 것이다. 두 작품은 각 형식에 맞춰 제 역할을 충실히 수행하였다.

그러므로 〈도솔가〉를 단순하게만 볼 것이 아니다. 창작의 배경을 살펴보고 그 안에 담긴 뜻을 찬찬이 음미해 보는 것이 중요하다. 〈도솔가〉는 하늘의 경고에 대해 몸가짐을 되돌아보고 조심하여 재앙을 피하려는 인간 본성에 바탕을 둔 작품이다. 그러기에 우리에게서 멀리 떨어져 있지 않다. 정성껏 꽃을 뿌리며 하늘에 있는 부처님을 이 자리로 모셔와 그 권능으로 천체의 변괴를 다스리고 백성을 위로하려는 것이다. 이러한 주제를 이끄는 것은 국왕과 백성의 곧은 마음이다. 재앙 극복의 일념이 하나로 모아져 신에게 기원하고 있다.

이 작품은 불양의 의식에서 불렸기 때문에 일상적인 정서와 생각이 담긴 작품과는 성격을 달리하는 것은 사실이다. 그렇지만 가만히 생각해 보면 종교를 가졌든 그렇지 않든 간에 우리는 인간으로서 한계를 느낄 때 어떤 전지전능한 대상을 떠올리며 빌게 된다. 기원의 정도가 절실하면 할수록 기원하는 말이 주는 감동도 깊어질 것이다. 종교 음악이나 종교시가 갖는 감동은 인간의 한계에 대한 보편적인 공감에서 오는 것이 아닐까 한다.

짧고 간결하지만 〈도솔가〉는 재난을 막아 보려는 절실함이 배어 있는 기원의 시이다. 그 안에 담겨 있는 선조들의 진정성을 이해하고 한 편의 서정시로서 우리 가슴에 담으면 좋을 것이다. 그리하여 하늘을 경외하고 신에게 기원하는 인간 본연의 마음가짐을 되새겨 보면 어떨까 싶다.

안민가
安民歌

향가로써 정치의 방향을 제시하다

향가가 단순히 개인 서정시로 그치지 않고 시대의 이념과 정치 사상까지 수용한 장르라는 것을 〈안민가〉는 여실히 보여 준다. 그만큼 향가의 장르적 성격이 다채롭고 또 넓고 깊었던 것이다. 지금까지 전하는 27편의 작품으로도 다양성을 조금 엿볼 수 있는데 수백 년 동안 향유된 작품 세계는 얼마나 풍요로웠을까.

신하의 직언을 가납할 줄 아는 군주였던 경덕왕이 이번에는 고승을 초빙하여 정치에 대한 고견을 듣고자 하였다. 3월 3일, 삼짇날은 봄이 시작되는 절기로서 신라 시대에도 중요한 명절이었다. 이때를 맞이하여 왕은 신하와 함께 궁궐 서쪽의 귀정문 누각에 올라 성 밖의 거리를 바라보고 있었다. 서라벌 거리의 명절 풍경을 떠올려 볼 만한 대목이다. 거리는 봄 명절을 맞아 사람들로 붐볐을 것이다. 왕으로서는 자신의 통치하에 번성하고 있는 서라벌 거리와 백성이 사는 모습에 뿌듯함을 느꼈을지 모른다.

그때 왕은 거리에서 '잘 차려 입은 스님' 한 분을 모셔 오라고 명한다. 신하들은 말 그대로 중의 치장을 잘 갖추고 외모도 번듯한 스님을 모셔 왔으나 왕은 자신이 말한 잘 차려 입은 스님이 아니라면서 물리친다. 이에 다시 거리에 나가 앵통을 짊어진, 허름한 차림의 스님을 모셔 오자 왕은 기뻐하며 맞아들여 이것저것 물어보았다. 스님의 이름은 충담으로 지금 삼화령의 미륵불에게 차 공양을 드리고 오는 길이라고 한다. 왕이 자신도 그 차를 맛볼 수 있겠느냐고 하자 차를 달여 드렸는데 차 맛이 그윽하고 오묘했다.

왕은 또 묻기를, 충담이 지은 〈찬기파랑사뇌가〉가 뜻이 매우 높다고 하는데 과연 그러냐고 했다. 충담은 망설이는 기색 없이 그렇다고 대답한다. 〈찬기파랑가〉를 두고 나눈 왕과 충담의 대화에는 많은 내용이 함축되어 있다. 거리에서 우연히 데려온 스님인데도 왕은 그의 작품에 대해 알고 있었으니 우연이 아니라 어떤 의도에 따라 이루어진 만남이 아니었을까 싶기도 하다. 충담은 왕이 칭찬한 말에 대해 자부심 어린 긍정을 표하고 있다. 왕의 칭찬은 개인적인 의견에서 나온 것이라기보다 당시 식자층 사이에서 널리 알려졌기에 물은 것일 게다. 이 역시 우연한 만남이기보다 한 번 만나보고 싶은 스님을 명절을 기해 초빙한 듯한 면이다. 잘 차려 입은 스님을 배척한 대신에 미륵불에게 차 공양을 하고 향가를 잘 짓고 허름한 차림으로 거리를 다니는 스님을 불러들였다는 점에서, 당대 불교의 여러 종파 중에 정치권력에 붙은 쪽을 배제하려는 의도가 있지 않았을까 추측해 본다.

충담은 〈찬기파랑가〉를 지었으니 기파랑이라는 화랑과 관련이 깊은 인물이다. 말하자면, 융천, 월명과 같이 화랑도 소속 승려인 낭승郎僧이라고 할 수 있다. 경덕왕은 월명을 궁궐로 맞아들여 불양의 의식을 거행하도록 한 것처럼 충담을 택하여 정치의 득실에 대한 자문을 얻고자 한 것이다. 신라 고유의 화랑도에 대한 신뢰가 있지 않고서는 실행하기 어려운 선택이다.

〈찬기파랑가〉를 칭찬한 후 왕이 충담에게 백성을 편안하게 할 노래를 지으라고 명한다. 낭승의 시인에게 시로써 정치의 방향을 제시하도록 요청한 것이다. 이에 부응하여 충담은 〈안민가〉를 짓는다. 그 내용에 감동한 왕이 충담에게 중의 벼슬을 내렸으나 그는 받지 않고 떠난다. 왕에게 진실한 충언을 했으니 그것으로 되었다고 생각한 것인지 다른 정치적 사정이 있었는지는 알 수 없다.

이렇듯 충담과 경덕왕의 의미심장한 대화에 이어 나온 작품이 〈안민가〉이다. 대화의 장면에서 경덕왕대의 시대 상황에 대해 많은 시사를 받을 수 있다. 이제 〈안민가〉의 배경 기사와 작품 내용을 생각하며 길을 떠나 보자.

삼화령 미륵불에게 올린 차 공양

충담은 매해 3월 3일과 9월 9일에 삼화령 미륵불에게 차 공양을 하였다. 삼화령은 〈혜성가〉의 배경 기사에서 세 화랑의 무리가 유람했던 곳이다. 그때는 진평왕대이니 충담의 시대로부터 150여 년

전의 일이다. 이곳은 아마도 진평왕대 이전부터 경덕왕대 이후까지 서라벌 인근에서 손꼽을 수 있는 화랑도의 전통적인 유람처 중 하나였을 것이다. 이곳에서 세 화랑의 무리는 혜성 출현의 소식을 듣고 그 재앙의 조짐을 어떻게 떨쳐 낼지 고민하였다. 이제 와서는 화랑도의 일원인 충담이 매해 봄가을의 명절에 미륵불에게 차 공양을 하는 장소가 되었다.

〈혜성가〉 여행길에서 언급했듯이, 경주 남산에는 전 삼화령과 삼화령의 고개 두 곳이 있다. 현재 두 곳 모두에 충담이 차 공양한 장소라는 설명이 붙어 있지만, 〈혜성가〉의 세 화랑과 관련된 봉화대 능선 상의 삼화령이 충담의 행적과도 연결된다고 본다. 일단 월성에서 가자면 전 삼화령은 삼화령에 비해 거리가 짧다. 고개의 높이도 전자가 후자에 비해 상당히 낮다. 또한 월성의 서쪽 문인 귀정문 앞으로 난 거리는 방향으로 보아 남산 서쪽 기슭의 나정, 포석정, 용장리 쪽으로 이어진다. 충담이 서라벌 시내에 거주했다면 봄가을의 명절 때 차 공양을 하러 갈 길은 시내를 벗어나 좀 멀리 가야 하지 않을까 싶다. 공양을 마치고 돌아올 때 용장리, 포석정, 나정 앞을 지나 남천을 건너 월성 서쪽 거리로 이어지는 길로 오지 않았을까 한다. 이 모든 것도 추정일 따름이지만, 전 삼화령과 삼화령을 비교해 볼 때 전자보다 후자 쪽이 충담의 동선에 더 부합하리라 본다.

그리하여 이제 다시 남산을 오른다. 앞서 추정한 대로 전 삼화령이 아니라 삼화령 쪽을 택해서 오른다. 고개의 원래 의미를 되새기자면, 서출지에서 출발하여 이영재를 오른 후 금오산 쪽으로 얼마쯤 가면 나오는 삼화령을 지나 용장 계곡 쪽으로 내려가는 코스로 가는 것이 좋겠다.

사금갑射琴匣의 고사가 깃든 서출지는 마을 입구에 있는 아담한 연못이다. 물가에는 이요당이라는 조선 시대의 정자가 있고 연못 주변에는 소나무, 단풍나무가 심어져 있다. 서출지를 끼고 남쪽으로 내려가 남산 등산로 입구를 지나친 지점에 남산리 삼층 석탑 두 기가 서 있다. 동쪽 것은 벽돌 탑 양식이고, 서쪽 것은 전형적인 석탑 양식이라서 다른 데서는 볼 수 없는 특이한 쌍탑을 보게 된다. 전형적인 두 석탑이 서 있는 모습과는 좀 달리 벽돌 탑과 석탑 양식이 서로를 대조해 주며 조화롭게 서 있다는 느낌이다.

남산 순환로를 따라 올라가면 그리 오래지 않아 이영재를 지나 삼화령에 닿는다. 지난번에는 아래로 펑퍼짐하게 파인 골짜기와 툭 트인 상공을 바라보며 혹시 이곳에서 세 화랑의 무리가 혜성을 보지 않았을까 상상해 보았는데, 이번에는 미륵불이 좌정해 있었던 연화대좌를 찾아 그 앞에서 차를 공양하였을 충담의 자취를 더듬어 본다.

충담이 차 공양을 드린 삼화령 미륵세존은 생의사의 돌미륵이다. 선덕여왕대 생의 스님이 꿈에 어떤 중이 가르쳐 준 곳을 파서 얻은 돌미륵을 삼화령에 안치하였던 것이다. 그런데 진성여왕대 효종랑이 효녀 지은을 도와줄 때 낭도와 유람했던 장소가 남산의 포석정 혹은 삼화술三花述로 기록되어 있다. 이에 이곳 삼화령은 경덕왕대 충담과 진성여왕대 효종랑의 행적과 관련된 화랑 유람처 중 하나였음을 알 수 있다. 화랑이 미륵의 화신으로 여겨졌던

당대의 관념에 비추어 삼화령의 돌미륵은 화랑도와 깊은 연관을 맺고 있었을 것이다.

절벽 위 바위에 부처의 자리를 마련했는데 그 위에 얹혀 있었을 부처상은 장중한 모습이었을 것 같다. 용장 계곡을 등 뒤로 하고 이 대좌 위에 앉아 있었을 미륵불은 그 앞에서 차 공양을 드리는 충담을 향해 저 사바세계는 모두 나의 구원을 바라고 있도다 하며 자비로운 눈길을 주었을지 모른다. 대좌 위의 빈 공간에다가 여태까지 본 불상 중의 하나를 떠올려 본다. 석굴암의 불상은 너무 크고 장항사 터나 보리사의 불상을 떠올리면 그런대로 적당한 크기가 아닐까. 이렇게 상상하다 보면 연화대좌 위의 허공에도 무엇인가 충만한 기운이 깃들어 있는 듯하다.

삼화령을 지나 용장 계곡으로 내려오는 길은 삼층 석탑을 먼저 만나게 된다. 내려뻗은 남산 자락을 배경에 두고 보는 이 탑의 모습도 훌륭하지만 더 내려가 용장사 터에서 올려다본 모습은 신비스러울 지경이다. 산 정상에서 천상을 향해 솟아난 삼층 석탑의 자태는 인간의 초월 의지를 유감없이 표현하고 있다.

삼층 석탑에서 바위를 타고 아래로 내려가면 머리가 없는 삼륜대좌불과 마애불을 만나게 된다. 안내판에서 마애여래 좌상이라고 하여 이 부처를 석가여래라고 명명해 놓았지만, 처음 보았을 때부터 나는 이 부처를 잘 생긴 화랑의 모습으로 연상하였다. 그 후 몇 차례 더 와서 보았지만 애초의 생각을 떨치지 못했으니, 나는 아집에 빠진 중생 중 하나인 것만은 분명하다. 그와 함께 삼륜대좌불이 앉아 있는 자리의 문양 역시 잊을 수 없는 인상을 준다. 여러 겹의 커튼이 내려진 모양을 하고 있는 이 대좌는 마치 천 자락이 바람에 하늘거리듯, 아니면 물결이 뭉치가 져서 단 아래로 흘러내리는 듯이 보인다. 부처의 은혜가 바람을 따라 물결을 따라 중생에게 흘러내리는 뜻을 표현한 것은 아닌지 모르겠다.

불상들을 지나 아래로 내려오면 등산로 옆에 용장사 터가 있다. 아직도 여기저기 흩어져 있는 기와 조각과 절터 뒤쪽의 석축을 볼 수 있다. 경덕왕대 유가종의 대현 스님이 이곳에 주석하며 많은 저술을 냈다고 하니, 그러는 중에 혹시 충담과도 만났을지 모르겠다. 대현과 충담은 둘 다 경덕왕의 부름을 받고 궁궐에 나아가 국가사업에 힘을 보탠 적이 있으니 그것으로도 인연이 닿았을 것이다.

위에서 말했듯이, 이 절터에서 산 쪽을 올려다보면 천상에 닿아 있는 삼층 석탑의 자태가 눈에 들어온다. 가히 환상적인 석탑의

모습이다. 그 아련한 초월에의 의지가 마음을 숙연하게 한다. 삼층 석탑을 우러러보며 용장사 터에서 한참 머물러 있어도 좋다.

하나하나 의미 있고 아름다운 용장사 터의 석물들을 뒤로 하고 용장 계곡을 내려온다. 등산로 주변에 흩어진 석물들이 보인다. 계곡 물을 따라 내려와 마을에 닿는다. 충담이 미륵불에게 차 공양을 하고 이 길로 내려와 포석정 앞으로 해서 월성을 향해 걸어가지 않았을까 상상하면서 잠시 그 길을 걷다가 버스를 타고 경주 시내로 들어온다.

귀정문 자리 주변을 서성이며

충담이 남산을 내려와 거리를 걷다가 경덕왕의 사자에게 이끌려 왕을 만났다. 만난 곳은 귀정문. 이 문은 문무왕의 서제庶弟 거득 공이 국토를 순유할 때 무진주에서 만난 안길이 서라벌로 와서 거득 공을 만나려고 기웃거렸던 문이다. 월성의 서쪽 문으로서 궁궐에서 제일 바깥에 있던 정문이었다. 말하자면, 봄 명절을 당하여 경덕왕이 신하를 거느리고 월성의 서쪽 정문인 귀정문 누각에 올랐던 것이다. 삼짇날 경덕왕은 이곳에 나와 앉았고 거기서 충담을 불러들여 〈안민가〉를 짓게 했으니 작품의 산실이 귀정문인 것이다.

귀정문의 흔적은 남아 있지 않다. 사서에 월성의 서쪽 정문이라고 나와 있으므로 월성 서편 향교 쪽 성벽이 낮은 곳(이임수, 2007)

이나 그쪽의 움푹 들어간 곳(박진환, 2011)을 귀정문 자리로 추정하였다. 내 생각에는 지금의 둔덕진 월성은 그 규모가 너무 작은 것 같다. 애초에는 반월 모양의 지형 위에 궁궐이 자리했겠지만 신라의 국력이 팽창하고 왕족의 권위가 커지면서 그 정도에 그칠 수는 없었을 것이다. 아마도 북동쪽의 안압지와 북쪽의 첨성대가 궁궐 내에 들어왔을 것 같고, 서쪽으로는 내물왕릉을 위시한 인왕동 고분군도 궁궐에 포함되었을 듯하다. 근래의 연구에서도 애초의 월성이 신라 중대 이후 만월성으로 확대되어 대궁(월성), 동궁(안압지), 남궁(경주 박물관 자리), 북궁(첨성대 좌측), 그리고 관아 구역(인왕동 고분군 일대)까지 포함한 것으로 보고 있다(전덕재, 2009).

한편, 신라 시대 최대의 사찰인 흥륜사 자리가 지금의 경주 공고라고 하는데 이 점도 고려할 만하다. 월성의 왕족이 흥륜사로 행차하는 그 길은 서라벌의 큰길이었을 것이다. 동쪽에서 서쪽으로 일직선상에 있지는 않았을지 모르나 그 길은 아마도 남쪽의 포석정에서 북쪽 시가지로 올라오는 길과 만나는 사거리를 이루었을 것이다. 이러한 지역이 번화한 곳이라면 여기에 서시西市가 형성되지 않았을까. 그리고 서시에 연결된 궁궐의 문이 귀정문이 아니었을까 추측해 본다.

서시를 끼고 있는 거리를 바라보며 경덕왕은 삼짇날의 서라벌 명절 풍경을 감상했을 것이다. 그 거리를 걷고 있던 충담을 귀정문으로 오르게 하여 신하들이 보는 앞에서 향가를 짓도록 하였다. 백성의 입장에서는 궁궐의 누각 문에 왕이 행차하여 고승을 초빙해서 국정의 자문을 구하는 모습을 바라볼 수 있었을 것이다. 누

경주
반점
치킨

각 문에서 지어진 향가 〈안민가〉는 왕과 신하, 일반 백성의 기대에 찬 시선 앞에서 창작된 충담의 걸작인 셈이다.

궁의 안과 밖, 궁궐과 민간으로 연결된 문에서 왕과 백성이 의사소통을 하였다는 것도 의미가 깊다. 모름지기 왕은 백성의 뜻을 살펴 정치를 펼쳐야 어진 군주라 할 수 있을 터, 경덕왕이 취한 여론 청취의 자세는 후대의 신라 왕들이 본받았을 만한 태도이다. 서쪽의 민간과 동쪽의 궁궐 사이에 있는 귀정문에 올라 민간의 여론을 알아보려고 충담을 초빙한 경덕왕의 마음은 월명이 〈도솔가〉에다가 담아 놓은 그 마음과 같은 것이리라.

이와 같이 상상하며 신라 궁궐의 서쪽 지역을 어림잡아 보면 지금의 황남 초등학교 뒤편으로 해서 경주 공고에 이르는 황남동 일대가 된다. 이곳은 경주의 어느 지역보다 옛 정취를 물씬 풍기는 곳이다. 좁은 골목들이 정겹게 얽혀 있고 큰길이라 해도 2차선인 도로의 양 옆에는 한옥들과 소규모 가게들이 늘어서 있다. 흥성거리는 시장 풍경은 연출하고 있지 않지만 그 나름의 분주한 거리 모습을 보여 준다. 이 부근을 서성이면서 남산 삼화령을 넘어 이리로 들어온 충담이 경덕왕을 만나게 되는 장면을 그려 본다.

〈안민가〉, 정치의 요체는 민생 안정

〈안민가〉는 〈도솔가〉처럼 창작 연대가 분명히 기록되어 있지 않기 때문에 경덕왕 몇 년의 일인지는 알 수 없다. 그렇지만 경덕왕대에 보이는 두 번의 시국에 대한 건의를 참조하여 시대 분위기만큼은 추측해 볼 수 있다.

756년(경덕왕 15)에는 김사인이 이상한 일들이 자주 일어난 것을 계기로 왕에게 글을 올려 당시 정치의 잘잘못에 대해 극론하자 왕이 기꺼이 받아들였다. 또 763년(경덕왕 22)에는 중이 된 옛 신하 이순이 풍악을 즐기는 왕을 찾아와 중국의 폭군 걸주를 거론하면서까지 왕을 비판하였다. 자신을 걸주에 비기는 말을 좋아할 왕은 별로 없을 텐데도 경덕왕은 이순의 비판에 감동받아 곧바로 잘못을 시정하였다. 이러한 예를 통해 경덕왕이 신하의 충언을 귀담아 듣고 가급적 실천에 옮기려 한 군주였음을 알 수 있다. 이러한 맥락에서 경덕왕과 충담의 만남이 있었을 것이다.

충담은 융천, 월명 등과 같이 화랑도 소속의 낭승이었다. 월명을 만났을 때처럼 충담과의 만남을 통해서 경덕왕은 불교와 접맥된 화랑의 정치사상을 현실 정치에 원용하려 했던 것 같다. 왕의 이러한 기대에 부응하여 충담은 〈안민가〉를 지어 정치적 견해를 피력하였다.

"임금은 아비요,	"君은 아비야,
신하는 사랑하실 어미요,	臣은 ᄃᆞᄉᆞ실 어ᅀᅵ야,
백성은 어린 아이"라고	民ᄋᆞᆫ 얼ᄒᆞᆫ 아ᄒᆡ"고
하실진대, 백성이 사랑을 알리로다.	ᄒᆞ실디, 民이 ᄃᆞᄉᆞᆯ 알고다.
아궁이의 불을 살린 바— 물생	구릿 블흘 살이기 바— 物生
이를 먹어 안정하여	이흘 먹악 다ᄉᆞ라

"이 땅을 버리고 어디 갈져!"
할지면, 나라가 [자신들을] 부지함을 알리로다.
아아, 임금답게 신하답게 백성답게
한다면, 나라가 태평하니이다.

"이 ᄯᅡᄒᆞᆯ ᄇᆞ리곡 어ᄃᆡ 가ᄂᆞᆯ뎌!"
ᄒᆞᆯ디, 나라기 디니기 알고다.
아야, 君닷 臣다히 民닷
ᄒᆞᄂᆞᆯᄃᆞᆫ, 나락 太平ᄒᆞ니—ㅅ다.

작품의 내용을 살펴보면 신라의 역사 속에서 드러나는 정치적 이념이 반영되어 있음을 알 수 있다. 신라와 연합하여 백제를 멸망시킨 중국 장수 소정방이 제 나라로 돌아갔는데 중국 왕이 내친 김에 신라까지 정벌하지 못한 까닭을 물었다. 이에 대해 "신라는 임금이 어질어 백성을 사랑하고, 신하는 충성으로 나라를 섬기어 아랫사람이 윗사람을 부형처럼 섬기니 비록 작은 나라이지만 도모할 수가 없었습니다."라고 대답하였다. 또 고구려 첩자를 훈계하여 돌려보내면서 김유신은, "우리나라 임금은 위로는 하늘의 뜻을 어기지 않고 아래로는 백성의 마음을 잃지 않아서 백성이 즐겁게 모두 자기 일을 즐기고 있음을 지금 네가 보았으니 가서 너희 나라 사람에게 알려 주어라."라고 말하였다. 삼국 통일을 이룩한 신라의 국력이 어디서 나왔는지를 잘 보여 주는 예들이다.

여기서 '아랫사람이 윗사람을 부형처럼 섬긴다.'와 '백성이 즐겁게 모두 자기 일을 즐긴다.'는 두 말은 〈안민가〉에 나타나는 정치 이념의 요체와 결부될 수 있다. 〈안민가〉는 민생 안정을 정치의 목적으로 설정하고, 구체적인 방법으로서 국왕·신하·백성의 가족적 사랑, 그리고 백성이 영위하는 생업의 안정을 제시하였는데, 이 두 방법이 위의 예들에 잘 드러나 있다. 따라서 작품에 담긴 정치 이념은 신라의 역사 속에서 경험적으로 우러나와 정립된 것임을 인식해야 한다. 단순히 유교의 정치사상을 담고 있다고 지적하고 말기에는 작품이 지닌 역사적 의미가 깊은 것이다.

신라의 역사적 경험이 정치 이념으로 정립되는 예가 통일을 전후한 시기에만 나타나는 것은 아니다. 건국 초기인 유리왕대에 왕이 나라 안을 순행하다가 한 노파가 굶주려 죽어 가는 것을 보고, "내가 미미한 몸으로 왕위에 있으면서 백성을 잘 양육하지 못하여 늙은이, 어린애가 이 지경에 이르렀으니 이는 나의 죄이다."라고 말했다. 그리고 구휼 정책을 시행하여 백성에게 양식을 지급하여 안정시켰다. 그랬더니 소문을 듣고 이웃 나라의 백성이 많이 옮겨 왔다. 백성의 삶이 즐겁고 편안한 것을 기려 신라 가악의 시초인 〈도솔가〉를 지었다. 이로써 보면 〈도솔가〉에는 유리왕의 선정이라는 경험적 사실에 기초한 정치 이념이 담겼으리라 추정할 수 있다.

내물왕대에는 백제의 한 성주가 백성과 함께 항복해 와서 내물왕이 거두어 주었다. 그랬더니 백제왕이 돌려보내라고 요청했는데, 이에 대해 "백성은 늘 같은 마음을 지니지 않기 때문에 마음이 내키면 오고 싫으면 가기도 한다. 그런데 왕은 백성의 불안에 대해서는 걱정하지 않고 도리어 나를 책망하는가?"라고 회답하였다. 이 말에서 위정자가 백성에게 어떤 정치를 행해야 하는지가 드러나 있다. 백성을 편안하게 살도록 하는 정치를 지향하고 있는 것이다. 이러한 생각은 〈안민가〉 제7행 '이 땅을 버리고 어디 갈져!'라는 간명한 표현으로 나타난다.

시대가 내려와 헌강왕대의 기사에서 신라인이 생각한 정치의 이상이 요약되어 있다. '음양이 조화롭고 비와 바람이 순조로워 해마다 풍년이 들어, 백성은 먹을 것이 넉넉하고 변경은 평온하여 민간에서 즐거워한다.' 헌강왕의 덕을 칭송하기 위한 말이기는 하지만 이 말에 정치의 이상이 표명되어 있는 것은 분명하다. 순조로운 기후에 따른 풍년, 변경의 안정, 그로 인한 백성의 안락한 삶 등이 그 내용이다. 이것이 〈안민가〉 제10행의 '태평'한 '나라'의 모습일 것이다.

그런데 이러한 배경하에 나온 정치 이념의 이면에는 당대 정치 현실의 그림자가 짙게 드리워져 있다. 경덕왕대는 천재지변으로 인한 재해가 잇달았고 이에 따라 백성이 많이 굶주렸다. 이럴 때 백성은 먹을 것을 찾아 유리걸식했을 것이다. 이 왕대에 웅천주의 백성 향덕이 자기 다리의 살을 베어 아버지에게 먹인 일도 국가에서 표창할 일이기 이전에 굶주린 백성이 연명하기 위해 취했던 방법의 한 극단을 보여 준 예이다.

이와 함께 경덕왕대는 토목 공사가 여러 차례 실시되었다는 점도 유의할 만하다. 동왕 4년 7월에 동궁을 수리하였고, 7년 8월에 태후를 영명신궁으로 옮겨 거처하게 하였다. '신궁'이라 하였으니 영명궁을 새로 지었을 것이다. 13년 5월에는 성덕왕비를 세웠고 7월에는 영흥사와 원연사의 두 절을 수리하였다. 16년 7월에 영창궁을 수리하였고 19년 2월에 월정교와 춘양교의 두 다리를 놓았다. 21년 5월에는 패강진의 여섯 산성을 개축하였다. 이러한 토목 공사에 백성이 동원되었을 텐데 부역이 잦은 만큼 생계가 더욱 어려워져 백성의 삶은 고단했을 것이다. 그래도 다행인 것은 정변이

나 외침이 없어 전쟁으로 인한 폐해는 발생하지 않았다는 점이다.

〈안민가〉는 이러한 시대 배경하에 백성이 유리걸식하거나 지나치게 부역에 동원되지 않도록 배려해 줄 것을 요청하고 있다. 제5, 6행 '아궁이의 불을 살린 바 물생 / 이를 먹어 안정하여'에 명백히 표명된 것처럼 민생 안정을 위한 시책을 건의하고 있는 것이다.

경덕왕대에 반란이 없었지만 신라 중대 최대의 반란 사건인 김흠돌의 난이 경덕왕의 할아버지인 신문왕 1년(681)에 일어났고, 효소왕 9년(700)에는 경영의 난, 효성왕 4년(740)에는 영종의 난이 일어났다. 중대 왕권은 통일 왕국의 국력을 바탕으로 하여 비교적 안정되었음에도 간헐적으로 반란이 일어났다. 그러다가 경덕왕이 죽은 후 그의 아들 혜공왕의 시대에는 반란이 걷잡을 수 없이 일어난다. 이로써 보면 경덕왕대의 안정된 정치의 배후에는 왕권에 도전하려는 귀족 세력이 웅크린 채 기회를 노리고 있던 형국이라고 할 수 있다. 이러한 당대 현실이 〈안민가〉 제9행 '임금답게 신하답게 백성답게'에 반영되어 있다. 국왕과 신하와 백성이 각자의 본분을 다하는 것이 민생과 정치 안정에 필수적인 과제이다.

이와 같이 〈안민가〉에 담긴 정치 이념과 그 배후에 도사린 정치 현실은 신라의 역사적 경험에서 우러나온 것이다. 경덕왕의 요청에 응하면서 충담은 역사적 경험과 당대의 현실에 대한 폭넓은 지식과 예리한 통찰을 바탕으로 시대가 요구하는 정치 이념의 요체를 제시하였다. 이는 그가 화랑도에 속한 승려로서 신라의 역사적, 문화적, 정치사상적 토양에서 성장한 지식인이었음을 시사하는 것이다.

이제 이러한 작품의 내용이 어떤 형식에 의해 형상화되었는지 살펴보기로 하자. 한 작품의 문학적 가치는 그것에 담긴 내용의 진실성과 함께 형식이 갖는 설득과 감동의 힘이 매우 중요하기 때문이다. 이 작품의 형식을 감상하고자 할 때 두 가지 면을 살필 필요가 있다. 하나는 남의 말을 인용하면서 화자가 말하는 방식이고 다른 하나는 비유법이다.

〈안민가〉의 제1구(제1~4행)와 제2구(제5~8행)에는 인용 구문이 나타나 있다. 제1구는 3행에 걸쳐 '‘임금은 아버지요, / 신하는 사랑하실 어머니요, / 백성은 어린 아이라’고 / 하실진대,'에서 인용문이 나온다. '임금—신하—백성'의 중세 지배 관계는 '아버지—어머니—아이'의 가족 관계로 인식해야 한다는 인용문의 내용은 화자의 정치사상이자 이념이다. 그런데 인용문을 이끄는 동사를 '하실진대'로 표현함으로써 인용문의 내용이 곧 임금의 생각이 되어야 함을 희망하였다. 화자의 정치사상을 임금이 수용할 것을 요구하고 있는 것이다.

한편, 제2구의 인용문은 일반 백성의 행동과 말을 옮긴 것이다. 임금이 정치를 잘하여 민생이 안정되었을 때, 백성은 '“이 땅을 버리고서 어디로 가리!” / 할' 것이다. 임금이 화자의 사상을 받아들여 부모의 마음을 갖고 민생 안정에 주력한다면 그 결과가 어떻게 나타날지를 인용문으로 표현하였다. 화자의 정치사상이 실제 정치에서 행해질 수 있도록 임금을 설득하기 위해 인용문을 구사한 것이다.

이와 같이 〈안민가〉에서 인용문은 화자의 사상과 이념을 제시하는 데 사용되고 있다. 화자는 자신의 정치 이념을 인용문으로 묶어 제시하면서 그것이 바로 임금의 생각이 되기를 요구하였고, 그 이념에 입각하여 행해진 정치에 대해 백성이 보일 반응을 인용문으로 제시함으로써 그것의 효용성을 강조하였다. 화자의 정치 사상을 그것의 실행자인 임금과 수혜자인 백성, 양쪽의 생각인 것처럼 인용문으로 표현함으로써 설득의 효과를 한껏 높인 것이다.

〈안민가〉는 왕에게 정치의 요체를 알려 주려는 의도에서 지은 시이다. 그래서 이념적 성격이 강할 것 같지만 실제로는 상당히 서정적인 호소력을 지니고 있다. 그렇게 된 것은 제1구가 온통 은유로 이루어졌기 때문이라고 할 수 있다.

작품의 제1, 2, 3행이 임금은 아버지, 신하는 어머니, 백성은 아이라고 하는 은유로 되어 있다. 각 행은 임금—아버지, 신하—어머니, 백성—아이라는 개별적인 관련을 맺게 되고, 다시 각 행들이 모여서 세 행 전체의 집합적 의미가 생성된다. 임금—신하—백성의 정치 사회적 관계가 아버지—어머니—아이의 가족 관계로 전환되는 것이다. 이는 중세의 통치 질서를 확립하는 데에 사회 체제를 가족 관계의 연장으로 파악하는 관점이 적용된 것이다.

그런데 제3행까지의 은유가 만들어 낸 개별적 혹은 집합적 의미는 제4행에서 추상적 의미로 수렴, 집중된다. '백성이 사랑을 아'는 것이 이 작품의 핵심적인 의미를 형성하는 것이다. 제3행까지의 가족의 은유는 왕을 상대로 화자 자신의 생각을 진술하면서 나온 것이지만, 왕 또한 그러한 생각을 공유해 주기를 바라는 의도에서 인용문으로 표현하였다. 그런데 왕이 신하와 백성을 가족처럼 생각해 달라고 요구하는 데에서 더 나아가, 가족 간의 관계를 이루는 핵심적인 고리, 즉 '사랑'의 이념에 이르도록 유도하고 있다. 가족 관계란 요컨대는 사랑에 따라 그 성패가 좌우되는 것이다. 마찬가지로 중세 통치 질서는 백성에 대한 사랑의 이념에 기초해 있어야 한다. 이렇듯 가족의 은유는 중세의 통치 이념이 가족 간의 사랑과 동질적인 것이라는 의미를 이끌어 내는 데 핵심 역할을 하고 있다.

이어지는 제2구는 백성이 알게 되는 '사랑'의 구체적인 내용을 담게 된다. 제2구 '아궁이의 불을 살린 바— 물생 / 이를 먹어 안정하여 / "이 땅을 버리고서 어디 가리!" / 할진대, 나라가 [자기들을] 부지함을 알리로다.'는 백성이 나라, 즉 왕의 사랑을 어떻게 알게 되는지 보여 준다. 아궁이에 불을 때어 익힌 음식을 먹는다는 표현은 백성이 누리는 안정된 생활을 대변하고 있는 환유이다. 전쟁이나 기근 등으로 유리 방랑하지 않고 일정한 땅에 정착하여 농사지어 먹고 살 수 있다면 백성의 생활은 안정될 터이다. 말하자면, 민생 안정을 최우선적인 과제로 제시한 것이다.

이러한 정치의 요체를 이념적으로 밑받침하고 있는 것이 제1구의 가족의 은유이다. 민생 안정을 이루는 길은 아버지, 어머니가 서로 마음을 합쳐 아이를 잘 보살피는, 가족 간의 사랑의 실천에 있다. 제3구는 제2구에서 구체적으로 표현한 사랑의 내용을 제1구에서 전제한 가족의 은유에 따라 실천할 것을 재차 권고하고 있다. '아아, 임금답게 신하답게 백성답게 / 한다면, 나라가 태평하니이다.'는 임금다운 임금, 신하다운 신하, 백성다운 백성이라는 명분론적 관점에 아버지 같은 임금, 어머니 같은 신하, 자식 같은 백성이라는 가족의 은유가 지닌 의미가 겹쳐진다. 제3구에 이르러 가족의 은유는 수사적 차원을 넘어서서 가족주의에 바탕을 둔 정치 이념으로 승화하고 있다.

이렇듯 작품 제1구의 가족의 은유는 중세 정치의 요체가 민생 안정에 있음을 말하는 데 중심적인 의의를 지닌다. 중세 국가의 백성에 대한 시혜가 가족 간의 사랑과 동질적이라는 점을 밝힘으로써 은유 자체가 하나의 정치 이념화하는 것이다.

결국 〈안민가〉는 은유와 환유 같은 비유법, 인용문을 활용한 말하기 방식 등을 통해 화자의 정치 이념, 즉 민생 안정이 정치의 요체라는 점을 설득력 있게 표현한 작품이다. 정제된 시적 구조와 적절한 표현 형식, 그로써 표현된 사상의 역사성과 진실성 등이 어우러져 한 편의 완결된 정치 시의 면모를 보여 주고 있다.

어디서 신라 서민들의 자취를 찾을까

충담이 〈안민가〉에서 중점을 둔 대상은 백성이다. 백성이 나라의 은혜를 알도록 하는 방법, 그것은 아궁이에 불을 때어 음식을 해 먹으면서 일상의 삶을 안정되게 영위하도록 하는 데 있다. '아궁이의 불'이라는 표현은 백성의 안정된 삶을 뜻하는 환유이다. 어느 민가든지 아궁이가 만들어져 있고 그리로 불을 때어 밥도 지어 먹고 구들장도 따뜻하게 덥힌다. 방이 따뜻하고 더운밥을 먹을 수 있으면 그것으로 생활은 안정된다. 위정자가 가장 마음을 써야 할 점이 바로 백성의 이와 같은 안정된 생활이다.

〈안민가〉에 담긴 애민의 정치사상은 그때나 지금이나 현실 정치의 바탕을 이룬다. 백성 그리고 국민의 일상적인 삶이 안정된다면 나라는 태평할 것이다. 그렇지만 예나 이제나 일반 서민은 먹고사는 일이 고달프고 생활하기가 팍팍하다. 태평성대의 이상은 저 먼 세상의 일일 뿐 현실의 삶은 모질고 힘겹다. 그런 가운데서도 서민은 현실에서 희망을 찾고 좀 더 나은 삶을 꿈꾸며 산다. 서민이 모인 곳에는 정이 흐르고 웃음이 넘친다. 사는 일이 힘들고 어렵다는 것을 잘 알기에 서로를 보듬고 돕고 함께 나아간다. 때로는 다툼도 있고 원망과 저주가 퍼부어지기도 한다. 그래서 서민의 삶의 현장은 늘 시끌벅적하고 모순된 것들이 얽혀 있다.

이러한 서민의 체취를 맛보기 위해서 시장을 찾는다. 신라 시대에는 소지왕대에 경시京市를 설치한 것에서 시작하여 지증왕대에 동시, 효소왕대에 서시와 남시가 설치되었다고 한다. 서라벌에 적어도 네 곳의 관설 시장이 있었던 것이다. 지금의 경주에서는 이 네 곳이 어디쯤인지 알려 주는 표지판을 찾을 수 없다. 앞에서 월성 서쪽 정문인 귀정문과 연결된 길 주변에 서시가 있지 않았을까 추정해 보았는데, 그것은 말 그대로 추정일 뿐이다.

서라벌에 있었던 시장의 흔적을 찾을 수 없으니 현재 경주의 시장을 둘러보는 것으로 대신해야겠다. 경주역 앞 삼거리 오른쪽에 성동 시장이 있고, 역 앞길로 쭉 직진하여 시가지 중심부를 막 벗어난 사거리 왼쪽에 중앙 시장이 있다. 이곳 시장은 우리나라 어느 도시에나 있는 시장의 모습과 별반 다르지 않다. 상인들은 서민의 일상생활에 소용되는 먹을거리, 입을 거리, 놀 거리 등의 물품을 진열해 놓고 손님을 맞이한다. 시장 통의 길가에는 파라솔로 그늘지게 한 아래에 좌판을 벌여 놓고 나물이나 과일, 야채 등을 파는 노점 상인들이 있다. 상인과 손님이 물건을 놓고 값을 흥정하는 것이나 물건을 살까 말까 망설이는 손님을 상인이 설득하는 것은 예사로 보는 시장 풍경이다. 손님이 뜸한 막간을 이용하여 옆 상인과 수다를 떨거나 이웃 상인끼리 늦은 점심을 시켜서 함께 한 끼 식사를 하는 모습도 그러하다.

그렇게 평범한 시장 모습이긴 하지만, 시장이 놓인 자리가 옛 서라벌 시가지라는 데에 생각이 미치면 조금 달리 보이기도 한다. 천여 년 전 이 거리 주변 여러 곳에 있었을 시장들은 한 나라의 수도에 설치된 시장답게 규모도 훨씬 크고 물건 종류도 훨씬 다양했을 것이다. 〈처용가〉에서 보듯이 개운포항을 통해 들어온 서역 상인의 물건도 이곳 시장에서 팔려 나갔을 것이다. 귀족의 최고급 애호품에서부터 서민의 일상용품에 이르기까지 시장 통에 즐비한 가게에 채워졌을 물건들은 곧 신라의 풍요로움과 국력을 과시하고 신라인이 누렸던 삶의 질을 보여 주었을 것이다.

이러한 생각을 하며 성동 시장, 중앙 시장의 가게를 기웃거리다 보면 손님을 맞는 상인들의 태도와 말이 더욱 정겹게 느껴진다. 옛 서라벌 거리의 흥성거림을 오늘날에 되살리고 있는 신라인의 후예가 그들이라 생각하면 그저 고마운 마음뿐이다. 대대로 서라벌에서 물건을 사고팔고 하며 살아간 이들이 지나온 천년 역사의

끝자락이 오늘날 시장의 모습에 잇닿아 있는 것이리라. 이런 생각을 하며 시장 거리를 둘러보다가 먹음직한 음식을 파는 가게에 들어가 간단한 요기를 한다. 그리고는 경주의 시장들이 더욱 흥성하기를 기원하며 그곳을 벗어나 경주의 다른 유적을 찾아 나선다.

좋은 정치를 권하는 시인의 마음

삼짇날 왕이 궁궐 맨 서쪽 문루에 나가 앉아 서라벌 거리에 펼쳐진 민간의 명절 풍속을 바라보았다. 명절의 흥성거림이 거리에

넘쳐흘렀을 것이고, 그 흐름에 섞여 있던 충담이 왕 앞에 불려와 백성을 위한 노래를 지어 불렀다. 이것은 아마도 궁궐 안에서 펼쳐진 궁중 명절 풍속의 연장에서 이루어진 일이었을 것 같다. 충담이 고승이라서 그랬기보다는 시인이라서 불렀다는 인상이 강한 만큼, 궁중의 명절 행사에는 시를 지어 명절을 축하하는 의식이 포함되어 있었을 것이다. 그 의식이 이번 경덕왕의 귀정문 행차에서는 좀 더 특별한 행사로 치러졌다. 시인을 초빙하여 정치의 요체에 답하도록 하는 행사가 되었기 때문에 여느 때와 구분되는 사건이 벌어진 것이겠다.

국왕이 시인에게 정치의 요체를 물었다. 시인은 시를 지어 그 물음에 답하였다. 여러 근거를 동원하고 정연하게 논리를 펼치며 설득력 있게 주장하는 방식의 응답이 아니라 함축적인 의미와 마음에 호소하는 형식을 통해 곧바로 핵심에 닿는 방식의 응답을 하였다. 그렇게 하여 나온 시 〈안민가〉는 신라의 역사 속에 우러난 정치 이념을 담았고 위정자가 백성에게 어떤 정치를 펼쳐야 하는지 그 방향을 제시하였다. 현재 이름만 전하는 향가 중에서도 정치적 성격을 띤 작품이 있는 것으로 보아 향가 장르가 당대에 수행한 역할은 상당히 폭넓었다고 할 수 있다.

시인에게 정치를 물은 왕과 그것에 응답한 시인 모두 풍부한 인문학적 소양을 갖춘 사람이다. 정치란 온갖 술수를 다 써서 상대의 가치를 훼손시키고 저만의 권력을 휘두르는 것이라거나 강자의 힘으로 약자를 윽박질러 찍 소리도 못하게 만드는 것이라고 생각하는 우리로서는 저와 같은 위정자와 시인의 만남은 꿈도 꾸지 못할 일이 되어 버렸다. 백성을 위한 왕과 시인의 마음이 다르지 않음을 〈안민가〉에 그려진 양방향 소통의 형식이 대변해 주고 있다. 그런 것처럼 서로가 서로를 이해하고 배려하며 약자를 보듬고 자기에게 주어진 권력을 겸손하게 행사하는 정치가 오늘날 더욱 절실한 것이 아닐까 싶다.

〈안민가〉를 생각하며 떠난 여행은 경주 남산의 고개를 넘어 월성에 닿고 다시 경주 시내의 시장을 둘러보는 코스가 되었다. 경주는 역사의 흔적이 남아 있든 없든 간에 우리 민족사에서 천여 년 동안 중심에 있던 장소이다. 없으면 없는 대로 헛헛함이 몰려오고, 있으면 있는 대로 그 형상과 의미가 새롭게 느껴진다. 경주 시내의 어느 곳에 멈춰 서서 그리 높지 않은 사방의 산을 바라보는 것만으로도 이 장소에 쌓인 묵직한 역사의 두께에 접목되는 느낌을 받는다. 이러한 말이 감상적인 역사의식을 드러내는 것일지 몰라도, 나는 경주가 이런 느낌으로 다가오는 것이 참 좋다.

chapter

3

서라벌의 사찰

원왕생가
願往生歌

종교시를 문학적으로 감상하기

〈원왕생가〉는 현존 향가 중에서 불교 신앙을 다룬 대표적인 작품이다. 서방 정토에 왕생하고자 하는 절실한 염원이 한 편의 시 속에 잘 형상화되어 있다. 그래서 정토 신앙이나 아미타 신앙의 역사적 전개, 그러한 신앙 활동을 뒷받침하는 불교의 교리와 사상을 잘 알아야 작품에 대한 깊이 있는 이해가 가능하다고 여겨진다. 실제로 이 작품의 연구사는 작품과 관련된 불교 사상과 신앙에 대한 연구가 주된 흐름을 이루고 있다.

작품의 문면에 '서방, 무량수불, 48대원' 등 아미타 신앙과 관련된 말들이 직접 드러나 있기 때문에 작품에 대한 기본적인 이해를 위해서도 이에 대한 배경지식만큼은 피할 수 없다. 그런데 그 배경지식이란 것이 불교의 심오한 교리를 탐구하여 얻는 수준이 아니라 국어사전에 나와 있는 뜻풀이 정도에 그치더라도 작품을 이해하는 데 별다른 지장은 없다. 서방은 우리가 사는 이곳에서 서쪽으로 아주 멀리 떨어져 있는 낙원이고, 거기에 무량수불, 즉 아미타불이 주재하고 있고, 그 부처가 전세에 이 세상에 있을 때 법장보살의 몸이었는데 중생을 구제하기 위해 48가지의 서원을 세웠다는 정도만 알고 있어도 작품의 의미는 이해된다. 여기에다가 '나무아미타불' 하고 외는 불교 신자의 염불 소리를 떠올리면 작품 주제가 좀 더 친근하게 다가올 것이다. 물론 48가지 서원이 무엇인지 찾아서 그 항목 하나하나를 살펴보거나 『아미타경』, 『무량수경』 등 정토 신앙의 교리를 담은 불교 경전을 읽어 보고 나서 작품을 접하면 더욱 깊이 있게 이해할 수 있을 것이다.

그러나 이러한 배경지식 쌓기가 〈원왕생가〉가 한 편의 시 작품이라는 점을 간과하고 이루어져서는 곤란하다. 10행 3구로 이루어진 작품 구조, 서로 긴밀하게 연관된 시어들, 의미 구성에 적합한 표현 방식 등을 통해 왕생극락의 주제가 형상화된 만큼 형식에 대한 이해도 작품 감상에 필수적이다. 물론 이는 향가 형식에 대해 전문가나 비평가 수준의 안목을 가져야 한다는 말이 아니다. 한 편의 시가 우리의 마음에 파고드는 그 느낌을 오롯이 즐기기 위해서는, 꼭 의식적이거나 분석적일 필요는 없어도, 내용과 형식이 잘 조화된 상태의 작품을 수용할 자세가 요구된다는 뜻이다. 다시 말해, 작품을 감상하면서 작자가 전달하려는 내용이 시어의 조직과 시상의 흐름을 통해 잘 짜였구나 하는 느낌을 받을 수 있다면 좋겠다.

그리하여 〈원왕생가〉를 불교 신앙의 정수를 담은 종교시로 평가

하여 저 높은 자리에 놓아두기만 할 것이 아니라 우리의 삶 속에 들어와 새로운 감흥을 일으키는 작품으로 자리 잡게 하면 어떨까 한다. 불자가 나무아미타불 하며 외는 염불 소리를 친근한 이웃의 일상적인 인사처럼 받아들이듯이 이 작품에 담긴 심오한 주제를 우리의 일상에 녹여 내어 삶의 자세를 가다듬는 친근한 노래로 이해하기를 바란다. 이러한 감상 태도는 독자가 어떤 종교를 믿든지 간에 작품의 가치를 다 함께 인정하고 그 의의를 다 같이 음미하고자 하는 것이기도 하다.

〈원왕생가〉의 배경 기사는 『삼국유사』 「광덕 엄장」의 이야기이다. 친구 사이인 광덕과 엄장이 부지런히 도를 닦아 왕생극락했다는 것이지만, 그 안에는 먼저 떠나간 광덕을 장사 지내고 그의 아내를 취한 엄장이 그녀에게 호된 꾸지람을 듣고 심기일전, 수도 정진하여 득도한 내용이 들어 있어 이야기가 매우 흥미롭다. 〈원왕생가〉의 작자 광덕이 살았던 곳이 분황사의 서쪽 마을 혹은 황룡사의 서거방西去房이라고 기록되어 있기 때문에 이 작품과 함께하는 이번 여행은 분황사와 황룡사 터를 둘러보는 것에서 시작한다.

분황사와 황룡사 터 일대를 둘러보며

배경 기사에서는 광덕이 분황사 서쪽 마을에 살았다고 하였다. 분황사의 서쪽 마을이란 지금으로서는 화랑 초등학교와 경주 중·고교 주변 구황동과 황오동 어름쯤이 되지 않을까 한다. 분황사 앞길을 건너 화랑 초등학교 앞으로 해서 경주 중·고교 앞길로 가다 보면 오른쪽에 주택가가 있고 왼쪽으로는 공터이다. 고등학교 담을 따라 오른쪽 주택가로 쑥 들어가 왼쪽으로 돌면 학교 담이 끝나는 지점에서 성동동 전랑 터와 만난다. 주춧돌 몇 개 놓인 전랑 터를 둘러본 다음 이번에는 중학교 담을 따라 정문 쪽으로 나오면 아까 보았던 학교 앞 공터와 마주친다. 그 공터에 자꾸만 눈이 가는 것은 비어 있는 그곳이 주택들로 채워진 동네보다 광덕의 거처가 있었다고 상상하기에 더 그럴듯할 것 같아서이다.

분황사의 서쪽, 성동동 전랑 터 남동쪽 부근은 서라벌의 변두리라고 하기 어려운 동네이다. 그런데도 배경 기사에는 광덕이 그곳에 '은거'했다고 하였다. 그렇다면 서라벌 안에서 숨어 산다는 것은 무슨 의미일까. 자신의 포부와 능력을 세속적인 성공을 위해 쏟아 붓지 않고 오히려 세상 밖으로 나가는 데 집중하였다는 뜻일까. 처자식을 데리고 짚신을 삼는 것으로 생계를 꾸린 그의 생활 모습에서 〈원가〉의 신충이나 〈우적가〉의 영재처럼 꼭 서라벌을 떠나 멀리 산속에 숨어 살아야 은자라고 할 수 있는 것만은 아님을 알게 된다. 하긴 〈원가〉에는 궁궐에서 밀려난 처지를 세상 아무데에 숨었다고 표현하기도 했다. 출세의 반대편으로 가는 길은 서라벌에 머물든 지리산에 들어가든 숨어 산다는 점에서는 하나로 통할지 모른다.

오던 길을 되짚어 다시 분황사로 돌아온다. 엄장이 광덕 아내에게 호되게 꾸지람을 듣고 부끄러워 물러나와 찾아간 곳이 여기 원효가 머물던 분황사였다. 그리고 광덕과 엄장 두 사람을 왕생하도록 이끈 광덕 아내는 분황사의 계집종이었다. 그러니 이 절은 광덕과 엄장 이야기의 주 무대인 셈이다.

경내로 들어서면 입구 바로 앞에서 모전 석탑을 만난다. 여러 번 보았던 것이지만 예전 모습 그대로 거기 서 있는 것이 대견스럽다. 1층 몸돌 사방의 문 양옆을 지키고 있는 인왕상과 네모난 기단의 각 모서리에 앉아 있는 사자상이 각자의 자세와 모양을 하고 있다. 오랜 세월을 견디면서 형상이 닳아 뭉개진 것이 애처롭긴 하지만 전체적인 윤곽과 역동적인 자세에서 풍기는 의연함과 견고함에 마음이 든든해진다.

원성왕대 호국룡이 깃들어 살았다는 팔각형의 돌우물에도 마음이 가지만, 이번 여행에서는 광덕의 친구 엄장에게 관법을 가르쳐 준 원효의 자취 앞에서 한참을 머문다. 고려 때 화쟁국사라는 칭호를 받은 원효의 비석을 받치고 있던 돌이 경내 한쪽에 남아 있는 것이다. 받침돌 앞뒤 면에는 세 개의 상다리무늬가, 윗면에는

가로 두 줄로 예서체 글씨가 새겨져 있다. 표지판의 설명에는 '차화쟁국사지비적此和諍國師之碑蹟'이라 읽어 놓았지만, 내가 보기에 '쟁諍'은 '정靜', '적蹟'은 '근跟' 같다. 그 여덟 글자 옆에는 '김정희金正喜' 세 자가 어렴풋이 보인다. 추사의 필체라고 생각하니 한 획 한 획에 눈길이 간다.

고려 시대에 비석을 세워 위대한 사상가 원효를 기억한 자취를 더듬으며, 나는 관법을 지어 엄장의 왕생극락을 이끌었던 이야기 속 원효를 생각한다. 일반 백성에게 아미타불만 외어도 서방 정토에 갈 수 있다고 한 원효의 가르침이 엄장과 같은 수행자에게도 아주 절실하게 받아들여졌을 것이다. 부끄러워 얼굴이 붉어질 만큼 질책을 당한 엄장이 원효의 도움으로 수치를 씻고 득도하였다는 이야기를 통해 당대 신라인의 스승으로 존경받았던 원효, 그리고 그가 머문 이곳 분황사가 더욱 의미 있게 다가온다.

담장이 쳐져 있는 지금의 분황사는 아주 비좁게 느껴진다. 모전석탑 한 기만으로도 담장 안의 공간이 꽉 찬 느낌이다. 그에 비해 경내를 빠져나오면 남쪽으로 넓게 트인 벌판이 펼쳐진다. 발굴 조사를 마친 황룡사 터이다. 그쪽으로 가는 입새에 당간 지주 한 기가 서 있다. 표지판에는 분황사에 속한 당간 지주라고 쓰여 있다. 이것이 절의 입구에 있었을 테니 적어도 이곳까지 포함하여 분황사 경내를 어림잡게 되면 그나마 옹색한 모양새에서는 좀 벗어난다. 분황사 북서쪽 담장과 맞붙은 자리에 정원 터가 발견되어 현재 발굴 중에 있는데, 그곳도 절에 딸린 정원으로 보면 분황사가 자리한 터는 더욱 확장될 것이다.

그런데 분황사 당간 지주의 바닥 돌이 아주 재미있다. 보통의 당간 지주는 구멍이 없거나 1~3개 정도 뚫린 돌기둥 둘이 땅에 박힌 채 서로 마주보고 서 있는 모양인데 이것은 돌기둥 사이의 땅바닥에 거북 모양의 돌이 들어앉아 있다. 대개 거북 모양은 비석 받침돌에서 목을 쑥 빼고 힘차게 나아가려는 자세를 취하고 있는데 이것은 목을 등껍질 안으로 집어넣고 얼굴만 빼꼼히 내밀고 있는 모습이다. 가까이서 보면 두 눈을 부릅뜨고 큰 입을 꾹 다문 모양이지만 조금 떨어져 보면 눈을 지그시 감고 입 꼬리를 살짝 들어 올려 미소를 머금은 것처럼 보인다. 이러한 얼굴을 한 거북이 꼬리를 서쪽에 두고 머리를 동쪽으로 향해 땅에 바짝 엎드려 있다.

광덕과 엄장의 왕생극락 이야기를 생각하며 분황사 앞 당간 지주의 거북을 보고 있으면 묘한 느낌이 든다. 특히 서쪽으로 해가 넘어갈 때쯤 보게 되면, 이 거북이 꼬리 쪽에 낮게 비치는 햇살을 느끼며 해 넘어가는 서방을 마음속에 생각하고 있는 듯 동쪽을

향한 얼굴에 은근한 미소가 피어오른 것같이 여겨진다. 어느 거북 조각보다 친근하면서도 해학적인 인상을 주는, 아주 매력적인 작품이다.

분황사 당간 지주를 지나 황룡사 터를 밟으며 걸어간다. 허허벌판에 주춧돌들만 놓여 있어 여기가 금당 터, 저기가 목탑 터 하고 알려 준다. 표지판의 설명에 따라 이곳저곳을 가늠해 보고 다시 상상을 보태어 제자리에 서 있었을 웅장한 건축물들을 생각한다. 그 중심에는 9층 목탑이 자리 잡고 있었을 것이다.

광덕이 살던 곳이 황룡사 서거방이라는 설도 있다고 했으니 이곳도 광덕 엄장 이야기와 연관되어 있다. 다만 이 이야기와 분황사의 긴밀한 관계에 비해 황룡사 설만으로는 이야기 전체가 꿰어지지 않기 때문에 하나의 설로만 놓아둘 수밖에 없다. 그렇더라도 광덕이 살았던 분황사 서쪽 마을에서 황룡사 9층 목탑은 아주 잘 보였을 것이 분명하다.

지금 그 탑의 흔적은 중심에 놓인 커다란 심초석과 가로 세로 8개씩 총 64개의 주춧돌로만 남아 있다. 나무로 지었으니 한 층 한 층 목조 건물의 아기자기한 문양들이 얼마나 다채로웠을까. 80m

에 이르는 고층의 탑을 우러러보며 무수한 신라인이 천상 세계로의 초월이나 나라의 안정과 번영을 기원하지 않았을까. 그러나 지금은 빈터로만 남아 있다. 헛헛한 심정을 금할 길 없는 이곳에서 이리저리 서성이다 천천히 발길을 돌린다.

〈원왕생가〉, 왕생극락의 염원과 그 문학적 형상

이제 광덕이 품은 왕생극락의 염원이 〈원왕생가〉에 어떻게 그려져 있는지 살펴보기로 하겠다.

달이 애오라지	ᄃᆞ라리 아여
서방[만을] 외며 가시리오?	西方 외오뎌 가시리고.
무량수불 앞에	無量壽佛 前ᄂᆡ
되뇌임 가져다가 사뢰소서.	뇌곰 다ᄀᆞ기 ᄉᆞᆲ고시셔.
“다짐 깊은 불존에 우러러	“다딤 깁ᄉᆞᆫ 尊의ᄒᆡ 울월기
두 손 모아 곧추어	두블 손 모도 고조ᄉᆞᆯ바
‘원왕생 원왕생’	‘願往生 願往生’
그리는 사람 있다” 사뢰소서.	그린 사ᄅᆞᆷ 잇다” ᄉᆞᆲ고시셔.
아아, 이 몸 버려두고	아야, 이 몸 ᄇᆞ려두고
사십팔 대원 이루실까?	四十八大願 일고실가?

먼저 이 작품이 어떤 표현들로 이루어져 있는지 알아보자. 제1

구(제1~4행)는 화자가 달에게 말을 걸면서 자신의 부탁을 청하고 있다. '달이 애오라지 / 서방만을 외며 가시리오?'라는 의문문은 설의법으로 쓰인 것이다. '달이 애오라지 서방만을 외며 가시겠습니까? 그렇지 않겠지요.'라는 뜻인데, 좀 더 정확히 말해서 달이 '서방만을' 염하며 가는 것이 아니라 지금 달에게 말을 거는 화자가 살아가는 '이 세상'에 대한 관심도 가지고 서방으로 간다는 것이다.

또한 이 문장에는 달이 서방을 외며 간다는 것이 기정사실로 전제되어 있다. 달은 동쪽에서 떠서 서쪽으로 가는 천체이기에 이러한 말이 가능하다. 그런데 서쪽으로 가는 달처럼 화자도 한결같이 서방을 염원하고 있다. 이 점에서 달과 화자는 동일한 염원을 품은 존재이다. 자기처럼 서방을 염원하는 존재가 달이기 때문에 화자는 그 달에게 부탁하는 것이다.

이렇게 말을 건 다음, 달이 서방에 가면 그곳을 주재하는 무량수불에게 자기의 말을 전해 달라고 부탁한다. '무량수불 앞에 / 되뇌임 가져다가 사뢰소서.'라고 하는 것이다. '되뇌임'은 '되-뇌다'의 명사형으로 거듭해서 말한다는 뜻이다. 『삼국유사』 원문에는 '보언報言', 즉 보고의 말이라고 풀이해 놓았다. 달이 서방으로 가는 길에 이 세상을 지나면서 본 바 그대로를 거듭해서 말해 달라고 부탁한 것이다. 덧붙이거나 빼거나 할 것 없이 지금 여기에서 화자가 취하는 마음가짐과 태도를 그대로 전해 달라는 것이다.

제2구(제5~8행)는 '되뇌임'의 구체적인 내용으로 이루어져 있다. 이 세상에서 화자는 '다짐'이 깊은 부처인 아미타불(무량수불) 앞에서 기원한다. 여기서 다짐이란 아미타불이 이 세상에 법장보살의 몸으로 존재할 때 발한 48대원을 의미한다. 그 요지는 일체 중생을 구제하여 왕생극락하도록 하겠다는 것이다. 그렇게 발원한 부처를 우러러 '두 손을 모아 곧추어' 기원하는 것은 다른 무엇일 수 없다. 부처를 본받아 왕생극락하기를 염원할 따름이다. 서방의 아미타불이 지녔고 서방으로 가는 달이 지닌 염원을 화자도 똑같이 지니고 있다. 그러니 달은 자신의 것과 일치하는 화자의 염원을 그냥 본 대로만 '되뇌어' 주면 될 터이다.

이러한 화자의 염원을 나타내는 핵심적인 말이 제7행의 '원왕생 원왕생'이다. 천상의 달이 보았을, 화자가 기도하는 모습의 근본 동인이 무엇인지가 이 두 마디 말에 요약되었다. 그리고 한 마디가 아닌 두 마디인 것도 의미심장하다. '원왕생'을 두 번씩이나 '되뇌고' 있는 것은 달이 보고하는 말인 제4행의 '되뇌임'이 화자가 계속해서 반복하여 염원하고 있는 자세까지 의미하는 말임을 알려 준다. 결국 왕생극락의 염원은 '원왕생'이라는 말을 무수히 '되뇌는' 것일 수밖에 없음을 이 두 마디 말로 표현한 것이다.

제3구(제9·10행)는 제8행까지 달에게 부탁하는 것을 넘어서서 부처에게 직접 호소한다. 제9행 첫머리의 '이 몸 버려두고'에서 '버려두는'의 주체를 아미타불로 설정함으로써 이제까지 달을 매개로 전달하는 방식에서 벗어나 부처에게 직접 호소하는 방식으로 전환하였다. 이는 시상의 갑작스런 도약이라고 할 수 있다. 그렇지만 제3행의 '무량수불'과 제5행 '다짐'의 주체인 법장보살을 거쳐 이루어진 것이기에 논리도 확보하고 극적인 효과도 얻게 되었다.

이에 법장보살의 발원 대상이 되는 일체 중생 중의 하나, 더욱이 지극 정성으로 왕생극락을 희구하는 '이 몸을 버려두고 / 48대원 이루실까?'라는 제3구의 설의법은 큰 공감을 불러일으킨다. 화자와 아미타불과 일체 중생 사이의 공통된 염원을 상기함으로써 왕생극락의 의지를 대승적 차원으로 승화한 것이다.

이렇듯 〈원왕생가〉는 함축적인 시어들을 적재적소에 배치하고, 첫머리와 마지막에서 설의법을 효과적으로 사용하며, 매개자를 두었다가 직접 소통하는 식의 극적 구성을 취함으로써 왕생극락의 염원을 문학적으로 훌륭하게 형상화하였다. 표현의 측면에서 이 작품의 수준 높은 문학성을 살필 수 있는 것이다.

그런데 이 작품은 주제를 구성해 내는 방식에서도 뛰어난 면모를 보이고 있다. 이 세상을 초월하여 서방 정토에 태어나려는 염원을 이 세상과 서방 정토, 지상과 천상의 공간과 먼 과거에서 미래에 걸친 시간을 통해 매우 인상적으로 표현하고 있다.

작품에서는 지상과 천상의 공간을 대비적으로 설정해 놓았다. 지상에서 발원하는 '이 몸'(제9행)에 대하여 그 발원을 들어줄 존재가 천상에 존재하는 '무량수불'(제3행)이다. 그리고 무량수불은 지상에서 '불존'(제5행)으로 현존해 있다. 불존이 형상을 지니고 이 세상에 존재함으로 인해 천상과 지상은 서로 연결된다. 두 세계는 서로 대비되면서도 소통하는 관계에 있는 것이다. 이러한 소통을 담당하는 또 다른 존재가 '달'(제1행)이다. 달은 하늘에 떠 있다는 점에서 천상에 속하지만 지상에 빛을 내리고 지상을 굽어보는 존재라는 점에서 두 세계를 연결한다.

지상과 천상의 대비와 소통 관계에 더하여 서쪽을 향해 나아가는 방향성도 나타난다. '이 몸'은 지금 여기에서 간절히 서방을 지향한다. 그런데 동쪽에서 떠서 서쪽으로 지는 달은 항상 서쪽을 향해 가며, 천상에서 지상의 일을 내려다보며 서쪽으로 움직인다. 서쪽에는 무량수불이 주재하는 서방 정토가 있다.

이와 같이 제1구에서 작품의 공간 구도가 정립되었다. 지상의 화자가 서방을 향해 가는 달에게 천상의 무량수불 앞에 가서 자신의 염원을 전해 달라고 하는 구도이다. 이러한 구도 아래 달을 매개로 하여 지상에서 천상을 지향하는 의미 구조가 형성된다.

천상과 지상, 그 사이의 매개적 존재라는 구도 속에 나온 핵심적인 말이 '되뇌임'이다. 서방 정토를 향해 가는 달에게 지상에서 있었던 일을 본 대로 들은 대로 보고해 달라, 다시 한 번 말해 달라는 것이다. 이 말에는 과거, 현재, 미래를 잇는 시간적 의미가 들어 있다. 화자가 과거부터 지금까지 지녀 왔던 의식과 태도, 그것을 쭉 지켜보았던 달, 그 달이 무량수불 앞에 가서 보고 들은 대로 알리는 일이 모두 '되뇌임'이라는 말 속에 포함된다. 따라서 달의 움직임은 서방을 향해 가는 공간성과 함께, 과거에서 현재를 거쳐 미래로 이어지는 시간성도 지니고 있다.

제2구는 제1구에 나온 '되뇌임'의 구체적인 내용, 즉 달이 무량수불에게 전할 말의 내용이다. 불존 앞에 두 손 모아 왕생극락을 기원하는 사람이 있다는 말을 전해 달라는 것이다. 불존이 상석에 앉아 내려다보고 있고 화자가 그를 우러러 보며 발원하고 있는 모습이 선명하게 그려진다. 그 모습 그대로를 보고해 달라고 부탁함으로써 천상의 무량수불이 곧 지상에 현존한 불존임을 강조하고, 불존이 익히 들었을 화자의 발원을 달이라는 매개적 존재가 다시 한 번 확인하는 절차를 밟도록 하고 있다.

이러한 공간 구도 속에는 화자가 염원을 품게 된 과거의 어느 시점부터 현재까지 지속된 시간적 의미가 담겨 있는데, '다짐 깊은 불존'이라는 표현에서 그 시간은 더욱 확장된다. 화자가 과거부터 현재까지 일관되게 염원해 왔던 시간대를 불존이 법장보살의 몸으로 서원을 세웠던 먼 과거까지로 소급하는 것이다. 이로써 화자의 시간대는 불존이 현세에 존재했던 시간의 연장선상에 놓이게 되어 결국 현재의 화자는 먼 과거의 불존과 연결된 존재로서 자리하게 된다.

이러한 시·공간적 배경 아래 '되뇌임'의 내용이 '원왕생 원왕생'(제7행)이라는 말로 요약된다. 이 말은 '되뇌임'(제4행)을 이어 '다짐'(제5행)을 거쳐 나왔다. '되뇌임—다짐—원왕생'으로 이어지는 의미의 계열이 주제를 형성한다. '되뇌임'은 달이 천상계의 무량수불에게 하게 될 말이고, '다짐'은 오랜 과거로부터 있어 온 불존 즉 무량수불의 말이며, '원왕생'은 '되뇌임'과 '다짐'을 관통하는 의미의 핵심으로서 화자가 계속해서 하고 있는 말이다.

감탄사를 거쳐 제3구에 이르면 화자가 직접 무량수불에게 염원을 아뢰는 쪽으로 전환된다. 지상의 '이 몸'과 천상의 무량수불을 매개했던 달 대신, 무량수불이 법장보살의 몸으로 이 세상에 존재했을 때 발원한 '48대원'을 가져온 것이다. 48대원은 제2구의 '다짐'의 구체적인 내용으로서 그 발원의 대상 중 하나인 '이 몸'이 바라는바 '원왕생'은 48대원 속에서 반드시 이루어져야만 한다. 그리하여 '되뇌임—다짐—원왕생—48대원'으로 이어지는 왕생극락의 염원이 하나의 맥락으로 꿰어지게 된다.

48대원을 가져옴으로써 화자의 지상과 무량수불의 천상이 직접 연결되도록 했을 뿐 아니라 법장보살이 발원했던 먼 과거와 무량수불에게 이르게 될 미래까지 아우를 수 있게 되었다. 이러한 시·공간의 통합을 통해 왕생극락에 대한 염원을 높은 차원으로 고양하였다. 나아가 제3구에 나오는 두 술어 '버려두다'와 '이루시다'에서 시·공간을 '버려둠'과 동시에 그것을 초월하여 '이루심'이라는 의미를 시사 받을 수 있다. 먼 과거로부터 지속된 시간, 지상과 천상이 직접 연결된 상태를 훌쩍 뛰어넘어 왕생극락이라는 영원의 세계를 지향하는 것이다.

이와 같이 〈원왕생가〉는 잘 짜인 시·공간적 구도 아래 왕생극락의 염원이 문학적으로 아름답게 형상화된 작품이다. 불교적인 주제이긴 하지만 그것을 문학적으로 잘 형상화함으로써 이 세상을 초월하고자 하는 염원을 지닌 누구에게나 가슴에 와 닿은 작품이 된 것이다.

〈원왕생가〉를 생각하며 고선사지 삼층 석탑을 바라보다

위에서 표현과 주제의 면에서 〈원왕생가〉를 살펴보았는데, 이 작품에서 특별히 주목해야 할 것이 구조의 측면이다. 10행 향가의 구조가 그렇듯이 이 작품도 제1구, 제2구, 제3구의 10행 3구로 짜여 있다. 그런데 세 구의 단순 결합에 그치는 것이 아니라 각 구 사이의 유기적인 관계 아래 중층적, 입체적 구조를 이룬다는 특징이 있다.

이를 확인하기 위해서는 제4행과 제8행 끝에 '사뢰소서'가 두 번 나오고 제4행 처음에 '되뇌임'이 나온다는 점에 주목할 필요가 있다. 제1구 마지막 행인 제4행에 '되뇌임'이 나옴으로써, 이어지는 제2구가 그 말의 구체적인 내용이 되고 있다. 그리고 제4행에서 '되뇌임'을 '사뢰소서'라며 부탁한 다음 제2구 마지막 행인 제8행에서 다시 한 번 '사뢰소서'로 마무리 짓는다. 이로써 제2구 전체가 '되뇌임'의 내용이었음을 나타내고 있다. 이렇듯 제2구의 앞뒤에 '사뢰소서'가 옴으로써 제2구가 제1구의 핵심어인 '되뇌임'을 단서로 하여 발전한 의미 단위임을 보여 준다. 이는 의미 구조상 이 작품이 액자 형식을 취하고 있음을 말해 준다.

이와 함께 작품의 주제를 압축하고 있는 '원왕생 원왕생'이라는 말이 제2구 안의 제7행에 나오는 점도 주목해야 한다. 제1구 '되뇌임'이 구체화된 제2구의 내용은 불존 앞에 기원하는 화자의 외면적인 모습, 즉 불존을 우러러 보며 두 손을 모아 곧추세우고 기도하는 모습을 그려 놓았다. 그런데 이러한 외양 묘사 속에 화자 내면의 염원이 발화된 '원왕생 원왕생'이라는 말을 집어넣은 것이다.

'원왕생 원왕생'은 단순히 불존 앞에서 비는 화자의 말인 것만은 아니다. 서방을 향해 가는 달, 서방에 있는 아미타불도 언제나 이 말을 되뇌고 있고 제5행의 '다짐'이란 것도 결국 이 말에 다름 아니다. 이렇듯 '원왕생 원왕생'은 작품에 나오는 모든 존재가 염원하는 말이다. 이 말로써 화자, 달, 불존, 무량수불이 한 마음이 되고, 되뇌임과 다짐, 48대원이 하나의 의미로 관통하게 된다. 이렇게 작품의 핵심적인 말이 되는 주제어를 제2구의 세 번째 행인 제7행에 배치하고 있다. 이는 작품의 내부 액자를 이루는 제2구 안에 또 하나의 액자, 즉 액자 속 액자를 구성한 것이라 하겠다.

이러한 작품 구조를 아래와 같이 도식화할 수 있다. 왼쪽 것은 순차적인 행 배열에 액자 표시를 하여 나타낸 것이고 오른쪽 것은 그것을 역순으로 해서 쌓아 올린 형태이다.

1. 달이 애오라지	10. 사십팔 대원 이루실까?
2. 서방만을 외며 가시리오?	9. 아아, 이 몸 버려두고
3. 무량수불 앞에	8. 그리는 사람 있다" 사뢰소서.
4. 되뇌임 가져다가 사뢰소서.	7. '원왕생 원왕생'
5. "다짐 깊은 불존에 우러러	6. 두 손 모아 곧추어
6. 두 손 모아 곧추어	5. "다짐 깊은 불존에 우러러
7. '원왕생 원왕생'	4. 되뇌임 가져다가 사뢰소서.
8. 그리는 사람 있다" 사뢰소서.	3. 무량수불 앞에
9. 아아, 이 몸 버려두고	2. 서방만을 외며 가시리오?
10.사십팔 대원 이루실까?	1. 달이 애오라지

왼쪽 것을 보면 제4행의 '되뇌임'이 주제를 심화하는 단서가 되

고 제2구에서 그 주제가 구체적으로 전개되는 중에 제7행의 '원왕생 원왕생'이 주제어로 자리 잡은 구조이다. 즉, 작품 전체에 내부 액자가 있고 다시 액자 속 액자가 있는 중층적, 입체적 구조인 것이다. 이는 겹겹이 짜 놓은 의미 구조의 가장 핵심이 되는 자리에 '원왕생 원왕생'이라는 주제어를 앉혀 놓은 것이다.

이러한 중층 구조를 유지하면서 시행을 역순으로 배열해 놓고 보면 이 작품은 삼층의 의미 구조를 이루는 모양이 된다. 이것은 어딘지 삼층 석탑의 형상과 닮아 있다. 문학적 형상물인 〈원왕생가〉와 조형적 구조물인 삼층 석탑은 다루는 재료, 예술적 성격, 의미화의 방식 등 여러 가지로 차이가 나지만 부분을 조합하여 전체를 구성한다는 점, 즉 구조적인 측면에서 공통점을 지닌다. 특히 이 작품만이 지닌 구조적 형상은 여러 면에서 삼층 석탑과 비슷한 양상을 띠고 있다.

〈원왕생가〉의 작자 광덕은 문무왕대(661-681)의 인물로서 친구 엄장과 약속하고 수도에 정진하다가 엄장보다 먼저 왕생극락하였다. 서방 정토를 향한 그의 염원과 수도의 자세는 배경 기사에 기술되어 있고 그 기사 속에 이 작품이 들어 있다. 배경 기사에서 엄장을 인도한 원효는 분황사, 고선사 등에서 머물렀다. 원효가 있던 고선사에는 삼층 석탑이 세워져 있었는데 그곳이 수몰된 지금 그 탑은 경주 국립 박물관 뒤뜰로 옮겨졌다.

고선사지 삼층 석탑과 감은사지 동·서 삼층 석탑은 같은 시대의 것이다. 신문왕이 문무왕의 명복을 빌기 위해 창건한 절이 감은사이므로 그 두 탑에는 부왕의 왕생을 염원하는 뜻이 담겨 있다. 황복사지 삼층 석탑도 이 시기의 탑인데 그 안의 「금동사리함기」에 신문왕, 신목 왕비, 효소왕의 왕생을 기원하는 내용이 쓰여 있다. 7세기 말 삼층 석탑에 투영된 왕생극락의 주제(신용철, 2006)는 향가 〈원왕생가〉의 그것과 공통된 것이다.

애초에 탑은 부처의 사리를 안치하기 위해 만들어진 구조물이다. 부처를 모셔 놓았다는 의미에서 탑은 곧 부처의 몸이라는 상징성을 지닌다. 그리고 석탑은 다른 재료에 비해 돌이 갖는 영원성에서 상징적 의미를 띤다. 또한 석탑은 석재를 다듬고 조립하여 한 층씩 쌓아 올린 것이다. 규모가 큰 감은사지 탑과 고선사지 탑은 여러 매의 넓적한 판석이 조립되어 기단과 몸돌의 면석이 이루어졌다. 그보다 조금 후대에 건축된 황복사지 탑은 몸돌과 지붕돌이 하나의 석재로 만들어졌다.

한편, 사리를 모셔 놓는 곳이 탑이므로 내부에 사리공을 만드는 것은 필수 공정이다. 감은사지 서탑과 고선사지 탑은 3층 몸돌, 황복사지 탑은 2층 지붕돌에 사리공이 설치되었다. 사리를 안치하는 장소는 일정한 규칙이 없어서 초층, 이층, 삼층, 심지어 지붕돌에도 만들어질 수 있었다(강우방, 1993). 또한 지상에서 천상으로 수직 상승하는 석탑의 외양에서 천상을 향한 지향의 의미가 전해 온다. 한 층씩 균형을 잡아 탑을 쌓고 맨 꼭대기에 꽂은 찰주에 장식을 붙여 상륜부를 만드는데, 그중의 보륜이 부처의 세계를 상징하는 것도 천상계에 대한 염원과 관계된다.

이렇게 석재들을 조합하여 탑을 쌓는 과정과 3단의 층 중 어느 한 층에 사리공을 설치하여 사리를 안치한 양식이 문학적 구조물

인 〈원왕생가〉와 상통한다. 10행 3구의 구조에 따라 시어를 배치하고, '원왕생 원왕생'이라는 주제어를 제2구 제7행에 둔 것은 탑 속에 사리공을 만들고 삼층을 올린 석탑 양식과 구조적으로 유사하다. 사리공에 부처의 몸인 사리를 안치하듯이, 작품의 중심에 왕생극락의 진리가 자리 잡도록 한 것이다. 또한 삼층 석탑에서 솟아오른 찰주의 형상도 〈원왕생가〉의 일관된 주제 의식과 연결될 수 있다. 3구에 걸쳐 '되뇌임—다짐—원왕생—48대원'으로 의미가 관통한 것은 탑신부 위에 솟은 상륜부를 연상시킨다.

이와 같이 〈원왕생가〉와 삼층 석탑은 상징적 의미에서나 구축된 구조의 면에서 유사한 면모를 보여 준다. 이러한 생각에서 나는 경주 박물관 뒤뜰에 자리한 고선사지 삼층 석탑을 유심히 바라본다. 이 탑은 원효가 주석한 절에 있었다는 점에서 〈원왕생가〉의 배경 기사와 연관된다. 또한 1층 몸돌에 새겨져 있는 문비門扉는 3층 몸돌 속 사리공에 모신 부처의 몸으로 들어가는 상징적인 문인 점에서 '되뇌임'의 문을 들어가 '원왕생 원왕생'에 이르는 〈원왕생가〉의 주제 구현 방식을 떠올리게 한다.

그리하여 고색창연하고도 장엄함이 가슴 깊이 느껴지는 고선사지 삼층 석탑 앞에서 이 탑을 한 층 한 층 쌓으며 부처의 나라를 소망했을 장인들과 발원자의 마음이 곧 광덕의 마음이기도 했을 것이라고 짐작해 본다. 마침 탑 바로 앞에는 경주 읍성에서 발굴한 모서리 기둥의 나한상이 전시되어 있는데, 삼층 석탑과 함께 보고 있으면 수행자가 염원을 품고 탑 둘레를 돌고 있는 모습이 그려진다. 사면에 둘씩 여덟 나한상이 새겨진 그 인물들 중에서 광덕과 엄장의 모습일 듯싶은 얼굴을 짚어 보는 것은 지나친 상상일까.

분황사 출토 관음보살상과 불국사 아미타불상

박물관 뒤뜰에서 고선사지 삼층 석탑을 〈원왕생가〉와 견주며 한참을 보다가 박물관 안으로 들어가 전시물을 둘러본다. 〈원왕생

가〉를 생각한 끝이라 마침 그와 관련된 유물 하나가 눈에 들어온다. 1965년 분황사 뒤 우물에서 나온 머리 없는 불상들 중에서 몸체와 머리를 맞출 수 있었던 유일한 불상인 관음보살 입상이다. 양식상 9세기 것이라는 설명이 붙어 있지만 나는 그 모습에서 광덕과 엄장의 왕생극락을 이끈 분황사의 계집종 얼굴을 연상한다. 관음보살이 분황사 계집종의 몸으로 화하여 광덕과 엄장을 득도시켰다는 이야기와 이 불상이 분황사에 있었다는 점을 연결시켜 생각해 본 것이다.

머리와 몸체의 연결 부위가 부자연스러워 위와 아래를 따로 감상하는 편이 좋을 듯싶다. 옷자락이나 꽃무늬 장식, 정병을 쥔 왼손의 모양 등도 보기 좋지만 무엇보다 얼굴의 표정이 마음을 끈다. 이 불상의 얼굴은 온화하다거나 풍만하다는 느낌보다 소박하면서도 단정하고 확고한 표정을 띠고 있다. 양미간이 살짝 찌그러진 것이나 작은 입을 다물고 있는 모습이 중생에 대한 측은한 마음을 나타내고 있는 듯도 하다. 광덕이 일심으로 수도하는 모습을 옆에서 응원하며 지켜보았고, 엄장이 별 생각 없이 동침하려고 했을 때 단호한 태도로 꾸짖었던 그 여인의

모습이 지금 내가 보고 있는 이 불상의 얼굴에 겹쳐 보이는 것이다.

그러고 보면 광덕 엄장 이야기와 연결하여 생각해도 무방한 경주의 유적으로 불국사 극락전을 더 들 수 있다. 광덕과 엄장은 먼저 안양세계로 가는 사람이 상대에게 알려 주기로 약속하고 각자의 자리에서 수도 정진하였다. 광덕은 밤마다 정좌하고 아미타불을 외거나 16관법을 닦았다. 엄장도 원효의 가르침에 따라 관법을 익혔다. 그렇게 하여 도달하고자 한 곳이 서방 정토, 극락, 안양세계이다. 지상에서 천상으로 이 세상에서 안양세계로 나아가는 길, 그리고 그곳을 주재하는 아미타불의 모습이 불국사 안에 상징적으로 구축되어 있다. 연화교와 칠보교를 올라 안양문을 지나 극락전의 아미타불을 만나는 길이 그것이다.

연화교와 칠보교의 한 계단 한 계단을 걸어 올라 안양문에 이르고, 그 문을 지나 극락전에 닿는 이 길이 곧 광덕과 엄장이 매일 같이 수도하여 나아간 길을 상징한 것이겠다. 그리고 극락전에 안치된 자비로운 모습의 아미타불을 보면서는 그들이 늘 염원하며 외던 그 부처라는 생각에 더욱 경건한 마음이 든다. 그리하여 불국사의 이 구역은 광덕 엄장 이야기가 구현된 공간으로 여겨지는 것이다.

초월의 꿈은 계속되고

종교는 초월을 이야기한다. 이 세상의 불행과 고통을 넘어서서 평화와 안락의 세계를 제시하고 그곳으로 나아갈 것을 권한다. 죽음 이후에 있는 지옥과 극락, 지옥과 천당의 어느 쪽을 택할지 묻는다. 죽고 나서 좋은 곳으로 가기 위해 이 세상에서 착한 일 많이 하라고 일러 준다. 그리하여 신앙을 가진 이들은 늘 초월을 꿈꾸며 이 세상에서 착하고 올바르게 살려고 노력한다.

예나 이제나 인간은 초월의 꿈을 간직하며 살아 왔다. 자신이 믿는 신에게 의지하는 종교적인 의미의 초월도 있지만 매순간 현재의 삶을 넘어서 새로운 삶을 꿈꾸는 것도 초월이라 할 수 있다. 오늘의 나를 탈피한 내일의 나를 보고 싶다고 생각할 때 우리는 인간의 한계 내에서나마 초월을 희망하는 것이다. 신에게로 가는 초월의 길과 좀 더 인간다운 삶을 살려는 초월의 길이 서로 그렇게 멀리 떨어져 있는 것일까.

〈원왕생가〉는 신이 주재하는 극락세계에 가려는 인간의 염원을 담고 있다. 그래서 신의 은혜와 구원의 힘이 작품 구석구석에 스며들어 있다. 그와 함께 신에게 귀의하려는 인간의 마음이 작품의 처음부터 끝까지 관통해 있다. '서방 정토에 왕생하기를 원합니다.'라고 기원하는 주체는 광덕이자 곧 인간들이다. 그리하여 이 작품은 인간인 우리의 마음에 깊이 와 닿는다. 염원이 간절하면 간절할수록 그 염원을 품은 한 인간의 마음을 읽을 수 있기 때문이다. 얼마나 간절했으면 달에게, 과거의 부처에게, 그리고 미래의 부처에게 말하고 또 말하는 것일까.

광덕이 왕생극락한 것이야 숭고한 일일 터이나 그렇게까지 하지 못하는 우리에게 그가 지은 시가 주는 의미는 무엇일까. 고통스러운 이 세상을 벗어나 신에게 다가가는 길이 혹시 이 세상을 살아야만 하는 우리에게로 되돌아오는 길이라고 말하고 있는 것은 아닐까. 결국에 가서 인생의 무의미함을 깨닫고 광덕의 길로 돌아선다고 하더라도 광덕의 깨달음 바로 직전까지 가기 위해서는 그의 수도 정진하는 자세를 공유해야 하는 것이 아닌가. 이런저런 생각을 하며 감히 체득할 수 없는 〈원왕생가〉의 심오한 뜻을 내 식으로 가볍게 받아들이려 애써 본다.

도천수관음가
禱千手觀音歌

기도의 노래

〈도천수관음가〉는 한기리에 사는 희명이라는 여인이 다섯 살 난 아이가 갑자기 눈이 멀게 되자 분황사 천수관음 앞에 나아가 기도하며 부른 노래이다. 자식이 갑작스럽게 당한 변고 앞에 어머니로서 희명이 할 수 있는 일은 천수관음에게 기도드리는 것이었다. 그때 향가를 지어 불러 공양으로 바친 것이니, 향가가 불공을 위해 쓰인 예이다.

시대는 경덕왕대니까 신라 문화의 난숙기에 일어난 일이다. 이 일은 당시 천수관음 신앙이 널리 퍼져 있었음을 알게 해 주고, 향가의 작자 중에 여성이 있었음을 증명해 주며, 〈원왕생가〉에서 보았던 분황사의 위상을 다시 한 번 인식하게 해 준다. 그리고 자식을 위한 어머니의 마음이 잘 그려짐으로써 진실한 인정을 느끼는 동시에 천수관음이라는 신의 권능에 의지하는 신앙심의 깊이도 짐작할 수 있다. 그리하여 이 작품은 모성과 신앙이 잘 조화된 기도의 시로서 중요한 의의를 지닌다.

천수천안관음보살은 관음보살의 본체가 변화한 여섯 혹은 일곱 가지 몸 중의 하나로서 천 개의 손과 천 개의 눈을 가지고 모든 중생을 제도한다는 보살이다. 희명이 아이의 먼눈을 뜨게 해 달라고 비는 대상으로 천수관음을 선택한 것은 천 개의 눈을 가진 보살이기 때문일 것이다. 천 개나 되는 눈을 가졌으니 그중 하나만이라도 내어 자기의 아이에게 줄 것을 빈 것이다. 이러한 주제를 〈도천수관음가〉로 표현한 것이므로 작품의 내용은 단순하다고 할 수 있다. 표현 방식, 구조 등 작품의 형식도 그렇게 복잡하거나 화려하지 않고 기도를 위해 마련된 일정한 양식에 맞춘 듯한 인상도 준다. 이렇듯 비교적 쉽게 읽혀서 그런지 작품의 문학성에 대해서는 그리 높게 평가하지 않는 경향이 있다.

그러나 이 작품의 단순한 내용과 표현은 독자의 마음을 끌어들이는 강한 매력이 있다. 10행 향가가 지니는 3구의 구조 속에 시상을 일으키고 펼쳐 나가는 양상이 〈원왕생가〉와 비슷하면서도 이 작품만의 특징이 있다. 〈원왕생가〉가 서방 정토에 왕생하려는 염원을 이중 액자, 곧 액자 속 액자로 감싸 안은 데 비해 〈도천수관음가〉는 눈을 뜨게 해 달라는 기도를 단순명료하게 단일 액자로 그려 내었다. 주제를 표현하는 데 걸맞은 일정한 양식 위에 작품 특유의 표현들이 구사되어 있다.

그리하여 〈도천수관음가〉는 고유의 개성과 감동의 요소를 지닌 시로서 감상할 수 있다. 모성과 신앙이라는 작품의 내용적 토대부터 보편성과 진정성을 지니고 있고, 구조와 표현 면에서 단순하면서도 인상적인 특징을 드러냄으로써 10행 향가로서 높은 수준의 문학성을 보여 준다.

이 작품의 배경 기사는 『삼국유사』 「분황사 천수대비 맹아득안」인데, 위에서 소개한 간략한 이야기가 여기에 기록되어 있다. 이에 작자 희명의 동선을 따라 한기리에서 분황사로 이동하는 길을 이번 여행의 노정으로 잡고자 한다.

백률사에서 분황사까지

한기리는 보통 경주의 북천 위쪽 소금강산 일대였다고 추정된다. 희명은 이 지역 어디쯤에 살았을 것이다. 소금강산에 있는 유명한 절이 백률사이다. 지금은 대웅전과 범종각, 삼성각 정도의 건물만 남은 소규모의 절이지만 신라 시대에는 국선 부례랑의 부모가 와서 빌고 경덕왕이 행차할 만큼 세력이 컸었다. 이 절의 터에는 이차돈 순교비가 놓여 있었다. 이차돈의 이야기에서 그의 잘린 머리가 이곳 소금강산에 떨어졌다고 하고 또 그를 위해 자추사라는 절을 세웠다고 하는데, 이차돈 순교비가 놓였던 백률사가 바로 자추사일 것이라고 한다.

희명이 살았던 서라벌의 한기리가 이 지역임을 생각하면서 백률사를 향해 산을 오른다. 조금 올라가다 보니 굴불사 터 사면 석불이 나온다. 이 불상은 원래 땅속에 묻혀 있었던 것인데 경덕왕이 행차할 때 땅속에서 나는 염불 소리를 듣고 파낸 것이라고 한다. 여기에 절을 세우고 굴불사라고 했다. 그러니 이 터는 경덕왕의 행차가 머문 곳이고 희명이 살았던 당시에 새로 절이 세워졌던 곳이다. 이 절의 낙성식 때 희명도 와서 공양을 했을지 모른다. 혹은 아이가 갑자기 눈이 멀자 낙담하고 상심하여 이곳 굴불사와 백률사를 찾아와 간구했을 수도 있으리라.

이렇게 상상하다 보니 바위 사면에 새긴 석불 중에서도 동쪽 면의 약사불과 북쪽 면 왼쪽의 선각 관음보살에 더욱 눈길이 간다. 약사불은 내가 본 불상 중에서는 경주 박물관 뜰에 놓인 장항리 절터의 석조 불상과 흡사하게 생각된다. 입술을 꼭 다물고 눈썹과 눈 사이에 한 가닥 주름이 진 얼굴 표정에서 병으로 신음하는 중생의 고통에 공감하는 듯한 마음이 읽힌다. 왼손에 얹혀 있는 둥근 모양의 약통에는 병든 중생을 치료해 주겠다는 부처의 약속이 담긴 것 같다.

그 옆으로 돌아가면 내가 바라보는 쪽 왼편에 희미한 선의 윤곽만 대충 알아볼 수 있는 보살상이 새겨져 있다. 이것은 11면의 얼굴과 여섯 개의 팔을 지닌 관음보살상이라고 한다. 세 줄의 두광에서부터 발끝까지 공들여 세밀하게 선을 그린 듯하지만 마모가 심해 눈으로는 확인하기 어렵다. 다만 11면 6비의 관음상이라면 보통의 천수관음상에서 몸통에 해당하는 형상이라는 점에 유의하게 된다. 선으로 그려진 굴불사의 이 관음상과 분황사에 있었던 천수관음상이 형상 면에서 서로 관련된다고 보면, 희명이 이곳을 찾았다가 다시 분황사로 발길을 돌렸을지 모른다는 생각까지

하게 된다.

사면 석불을 뒤로 하고 산길을 돌아 계단을 따라 얼마쯤 오르면 백률사에 닿는다. 이곳에는 이차돈 순교비와 함께 금동 약사여래 입상이 있었다. 얼굴에 미소를 띠고 배를 조금 내민 채 서 있는 이 불상은 경주 박물관에서 만날 수 있다. 이 역시 약사불이라는 점에서 아까 보았던 사면 석불의 약사불과 함께 병마가 덮친 자식을 위해 희명이 달려와 빌었을 법한 부처가 아닐까 싶다.

지금의 백률사에서는 대웅전을 받치고 있는 기단, 그 앞 바위에 얕은 돋을새김으로 그려진 삼층탑 정도에서 신라 시대의 흔적을 찾을 수 있다. 일층 지붕돌 근처를 가로지르는 팔괘 문양의 문자가 탑 모양을 훼손하고 있기는 하나 전체적으로 여러 유적지에서 만나게 되는 삼층 석탑의 형태에 상륜부까지 올라앉은 모습을 온전히 보여 준다. 절터가 비좁아 실제 탑을 쌓는 대신 그림을 그려 놓았다는 이야기가 전한다고 한다. 실제의 석탑도 좋지만 이렇게 바위에 새겨진 탑 모양을 보고 있어도 예스런 느낌을 받을 수 있어 좋다. 남산 탑골의 마애조상군에서 볼 수 있는 9층과 7층 목탑 형태는 오늘날 실물로 확인할 수 없는 데 비해 이 석탑 그림은 실제 석탑을 바위에 새겨 옮겨 놓은 듯하기에 상당히 구체적으로 다가온다.

백률사 위로 난 돌층계를 따라 조금 더 올라가면 정상 못 미쳐 휴식처가 있는데 거기서 경주 시내가 한눈에 내려다보인다. 좀 아득하기는 하지만 정면으로는 대릉원 주변이, 약간 왼쪽으로는 월성 주변이 보인다. 이 도시가 천년 신라의 수도로서 기능했다는 사실만 생각해도 그 시간 동안 있었을 무수한 이야기와 시, 정서와 생각, 사람과 물건, 그로써 이루어진 역사의 도도한 흐름이 그려져 가슴이 벅차 온다.

이제 산을 내려와 한기리의 다른 곳을 둘러본다. 남동쪽으로 난 큰길을 따라가면 표암이 나오고 그 옆에는 탈해왕릉이 있다. 표암

앞은 여러 채의 한옥이 들어서서 이곳이 경주 이씨 유래처임을 보여 주고 있다. 문이 굳게 닫혀 있어 표암을 가까이에서 올려다 볼 자리를 얻지 못했다. 하지만 그 옆에 탈해왕릉까지 있는 이곳에서 경주 이씨 시조와 석탈해왕의 신화를 떠올리기에는 별 문제가 없다.

탈해왕릉을 지나 길을 따라 내려오면 북천을 만난다. 개천을 가로지른 구황교를 건너면 바로 분황사가 나온다. 〈원왕생가〉를 생각하며 경내에 들어섰을 때와는 달리, 이번에는 경내의 한 곳에서서 〈도천수관음가〉가 창작된 자리를 짚어 보기로 한다. 모전 석탑 뒤쪽에 약사불을 모신 보광전이 있는데 그 건너편 자리를 가 본다. 배경 기사에 분황사 왼쪽 금당의 북쪽 벽면에 천수관음이 그려져 있었다고 했으니, 현재 발굴된 금당 터의 왼쪽이 이 작품의 산실이 되는 셈이다.

또한 굴불사 터 사면 불상, 백률사, 그리고 이곳 분황사에 공히 약사불이 있다는 점에서 세 절이 희명의 이야기로 엮일 수 있다. 건물과 그림은 사라졌지만 그 터만은 그대로 있어 희명이 아이를 안고 간절한 마음으로 기도했을 자리, 불공의 뜻으로 향가를 지어 바쳤을 자리를 기억할 수 있다.

이 절에는 솔거가 그린 관음보살도가 있었다고 한다. 그것은 혹시 희명이 기도한 천수관음도가 아니었을까. 황룡사의 소나무 벽화처럼 사실주의 화풍의 천수관음도가 분황사 왼쪽 금당의 북쪽 벽에 그려져 있지 않았을까. 천수관음의 인자한 얼굴과 생동하는 무수한 손, 그 손에 놓인 가지가지의 불구佛具들, 손마다 붙어 있는 눈. 그 장엄한 그림 앞에 희명이 엎드려 빌고 또 빌지 않았을까.

〈도천수관음가〉, 민중적 상상력과 어머니 마음

이제 천수관음 앞에서 지어 부른 〈도천수관음가〉에 대해 살펴보기로 하자.

무릎을 대며	무루플 고됴며
두 손바닥 모아 들여	두블 손바담 모호기 드려
천수관음 앞에	千手觀音ㅅ 알파ᄒᆡ
기도의 말씀도 드리노라.	비기 ᄉᆞᆯ볼두 드료다.
"천 개의 손에 천 개의 눈을!	"즈믄 손잇 즈믄 눈흘!

하나를 놓아 하나를 덜어 ᄒᆞᄃᆞᆫ핫 노하 ᄒᆞᄃᆞᆫᄒᆞᆯ 덜악
둘 없어진 내라, 두블 우문 내라,
하나만은 줄까?"라고 드리는도다. ᄒᆞᄃᆞᆫ산 주이고?"ㄱ 드롯 ᄃᆞ라.
아아—, 나에게 끼치어 준다면 아야야, 나아 기디기 줄ᄃᆞᆫ
어디에 쓸 자비의 근기(根器)일까? 어ᄃᆡ ᄡᅳᄋᆞᆯ 慈悲야 불휘고?

제1구(제1~4행)는 화자가 기도하는 모습을 그렸다. 금당의 바닥에 '무릎을 대고 / 두 손바닥 모아 들여'서는 '천수관음 앞에 / 기도의 말씀도 드리노라.'고 하였다. 자신의 몸을 최대한 공경하는 자세로 만들어서 기도의 대상에게 기도의 말씀'도' 드린다는 것이다. 기도할 때 취하는 몸의 자세가 강조되어 있는 동시에 몸만으로는 뭔가 부족하여 말로 아뢴다는 뜻이 드러나 있다. 기도하는 사람이 두 눈이 먼 상태라는 점, 즉 몸에 결함을 안고 있다는 점이 은연중 몸을 강조하는 어조로 나타난 것이다.

이와 같이 몸 자체를 강조한 것 외에는 제4행까지 기도의 일반적인 상황이 제시되었다. 사용된 시어도 특별히 함축적인 의미를 지니고 있지 않다. 인간이 신을 향해 기도하는 모습을 자연스럽게 그리고 있을 뿐이다.

제2구(제5~8행)에서는 제4행에 나온 '기도의 말씀'의 구체적인 내용이 펼쳐진다. '천 개의 손에 천 개의 눈을! / 하나를 놓아 하나를 덜어 / 둘 없어진 내라, / 하나만은 줄까?'라는 기도를 하고 있다. 이를 서술적으로 풀이하면, '천 개의 손에 천 개의 손씩이나 지니신 천수천안관음보살이시여! 눈 하나를 놓고 나서 또 하나를 덜어

버려서 이제 두 눈이 없게 된 접니다. 보살께서 지니신 천 개의 눈 중에서 하나만 주옵소서.'라고 비는 것이다.

여기서 관음보살이 지닌 천 개의 손과 눈에 자신이 바라는 눈 하나를 극명하게 대조시켰다. 뿐만 아니라 두 눈, 나아가 제1구에 나온 두 무릎과 손바닥에 대해서도 하나의 눈을 대비하였다. 후자의 대비를 통해 온전한 몸과 결함이 있는 몸을 뚜렷이 구별하여 제시하고 있다. 이와 같이 천, 하나, 둘 등의 숫자를 사용하여 천 대 하나/둘, 둘 대 하나 등의 극명한 대조를 보이면서 기도의 내용을 나타낸 것이다. 대조를 통한 표현 효과는 작자가 일부러 기교를 부려서 된 것이 아니라 단순하면서도 간절한 열망이 진솔한 표현을 얻어 나타난 것일 따름이다.

제1구에 그려진 기도하는 자세, 제2구에 드러난 기도의 내용을 거쳐, 제3구(제9·10행)에서는 기도의 응답을 받으리라는 기대와 함께 그에 대해 보답하려는 의지가 나타난다. 제9행 '[눈 하나를] 나에게 끼치어 준다면'이라는 가정의 문장은, 제8행까지 다만 기도를 한 것일 뿐인데도 그 성취를 표명하였다는 점에서, 이제까지의 시상을 집약하면서 비약하고 있다. 더 나아가 제10행에서는 부처의 자비에 보답하겠다는 의지까지 표명한다. 천수관음이 베풀어 줄 '자비의 근기', 즉 안근眼根을 '어디에 쓸 것인가?'라는 물음은, 새로 받게 될 눈이 부처의 은혜를 찬양하고 부처를 위해 헌신하는 도구로 쓰일 뿐이지 어디 다른 데 쓰이겠는가 하는 뜻이다. 천수관음의 자비에 의해 얻게 될 그 눈은 관음을 위해 바칠 수밖에 없다는 맹세이다.

이렇게 시상이 전개되는 데에는 10행 향가 중에서 기도의 주제를 담은 작품들의 양식적 특징이 바탕에 놓여 있다. 〈원왕생가〉와 함께 살펴보면 이러한 특징이 분명히 드러난다. 먼저, 두 작품 모두 제3행 첫머리에서 '무량수불 앞에', '천수관음 앞에'라고 하여 기도 대상의 이름을 칭하고 기원하는 자리를 그 대상의 '앞'이라고 밝혀 놓았다. 또한 제4행 첫머리에서 '보고의 말씀', '기도의 말씀'이라 하여 작품에서 하려는 기도의 말도 제시하였다. 그에 이어 제4행 끝에 '사뢰다', '드리다'와 같이 말하는 행위에 해당하는 동사를 가져왔다. 그리고 제8행 끝에 다시 한 번 그 동사를 사용하여 제4행과 제8행 사이가 하나의 의미 단위로 묶여지도록 하였다. 여기에 더하여 〈원왕생가〉 제5, 6행 '다짐 깊은 불존에 우러러 / 두 손 모아 곧추어'와 〈도천수관음가〉 제1, 2행 '무릎을 대고 / 두 손바닥 모아 들여'는 둘 다 기도하는 자세를 그리고 있다.

이와 같이 10행 향가 두 작품의 같은 행에서 비슷한 시어를 사용하고, 기도하는 자세를 묘사한 부분이 공통적으로 들어 있다. 기도를 주제로 하는 작품들에서 양식화된 특징을 찾아볼 수 있는 것이다. 기도의 주체, 대상, 위치, 자세, 내용 등 기도 행위에서 생략하기 어려운 요소들이 유사한 말로써 표현되었을 뿐 아니라 그것들이 작품 속에서 일정한 격식에 따라 조직되는 양상을 보인다. 기도하는 자세를 먼저 그려 내고 기원의 대상 및 위치를 밝히며 기도의 주체가 놓인 상황과 기도의 내용을 말한 다음, 기도 내용을 다시 한 번 강조하는 식이다.

물론 두 작품 사이에는 차이점도 보인다. 제2구의 구성 방식에서 〈원왕생가〉가 액자 속 액자를 이루는 데 비해 〈도천수관음가〉는 그러한 중층적 구성을 이루고 있지 않다. 또한 기도하는 자세를 그리면서 전자는 두 손을 '모아 곧추어'라고 표현한 데 비해 후자는 '모아 들여'라고 하였다. 두 손을 모으는 모습은 같지만 위를 향해 곧추 세우는 모습에는 왕생극락의 염원이 담겨 있고, 가슴 쪽으로 모아들이는 모습에는 이 세상에서 광명을 얻고 싶은 현세 구복의 소망이 들어 있다. 이러한 구성 및 표현상의 비교를 통해 두 작품의 고유한 개성과 특질이 분명해진다.

〈도천수관음가〉에 초점을 맞추어 이상의 논의를 정리하면 다음과 같다. 이 작품은 함축적인 시어도 별로 쓰지 않고 작품 구성상의 기교도 부리지 않았다. 그러나 무릎, 손바닥, 눈 등 몸에 연관된 단어와 천, 하나, 둘과 같은 숫자를 통해 기도의 주제를 절실하게 표현하였다. 단순 소박한 언어를 사용하여 기도의 자세와 내용을 표현함으로써 삶의 진정성을 드러내었다고 하겠다. 이는 작자 희명이 귀족이 아닌 평민에 속한 인물이 아니었을까 하는 추측을 가능하게 한다. 몸을 움직여 일을 하고 간단한 숫자를 사용해 경제 활동을 하는 것이 이 세상의 서민이 살아가는 모습일 것이다. 이에 몸을 놀리고 간단한 계산을 하며 살아가는 민중의 일상에서 우러나온 상상력이 작품의 바탕을 이룬다고 할 수 있다. 결국 〈도천수관음가〉는 민중의 삶에서 나온 육체적, 숫자적 상상력에 기초하여 창작된 작품이라고 하겠다.

이 작품이 민중적 상상력에 기초한 것이긴 하지만 그렇다고 귀족과 평민, 지배층과 피지배층 같은 이원적 대립에 의해 평가되기에는 작품이 지닌 보편적 성격이 너무 크다. 무엇보다 어머니의 마음, 즉 모성이 바탕이 된 작품이라는 점에서 계층과 시대를 초월하여 공감을 얻을 만한 것이다. 다시 작품으로 돌아가 어머니인 화자의 목소리에 초점을 두고 살펴보기로 하자.

제1구는 화자의 정성과 간절한 심정을 그려 내었다. 제1, 2행 '무릎을 대며 / 두 손바닥 모아 들여'는 기도하는 모습이다. 화자는 두 무릎, 두 손을 기도하는 자세로 잡은 것이다. 이는 모성이 몸에 기초하여 표현되었음을 뜻한다. 현재 어머니의 무릎과 손은 기도 자세를 취하고 있지만, 예전에 그녀의 몸은 지금 그를 위해 온 정성을 쏟아 기도하는 아이를 낳았었다. 아이를 낳은 그 몸이 다시 아이를 위해 기도의 자세를 취한 것이다.

제3, 4행 '천수관음 앞에 / 기도의 말씀도 드리노라.'는 기도하는 대상과 함께 기도의 말씀을 언급하고 있다. 모성에서 우러나와 기도하는 화자는 불교의 신들 중 모성의 심상으로 중생에게 다가와 구제하는 관음보살을 대상으로 삼았다. 몸을 기도하는 자세로 취해서 정성스런 마음을 표현했지만, 가슴속에 품은 뜻을 드러내기 위해 기도의 말씀도 드리겠다고 하였다. 몸으로 표현하는 것만으로는 충분치 않았던 것이다.

제2구는 기도의 말씀이 어떤 내용인지를 제시하였다. 제5행은 기도의 대상인 관음보살이 '천 개의 손에 천 개의 눈을' 지닌 존재임을 감탄스럽게 칭하고 있다. 제6, 7행은 관음과 극단적으로 대비되는 '나'의 처지에 대해, '하나를 놓아 하나를 덜어 / 둘 없어진 내라.'라며 한탄하고 있다. 천에 대한 하나 혹은 둘은 신의 무한, 영원, 전능에 대한 인간의 한계, 순간, 결함을 상징하는 숫자이다. 제8행에서 '하나만은 줄까?'라면서 관음에게 천 개의 눈 중에서 하나만 떼어 '나'에게 달라고 애원하고 있다. 결함투성이인 인간이 완전한 신에게 결함의 한 부분을 메워 달라고 간구하였다. 이러한 간구는 아이를 위한 모성에서 나온 것이다.

이렇게 보면 제2구는 신성과 인간성의 극단적 대비 속에 모성이 그 사이에서 매개 역할을 하는 양상이다. 인간으로서는 어쩔 도리 없는 사태에 직면하여 화자는 어머니로서 신에게 간구한 것이다. 어머니가 아이에게 갖는 마음은 관음이 중생에게 갖는 마음과 동질적이므로, 다시 말해 어머니는 신을 닮았으므로 그 간구는 신에게 통할 수 있을 터이다.

한편 제7행에 나온 '나'를 통해 모성의 또 다른 면을 살필 수 있다. 제6, 7행에서 눈 하나를 놓았고 또 눈 하나를 덜었기에 두 눈이 멀게 된 '나'는 문맥상 희명의 아이이다. 그렇지만 제1구에서 제2구로 전개된 시상은 몸과 말로 정성을 표하면서 신성에 인간성을 극명히 대비시켰는데, 그렇게 할 수 있는 주체는 다섯 살배기 아이일 수 없다. 어머니로서 화자가 마음속의 염원을 토로한 것이다.

이렇게 의미의 맥락과 시상 전개의 주체를 함께 고려하면, '나'는 아이인 동시에 어머니로 보아야 한다. '나'는 곧 어머니+아이의 복합 자아로서, 아이를 자기 몸으로 인식하는 어머니의 모성이 담긴 시어이다. 따라서 제6~8행은 두 눈이 먼 자가 아이면서 어머니요, 그래서 관음에게 눈 하나를 달라고 하는 자도 아이면서 어머니로 읽히는 것이다.

제3구는 복합 자아인 '나'를 관음보살이 구제해 준다는 가정을 두고, 그에 보답할 것을 맹세하였다. 관음이 눈 하나를 '나에게 끼치어 준다면'이라는 가정하에, '어디에 쓸 자비의 근기일까?'라며 반문하였다. 관음은 어머니의 간구에 화답하고 어머니는 그에 대한 보답으로 아이가 받은 눈이 사용될 곳을 말하고 있다. 그것은 관음보살에 대한 헌신, 나아가 보살이 구제할 중생에 대한 헌신에 있는 것이다.

작품을 마무리하는 제10행에서 관음보살과 화자가 공통으로 지닌 모성의 가치가 '자비'임이 드러난다. 애초에 눈먼 아이에 대한 불쌍함과 애처로움에서 출발한 모성은 자신과 같은 마음이리라 믿은 관음에게 그 뜻을 전했다. 관음보살은 자비로운 존재이기에 그와 같은 모성을 알아주리라 믿었던 것이다. 그리하여 신으로부터 나에게 전해질 '자비'는 다시 나에게서 신에게로, 그리고 신이 구제할 중생에게로 향할 것이다. 신과 인간 사이를 매개하는 모성이 바로 자비임이 드러나는 것이다.

이리하여 이 작품에서 모성은 부처의 자비와 동격으로 승화된다. 모성이 자비라는 것은 모성이 불성이라는 말이다. 제2구에서 신성과 인간성을 매개한 모성이 제3구에서 신성과 인간성을 아우르는 자비의 가치를 지녔음이 표명되었다. 모성이 매개에 그치지 않고 신성을 구현하는 주체가 되었으니, 모성의 신성화가 이루어졌다고 하겠다.

이렇듯 신앙을 통해 자녀의 치유를 기원하는 〈도천수관음가〉의 내용은 신라 시대뿐 아니라 오늘날에도 나타나는 보편적인 모성의 모습이다. 대상 신이 다르고 그에 따른 신앙의 관습이 달라 기원의 태도나 지향에서 차이가 날 수는 있을 것이다. 그렇지만 자식을 사랑하는 어머니의 마음이 신앙심을 바탕으로 표출되는 것은 계층, 시대, 지역을 초월하여 보편적인 모습으로 받아들여질 수 있다.

불국사와 기림사의 천수관음

희명이 기도한 천수관음, 이 글에서 솔거의 그림이 아닐까 추정해 본 그 그림은 어디에서도 찾아볼 수가 없다. 그러나 천수관음 신앙은 줄곧 이어져 왔고 전국의 여러 사찰에 천수관음도나 천수관음상이 안치되어 있다. 이에 그중에서 한두 점을 직접 보는 것으로 아쉬운 마음을 달래려 한다.

불국사의 저 안쪽에 관음전이 있고 그곳에 천수천안관음보살이 모셔져 있다. 근래에 그린 것이라서 옛 향취는 느끼기 어렵지만 원형의 도상과 사방으로 뻗은 손, 그것에 붙은 눈에서 규칙적인 무늬의 도형이 주는 친근함을 맛볼 수는 있다. 그리고 푸르스름한 가사를 입고 다소 남성적인 얼굴형을 하고 도톰한 팔들을 뻗고 있는 관음상의 몸통 부분에서는 근엄함보다 다정함이 느껴진다. 그러면서도 불당 안 벽면 위에서 아래까지 늘어뜨려져 있는 그 그림에서 인간을 내려다보는 신의 위엄은 그대로 지니고 있는 듯이 보

인다.

이렇게 불국사의 그림을 보아도 아쉬움은 남기에 한 군데 더 가 보기로 한다. 이번에는 기림사 관음전에 있는 천수관음상이다. 함월산 기림사라고 현판을 단 일주문을 들어서 조금 올라가면 돌담이 단정하게 둘러쳐진 천왕문을 만난다. 그곳을 지나면 단청이 칠해지지 않은 진남루, 진응전, 대적광전, 약사전 등이 나란히 둘러서 있는 네모난 절 마당이 나온다. 마당 한쪽엔 삼층 석탑이, 가운데엔 반송이 서 있다. 단청 없는 목조 건물로만 둘러 있어선지 차분하고 자연스런 느낌이 전해 온다.

대적광전 옆 계단을 오르면 넓은 마당이 나오고 오른쪽에 관음전이 있다. 아래 마당의 건물들과 달리 단청이 화려한 전각 안에

천수관음상이 모셔져 있다. 전신에 금을 입히고 여러 손에 들린 물건들이 다종다양하여 한눈에 화려하고 풍성한 모습으로 다가온다. 기림사 아래에 있는 골굴암 마애여래좌상의 약간 감은 듯한 눈이 조금 떠진 것 외에는 그 불상과 인상이 비슷하다. 신라 당대에 새겨졌을 골굴암 여래상과 이 천수관음상의 얼굴 모습을 겹쳐서 생각하면 아쉬운 대로 분황사 천수관음상을 그려 볼 수 있다.

천수관음의 도상을 더 많이 보게 되면 또 어떤 느낌이 들지 아직은 잘 모르겠다. 기회 닿는 대로 도상들을 감상하면서 〈도천수관음가〉에서 그렇게도 간절히 기도한 대상에 대해 좀 더 깊이 있는 느낌을 얻고 싶다.

향가의 다채로움을 생각하며

앞에서 〈도천수관음가〉를 〈원왕생가〉와 비교하여 서술하기도 했지만 두 작품만 놓고 보아도 향가의 작품 세계가 참으로 다채롭고 넓다는 점을 새삼 깨닫는다. 전자가 아이의 눈을 뜨게 해 달라고 기도하여 이 세상에서의 복락을 구한 데 비해 후자는 이 세상의 고통에서 벗어나 서방 정토에 태어나게 해 달라고 염원하고 있다. 이렇게 현세 구복과 내세 지향의 신앙이 두 작품에 각각 표현되어 있는데, 현세에서 내세까지 지상에서 천상까지의 넓은 편폭 안에서 신앙에 의지한 다양한 염원들이 향가로 표현되었을 것이다.

〈도천수관음가〉는 민중의 삶에서 우러난 상상력에 기초하여 몸의 각 부분과 숫자들이 대거 등장하고 있다. 민중이 처한 현실은 각 사람마다의 색깔로 겪게 되는 것이기에 이 작품에서 살짝 엿볼 수 있었던 민중의 미의식은 아주 다채로웠을 것이다. 신라가 귀족 위주로 운영된 나라이기는 하지만 신라 사회의 저층을 이루는 민중의 삶 또한 지속적이고 광범위하게 이어져 왔다. 그러한 토대 위에서 나온 문학 작품에는 민중의 삶이 지닌 발랄함과 진정성이 깃들어 있다.

아이가 갑자기 눈이 멀게 된 것은 좀 특수한 사건일지 모른다. 하지만 누구의 삶에서도 그와 같이 일상의 시간을 흔드는 경험이 있기 마련이다. 더욱이 사건의 당사자가 어머니로서의 역할을 충실히 수행했다는 점에서 어머니와 아이 사이의 보편적 관계로부터 우러난 모성이 주목된다. 그러기에 이 작품에는 특수하면서도 보편적이고 종교적이면서도 일상적인 경험이 깃들어 있다. 그만큼 우리에게 친근하고 절실하게 다가오는 작품인 것이다.

〈도천수관음가〉에서 어머니의 마음을 읽는 것은 향가 감상이 주는 즐거움의 한 예가 된다. 비록 그 내용은 고통과 절망에 빠진 화자의 절규에 가깝지만 삶의 진정성을 마음 깊이 느낄 수 있기에 그로부터 어떤 기쁨을 얻게 된다. 그렇지, 부모 된 자의 마음이지, 아무렴. 이러한 공감의 힘이 이 작품을 고전의 반열에 올려놓을 수 있는 근거가 된다.

풍요
風謠

깨우침의 노래

〈풍요〉는, 민요의 다른 말이기도 한 제목으로 보나, 4행의 간단한 형식으로 보나, 『삼국유사』 「양지사석」에서 '온 성안의 남녀가 다투어 진흙을 날라다 주면서 불렀다.'고 번역할 수도 있는 구절로 보나 민요, 그중에서도 노동요로 이해하는 것이 당연한 듯이 여겨져 왔다. 그리하여 이 작품에서 개인 창작 서정시로서의 문학성을 찾기보다 민요가 지닌 집단적 정서나 작품에 담긴 불교 사상에 치중한 논의가 많았다. 그래서인지 어느 국어사전에서는 작자 미상으로 설명해 놓기도 하였다. 과연 이 작품을 이렇게 이해해도 괜찮을까.

사실 배경 기사의 문맥이 애매하기는 하다. 한자 원문을 살펴보면, '온 성안의 남녀가 다투어 진흙을 날랐다. 〈풍요〉에 이르기를 傾城士女 爭運泥土 風謠云'이라 하여 성안 남녀의 행동과 〈풍요〉 사이를 연결하는 말이 나와 있지 않다. 그래서 '~ 날라다 주면서 〈풍요〉를 불렀다.'로 번역하여 〈풍요〉를 부른 주체가 성안 남녀임을 밝혀 이 노래가 애초부터 집단적으로 불렸다고 보는 견해도 있었다. 그러나 이렇게 번역하는 것은 좀 무리인 듯하다.

이 앞 문장의 주어는 그, 즉 양지이고 이 문장은 성안 남녀가 주어인데, 두 문장 사이에 '그러므로故'가 들어가 있다. 이 글자로써 앞 문장의 양지가 취한 행동이 원인이 되어 성안 남녀의 행동이 나오게 되었음을 분명히 알 수 있다. 그리고 접속어 없이 '〈풍요〉에 이르기를'이 나왔는데 이것은 앞에서부터 양지가 취한 행동의 연장으로 보아야 한다. 원문의 〈풍요〉를 작품 제목으로서의 고유 명사로 보는 것은 괜찮지만, 그것을 보통 명사인 민요로 풀이하면 앞뒤가 잘 연결되지 않는다. 문맥이 자연스럽게 되려면 다음과 같이 번역해야 한다.

> 그가 영묘사의 장륙불상을 빚어 만들 때, 스스로 선정(禪定)에 들어 삼매의 경지에서 대하는 바로써 흙을 주무르는 방식으로 삼았다. 그러므로 온 성안의 남녀가 다투어 진흙을 날라다 주었다. 깨우치는 노래는 이러하다. —가사 생략— 지금도 그 지방 사람들이 방아질이나 쟁기질을 하면서 모두 이 노래를 사용하는데, 대개 이로부터 시작된 것이다.

원문의 〈풍요〉는 양지의 행동을 표현한 말인 동시에 작품명이 된다. 양지가 삼매의 경지에서 불상을 빚는다는 소식을 듣고 성안 남녀가 진흙을 날라다 주자, 그는 그들을 '깨우치는風' 4행 향가를 지었고, 나중에 서라벌 사람들이 일할 때 그것을 가져다 사용하였다는 말이다. 이렇게 번역하면 〈풍요〉는 작자가 양지임이 분명해지고 애초에 개인 서정시로 창작되었다가 나중에 노동요로 수용된 것으로 이해된다.

이런 관점에서 양지의 정서와 사상이 담긴 개인 서정시로서의 〈풍요〉를 감상하고자 한다. 〈풍요〉와 연관된 여행길은 양지가 머물렀던 석장사에서 출발한다. 신라 일대를 통해 가장 뛰어난 예술가의 한 사람인 양지의 자취를 찾아 나서는 이번 여행은 문학과 조소 작품을 함께 음미하게 될 터이나, 미술품 감상에 문외한인 나로서는 그저 내 나름으로 받은 인상을 기술할 따름이라서 독자에게 미안한 마음이 앞선다.

석장사 터에서 영묘사 터까지

경주의 서천(형산강)에 놓인 큰 다리를 건너 동국 대학교 정문에 이른다. 그 왼편의 하숙촌을 가로질러 산 쪽으로 가다보면 석장사 터 가는 길이라는 작은 팻말이 꽂혀 있다. 야트막한 고개를 넘으면 갑자기 깊은 산중에 들어온 듯하다. 오솔길을 따라 조금 올라가다 보면 또 한 번 팻말을 만나고 안내에 따라 골짜기로 내려가면 언덕바지에 나무로 둘러싸인 공터가 나온다.

이곳 석장사 터는 아주 아늑한 느낌을 준다. 경주 시내에서 다리 하나 건너 조금 들어왔을 뿐인데 마치 깊은 산속의 은둔처에 와 있는 듯하다. 이곳과 연결된 길이 작은 오솔길밖에 없고 산으로 둘러싸인 골짜기의 언덕바지인 것이 그러한 인상을 주는 것 같다. 눈에 띄는 유물은 거의 없다. 약간 남은 건물 석축, 여기저기 흩어져 있는 석재들, 누군가 일부러 탑 자리를 표시하려고 모아 놓은 돌과 기와 조각 들이 고작이다. 건물이 있었을 것 같은 자리에는 대나무가 숲을 이루었다.

이곳에 머물고 있던 양지는 삼천 개의 불상을 빚어 작은 탑에 안치했다고 한다. 그의 지팡이에 베자루를 걸어 두면 그것이 저절로 날아가 시주를 해서 돌아왔다는 이야기도 전한다. 이곳에서 지팡이의 전설을 떠올려 보니 비현실적인 이야기를 그런대로 이해할 만한 구석이 있다. 이곳과 서라벌 시내 사이의 거리감을 표현한 이야기가 아닐까 싶은 것이다. 이곳은 서라벌에서 그리 멀지는 않지만 한번 들어오면 깊은 산속의 은둔처에 와 있는 듯하다. 이곳에서 서라벌 시내를 생각하면 가까우면서도 아주 먼 곳, 곁에 있으면서도 아득히 먼 딴 세상이 그려진다. 수행자로서 머물러 있는 이곳 석장사와 시주를 받으러 돌아다니는 서라벌 시가지 사이의 거리감, 현실적으로는 가까우면서도 관념적으로는 아주 먼 곳이라 여겨지는 그 지점에서 지팡이 이야기가 나오지 않았을까.

남은 것이 별로 없는 공터이지만 아늑하고 평온한 느낌을 주는 석장사 터에서 양지와 관련된 이런저런 생각을 해 보게 된다. 조소, 글씨, 시 등에 두루 통달했던 예술가의 안목으로 선택한 자리인 만큼 그가 이곳에서 무엇을 하려 했을지 상상해 본다. 은둔처

의 냄새가 물씬 풍기는 이곳은 아마도 그가 수도에 정진한 곳이었으리라. 여러 가지 기예에 정통한 그였지만 그의 삶의 중심은 항상 불도를 닦는 데 있었을 것이다. 이 장소가 그 점을 말해 주고 있지는 않을까 싶다.

이제 발길을 돌려 그가 공들여 만든 장륙불상이 안치되어 있던 영묘사 터로 향한다. 경주 시내에 있는 이곳은 현재 흥륜사가 자리하고 있다. 돌담으로 둘러싸인 흥륜사 주변은 논으로 변한 지 오래이다. 돌담 길을 걷는 것은 운치가 있어 좋지만 주변이 비어 있어서 헛헛한 마음이 든다. 신라 시대 이곳은 서라벌의 중심지 중 하나였을 텐데 하는 생각 때문이다. 흥륜사 안으로 들어가 왼쪽의 대웅전을 지나면 작은 구릉으로 만들어 놓은 영묘사 터를 볼 수 있다. 표지판에 흥륜사 터라고 하여 설명이 붙어 있으나 이곳에서 영묘사 글자가 적힌 기와가 발견되어 영묘사 터로 보는 것

이 일반적이다.

여기가 바로 양지가 장륙불상을 만들었던 곳이다. 양지가 수도하는 자세로 정신을 집중하여 흙을 빚었던 곳이며, 그 소식을 듣고 서라벌 사람들이 남녀를 가리지 않고 다투어 와서 진흙을 날라다 주었던 곳이다. 그들을 보며 자신이 불상을 만드는 뜻, 그들이 흙을 날라다 주는 의미에 대해 깨우침을 주는 노래를 지어 불렀다. 사람들은 더욱 감동하였을 것이다. 그의 수도자적인 자세와 공교로운 솜씨에 경탄을 금치 못한 그들이 이번에는 그가 지어 부른 향가를 듣고 다시 한 번 깊은 감동을 받았을 것이다. 그 감동의 물결이 이곳에서 퍼져 나갔을 것을 생각하면 마음이 흐뭇해진다. 향가의 내용이 착하고 아름다우니 그 내용에 감동한 서라벌 사람들도 착하고 아름다우리라 생각되기 때문이다.

지금의 영묘사 터는 발굴 이후 작은 구릉으로 변해 있다. 구릉

주변의 여기저기에 놓여 있는 석재들만 보아서는 영묘사의 자취를 찾을 수 없다. 이 돌들은 옛날 영묘사의 일부를 이루고 있었을 테지만 지금은 따로 떨어진 조각이나 문양이 뭉개진 돌덩이로 변해 빈터를 지키고 있을 뿐이다. 그래도 조각이나 돌덩이로나마 남아 있는 옛 자취를 눈에 담아 둔다.

〈풍요〉, 우리가 이 세상에 온 뜻은

〈풍요〉의 향찰 원문에 '來如'라는 말이 다섯 번이나 쓰였다. 4행의 짧은 형식에 같은 말이 이렇게 많이 나오는 것은 매우 특이한 경우이다. 이 표기를 곧이곧대로 해독하면 '來'를 훈독하여 '오—'로, '如' 역시 관용적인 훈독으로 '—다'로 읽게 된다. 우리말 '오다'의 표기인 것이다. '오다'는 동사 기본형인데 노래로 불린 향가에 이러한 기본형이 사용될 수 있을까 의문이 든다. 그래서 대부분의 연구자가 이 표기에서 시제를 나타내는 요소가 생략된 것으로 보아 '온다, 왔다'로 풀이하거나 서술형 어미를 변형하여 '오라, 오너라, 오도다, 오네' 등 명령형 내지 감탄형으로 처리하였다. 이렇게 해서 문맥은 좀 순탄해졌을지 모르지만 '오다'라고 곧이곧대로 읽어서 문맥을 통하게 해석할 수 있다면 굳이 이렇게 생략 혹은 변형을 고려할 것까지는 없을 것이다.

그렇다면 '오다' 그대로 놓고 작품을 해석할 수는 없을까. 기존 연구에서 이 단어를 절대 시제로 파악한 견해가 있었는데 나는 이를 적극적으로 수용하였다. 가령, '해가 뜨다. 별이 지다. 아기가 태어나다. 노인이 죽다.' 등 과거, 현재, 미래와 같은 시제에 구애받지 않는 절대적인 진리나 사실을 서술하는 데에는 기본형으로만 표현해도 된다. 작자는 삼매의 경지에 들어 불상을 빚었는데 그 경지에서 인생의 어떤 진리를 깨달았을 것이고 그것을 표현하기 위해 의도적으로 동사 기본형 '오다'를 다섯 번이나 반복하여 썼다고 보는 것이다.

이러한 관점에서 풀이한 〈풍요〉는 다음과 같다.

오다. 오다. 오다.
오다. 서러운 곳이라.

오다. 오다. 오다.
오다. 셟븐 다라.

서러운 곳의 무리여!	셜븐 ᄃᆡ 물아!
공덕 닦으러 오다.	功德 닷ᄀᆞ라 오다.

화자를 포함한 인간 모두는 '이 세상에 오다.'라는 실존적인 조건 아래 있다. 우리가 이 세상에 태어난 것은 그 자체로 절대적인 사실이다. 이 점을 강조하기 위해 화자는 '오다.'라는 말을 제1행에서 세 번, 제2행에서 다시 한 번 반복하였다. 이러한 반복법을 기존에는 민요의 말하기 방식과 같은 것으로 이해했지만 화자가 자신의 깨달음을 나타내기 위해 의도적으로 사용한 표현으로 보는 것이 작품 이해를 깊게 한다.

제1행을 '오다. 오다. 오다.'로 읽는 것과 '오라. 오라. 오라.'나 '오도다. 오도다. 오도다.'로 풀이하는 것을 비교해 보자. 후자의 해석으로 보면 제1행은 화자가 상대에게 반복하여 명령하는 말 혹은 자기에게로 오는 사람의 수가 많거나 줄지어 오는 것에 감탄하는 말이 된다. 같은 말 셋이 나란히 놓인 것이 반복 또는 강조의 의미를 넘어서지 않는다. 이에 비해 전자의 독법은 이러한 단순 반복과는 차원을 달리하는 의미를 형성한다. 기본형으로 쓰인 '오다.'를 통해 인생의 절대적인 사실, 즉 '우리가 이 세상에 오다.'라는 사실을 두 번 세 번 음미하게 된다. 이를 서술적으로 풀이하여 '우리가 이 세상에 오다. 나도 오다. 너도 오다.'라고 하든지, '우리가 이 세상에 오다. 누가? 우리가 오다. 어디에? 이 세상에 오다.'라고 하든지 '오다.'라는 말을 세 번 반복함으로써 그 말에 담긴 의미를 곰곰 되새겨 보도록 만든다.

이렇게 제1행에서 세 번 반복한 '오다.'가 제2행 첫머리에 다시 한 번 나온다. '오다.'라는 말을 두 번 세 번 음미해 본 다음에 작품 첫머리의 화두로 되돌아온 것이다. 그리하여 '우리가 이 세상에 오다.'라는 인생의 절대적인 사실을 다시 한 번 확인한다. 이러한 확인은 그로부터 다음 말로 나아가기 위해서이다. 제2행 '오다.'에 이어지는 말은 '서러운 곳이라.'이다. 우리가 이 세상에 왔다는 사실이 절대적인 것처럼 이 세상은 서러운 곳, 즉 고해苦海라는 사실 역시 그렇다.

그리하여 제3행에서는 제1행과 제2행을 통합한 말이 나오게 된다. '서러운 곳의 무리여!'라고 부르는 것이다. 제2행의 '서러운 곳'을 한 번 더 반복하면서 '무리'라는 말과 연결시켰다. 제1, 2행의 '오다.'를 여러 번 반복하는 중에 생략한 주어인 '우리'에 해당하는 것을 '무리'라는 말로 표현한 것이다. 표면상으로는 화자가 여러 사람을 부르는 표현이지만 이 말 속에는 화자 자신도 포함되어 있다. 우리는 모두 서러운 이 세상에 태어났다는 인간 보편의 실존적인 상황을 말한 것이다.

제1행에서 '오다.'를 세 번 쓰고, 제2행에서 '오다.'를 다시 한 번 쓴 다음 '서러운 곳'을 말하고, 제3행에서 '서러운 곳'을 다시 한 번 말한 다음 '무리여!'라고 불렀다. '오다.'와 '서러운 곳'과 '무리'를 따로 놓고 보면 연결점이 잘 보이지 않지만, 애초에 이 작품이 '우리가 이 세상이 오다.'라는 절대적 사실에서 출발했다는 점을 인식한다면, '이 세상'과 '서러운 곳', '우리'와 '무리'가 대응함을 알 수 있다. 애초의 화두가 짧고 명료한 시어로 연결되면서 점차 의미를 확장하고 있는 것이다. '오다.'의 네 번 반복, '서러운 곳'의 두 번 반복에 의해 의미가 점점 심화하면서 다음 말로 확장된다는 점에서 시어를 매우 의도적으로 배열했음을 알 수 있다.

제1행에서 제3행까지 전개된 시상은 이렇다. '우리가 이 세상에 오다. 이 세상은 어떠한 곳인가? 서러운 곳이다. 서러운 곳에 온 무리여! 그렇다면 우리는 무엇을 해야 할까?' 이제 이 물음에 대한 대답이 나와야 할 시점이다. 그리하여 제4행에서 '공덕 닦으러 오다.'라는 답이 나온다. 제4행 끝에 '오다.'를 다시 한 번 씀으로써 작품의 처음과 끝이 수미상관으로 연결되고, 또 중간의 물음과 대답의 과정을 모두 포섭하면서 작품이 마무리된다. 시어의 반복을 통해 생각을 다지고 이끈 결과, 우리가 이곳에 온 이유는 다름 아닌 '공덕 닦으러' 왔다고 말하는 것이다. 이렇게 작품 전체가 '오다.'의 다섯 번 반복, '서러운 곳'의 두 번 반복을 통해 우리의 존재 이유에 대해 답을 찾는 방향으로 시상이 전개되었다.

이 작품의 주제는 '우리는 서러운 이 세상에 공덕 닦으러 왔다.'라는 한 문장으로 요약된다. 이는 인생에 대해 오래도록 깊이 사색한 내용이 집약된 것이라고 할 수 있다. 이 세상을 서러운 곳으로 본다거나 세상을 살면서 선한 공덕을 닦는 것이 사람의 도리라거나 하는 생각은 꼭 수행의 경지가 높은 사람만이 할 수 있는 것은 아니다. 그렇지만 '공덕 닦으러 이 세상에 오다.'라는 명제를 수립하고 또 그것을 시로 형상화하는 데는 고도의 정신적 수련과 언어적 조탁이 필요하다. 더욱이 수행을 통해 깨달은 바를 대중이 알기 쉽도록 말을 조직하여 제시한다는 것은 무척 힘든 일이다.

작자 양지가 이러한 경지에 이르렀음은 영묘사의 장륙불상을 만들 때 이미 보여 주었다. '스스로 선정에 들어 삼매의 경지에서 대하는 바로써 흙을 주무르는 방식으로 삼았다.'는 것이다. 이렇게 높은 경지에 이르렀기에 서라벌 사람들이 다투어 흙 공양을 했던 것이다. 뿐만 아니라 『삼국유사』의 저자 일연은 양지의 행적을 기술한 다음 그를 평하여 '스님은 재주가 온전하고 덕이 충만하나 큰 덕을 하찮은 기예에 숨긴 분이라고 이를 만하다.'고 하였다. 무상무념의 상태에서 불상을 빚는 양지의 모습에서 생사의 문제를 깊이 통찰하고 또 극복한 한 수도자의 모습을 찾을 수 있다. 그리고 '공덕 닦으러 이 세상에 오다.'라는 작품의 주제를 통해 덕을 기예에 감춘 인물이었다는 일연의 평가를 수긍할 수 있다. 이러한 맥락에서 이 기사가 『삼국유사』의 '탑상塔像'이나 '감통感通' 편이 아니라 '의해義解' 편에 실려 있는 점도 이해가 간다. 노래에 담긴 뜻이 깊고 함축적이기 때문에 뜻풀이가 필요한 자료인 것이다.

노랫말이 아주 쉬우면서도 사람의 심금을 울리는 촌철살인의 경구라면 그러한 노래는 널리 대중에게 전파될 만하다. 누구나 그 노래를 부르며 어렵지 않게 노래에 담긴 뜻을 체득하게 될 것이다. 그렇게 되면 개인 창작의 서정시가 대중 속에서 집단적인 공감을 얻어 민요의 하나로 수용된다. 〈풍요〉는 이러한 과정을 거쳐 대중에게 익숙한 민요가 되었다고 생각된다.

요컨대, 〈풍요〉는 철학적 사색이 집약된 표현을 통해 독자의 가슴 깊이 윤리적인 울림을 주는 서정시이다. 작품의 주제가 명료하고 보편적이며 구사된 시어가 간단하고 반복되는 것이라서 대중이 애창하는 노래가 되었던 것이다. 이 작품은 음미하면 음미할수록 그 뜻이 더욱 영롱하게 빛나는 수준 높은 서정시이다.

박물관에서 만나는 양지의 조소 작품

배경 기사에 기술된 양지의 행적이 유적 발굴을 통해 하나둘 사실로 드러난 것은 정말 다행한 일이다. 영묘사 터, 사천왕사 터, 석장사 터 등을 발굴하여 벽돌, 기와, 탑 아래 면석 등에서 조소 작품이 많이 나왔다. 이 절들은 모두 양지와 관련된 곳이기에 그 유물 중 상당수가 양지의 작품으로 여겨진다. 그것들은 몇몇 박물관에 전시되어 있어 우리가 찾아가 볼 수 있다. 양지의 조소 작품을 보면서 〈풍요〉의 내용과 형식을 함께 생각해 보아도 좋을 것이다.

먼저 경주 박물관을 찾는다. 그곳에는 사천왕사 터에서 나온 녹유전, 즉 녹색 유약을 바른 벽돌을 볼 수 있다. 사천왕사의 중문 안 동쪽과 서쪽에 두 목탑이 서 있었는데 그 목탑을 받치는 기단의 면석으로 이 녹유전들이 장식되었다고 한다. 세 종류의 녹유전 중에서 두 가지 모양을 전시해 놓았는데 둘 다 신장이 두 마리 악귀의 등을 누르고 걸터앉은 형상이다. 신장과 악귀들의 얼굴 표정이 모두 극적이고 근육질의 팔다리도 인상적이다. 세밀하게 부조한 갑옷의 여러 장식들과 옷자락의 흐름은 마치 공교로운 청동 제품을 보는 듯하다.

절에서 흔히 볼 수 있는 사천왕상은 우람한 체구의 사천왕이 무기나 악기를 들고 조그맣고 뒤틀린 체구의 악귀를 발로 누르고 있는 모양이라서 신장과 악귀의 대비가 확연하다. 그런데 이 작품들은 신장과 두 악귀의 체구가 비슷하여 크기로써는 우열이 드러나지 않는다. 그보다는 위와 아래의 위치, 걸터앉거나 무릎 꿇은 자세, 전체적인 형상과 부분적인 형상 등의 대비를 통해 신장이 악귀를 눌렀음을 그려 내었다. 극적인 얼굴 표정도 이러한 우열 관계를 드러내는 데 한몫을 하고 있다.

이 신장이 사천왕인지 팔부중인지 아니면 다른 어떤 신장인지 논란이 된다고 한다. 정체가 분명히 드러나면 그로써 얻는 구체적인 의미가 있을 터이나, 눈에 보이는 대로 신성한 힘을 지닌 신장이 못된 악귀를 누르고 있는 모습만으로도 중생인 우리에게 위안을 준다. 그렇긴 하지만 신장 아래 무릎 꿇고 소리치며 애걸하는 악귀의 모습이 우리 내면의 악을 드러내는 듯하여 더욱 눈길이 가는 것도 사실이다.

이번에는 경주 동국대 도서관 1층에 있는 박물관을 찾는다. 이 대학 뒷산의 남쪽 자락에 석장사 터가 있는데 그곳의 유물은 이 박물관에서 발굴하여 보관하고 있다. 450여 점의 유물이 나왔다고 설명해 놓았으나 상설 전시장에 나와 있는 것은 열두 점밖에 되지 않아 석장사지 유물의 면모를 살피기에는 아쉬움이 많다. 그런대로 부처와 탑 모양을 교대로 나란히 새긴 벽돌들을 통해『삼국유사』에서 벽돌을 새겨 작은 탑을 만들고 삼천 부처를 조성하여 탑에 모셨다는 기록을 상기할 수 있다. 전시된 벽돌만 보더라도 부처와 탑 모양이 여러 가지인 것을 눈으로 확인할 수 있는데, 전시물 위에 여러 모양의 불상과 탑상을 찍은 사진이 붙어 있어서 그 형상의 다양함을 어느 정도 짐작할 수 있다. 부처와 탑 하나하나를 새겨서 불에 구워 내어 전탑을 만들었을 양지의 정성과 노력을 생각하면 비록 작은 수의 유물만 보았다 해도 뭔가 손에 닿을 듯한 느낌이 전해 온다.

그래도 아쉬움은 여전하였는데, 마침 경주 문화재 연구소의 보관 유물 전시실에서 '양지사석'이라는 주제로 전시회(2015. 9. 22~12. 31)가 열리고 있다는 소식을 듣고 방문해 보았다. 거기서 사천왕사 터 목탑 면석의 세 종류 녹유전이 모두 복원된 모습을 볼 수 있어서 감회가 새로웠다. 경주 박물관이나 국립 중앙 박물관에서 부분

만 보았던 것을 이제 온전한 형태로 보게 되니 신장 주변의 꽃, 구름, 옷자락 등의 무늬까지 눈에 잘 들어왔다. 더욱이 그 면석들이 기단에 배치된 모형까지 만들어 놓아서 사천왕사 목탑의 기단만큼은 막연한 상상이 아니라 구체적인 실물로 그려 볼 수 있어서 좋았다. 다만 복원해 놓은 것이 녹색 유약이 많이 바래어 그 색깔은 오히려 경주 박물관 것이 더 뚜렷했다.

사천왕사 터와 석장사 터 출토 유물이 나왔는데 녹유전 외에는 아무래도 석장사 유물에 더 눈이 갔다. 동국대 박물관에 전시된 것보다 훨씬 다양한 유물을 볼 수 있었기 때문이다. 탑상 문전을 비롯하여 인물, 불자拂子, 번幡, 사자, 보살, 역사, 신장, 사천왕상 등의 파편이 전시되어 있었다. 역사나 신장의 발과 다리는 녹유전의 신장과 비슷한 느낌을 주었지만 인물의 얼굴은 이국적이어서 특이하게 느껴졌다. 녹유전의 신장, 악귀의 얼굴과도 또 다른 것이어서 어떤 인물인지 궁금했으나 그에 대한 설명이 없어서 생각을 접어야 했다. 그렇지만 비록 파편일지라도 다양한 문양의 조소 작품을 보니 양지의 예술 세계가 무척 넓었으리라 짐작되었다. 아주 조금이나마 예술가 양지의 면모와 만날 수 있었던 즐거운 시간이었다.

작품으로 공덕을 닦다

양지는 〈풍요〉를 지어 우리가 이 세상에 온 것은 공덕을 닦기 위해서임을 깨우쳐 주었다. 그가 만든 조소 작품을 보면서 공교롭고 역동적인 형상에 감탄하는 한편 〈풍요〉의 주제를 떠올려 작품에 깃든 예술혼을 상기하게 된다. 자신이 가진 온갖 재주를 발휘하여 훌륭한 작품을 만들었지만 그저 재주를 자랑하기 위해서가 아니라 이 세상에서 공덕을 닦는다는 마음으로 그렇게 했던 것이다. 그러므로 아무리 무섭고 괴이하게 생긴 도깨비나 악귀의 얼굴

일지라도 그 속에는 공덕의 뜻이 담겨 있다. 부처나 탑 문양, 신장이나 악귀의 모습이 어느 것 하나 공들여 빚지 않은 것이 없으니 그의 손길이 닿은 선 하나, 면 하나마다 의미를 갖고 다가온다.

우리는 저마다 재주와 능력을 지니고 있다. 그것을 발휘하여 이 세상에서 일정한 역할을 하며 살아간다. 단순히 먹고살기 위해 재능을 쓰기도 하지만 대개는 자아실현이라고 할 만한 어떤 가치를 성취하기 위해 그것을 사용한다. 자아실현에서 좀 더 나아가 이 사회에 선한 가치를 구현하기 위해 자신의 재능을 발휘하며 살 수 있다면 얼마나 좋을까 하는 바람을 갖기도 한다. 실제 현실에서 이루기 어려운 바람이지만 신라 시대의 예술가 양지는 그것을 몸소 실천한 사람이다. 자신의 재능을 발휘하여 예술 작품을 만드는 것이 세상 사람을 위한 큰 덕을 쌓은 일이 되었던 것이다.

그러고 보니 양지良志라는 이름에 담긴 뜻이 새삼스레 다시 인

식된다. 선한 뜻을 품은 사람, 그가 〈풍요〉를 지었고 여러 사찰의 조소 작품을 만들었다. 이로써 그는 작품을 만드는 예술가의 마음이 어디에 있어야 하는지를 보여 주었다. 아무리 기교가 넘치고 화려한 예술 작품도 작품을 빚은 사람의 마음이 어디에 있는지에 따라 감동의 정도는 다르지 않을까. 요즘에 예술가라고 하면 어딘지 특별하고 멋있는 사람처럼 생각되지만 그의 마음에 진정성이 없다면 그와 같은 겉모습은 허세에 불과할 것이다.

다시 생각해 보니 4행의 짧은 형식 속에, 그것도 같은 말을 다섯 번, 두 번씩이나 반복하면서도 두고두고 되새길 만한 주제를 표현했다는 것이 참 대단하다 싶다. 그만큼 신라의 향가는 4행 향가, 8행 향가, 10행 향가의 여러 장르를 통해 다채롭고 참신한 의미를 담아 낸 문학이다. 4행 향가만 보아도 그 형식이 단순하다고 해서 문학성이 떨어지는 것이 아님을 알 수 있다. 창작과 수용에 있어서 향가의 하위 장르는 각자 그것대로의 의의를 지녔던 것이다. 단순한 형식에 깊이 있는 내용을 담은 〈풍요〉와 같은 작품을 통해, 당대에 광활하게 펼쳐졌을 4행 향가의 작품 세계를 마음속에 그려 보게 된다.

제망매가
祭亡妹歌

현존 최고의 향가 작품

〈제망매가〉는 현재 남아 있는 향가 중에서 최고의 작품으로 평가된다. 향가에 국한하지 않고 한국 시가 문학 전체에서 꼽는다고 해도 최상급에 속한다. 어떤 면에서 그런가 하고 묻는다면 사람에 따라 서로 다른 근거를 대겠지만 그렇더라도 최고라는 평가에는 다들 동의한다. 그리하여 교과서에 향가를 실을 경우에는 늘 첫손에 꼽히는 작품이 되었고 지금도 교실에서 학생들은 향가의 대표작으로 이 작품을 배우고 있다.

그런데 우리가 정말 이 작품을 잘 알고 있어서 그러한 평가에 동의하는 것일까? 교과서에 설명된 대로 참고서에 정리된 대로 이해하면 이 작품의 가치를 인식하게 될까? 불교 신앙에서 우러나온 주제는 불교 신자가 아닌 사람에게 어떻게 받아들여질까? 누이의 죽음에 임하여 썼다는 창작 동기를 학생들은 부담스러워하지 않을까? 이 노래를 불렀더니 회오리바람이 불어 제단 위의 지전을 서쪽으로 날려 보냈다는 이야기를 들려주며 주술적인 작품이라고 가르치면 그만일까? 이와 같은 질문들을 던져 보면 의외로 이 작품에 대한 진지한 탐구가 적었다는 생각이 든다. 유명한 작품인지라 그저 유명세를 탄 모양으로 다소 공허하고 기계적인 설명과 이해에 그치지 않았나 반성해 보아야 한다.

나는 현재 남아 있는 향가 한 편 한 편이 높은 문학성을 지닌 뛰어난 작품이라고 생각한다. 4행 향가든 8행 향가든 10행 향가든 하위 장르에 구애됨 없이 현존 향가는 모두 마음에 깊은 울림을 주는 서정시이다. 그리하여 작품마다 개성 있고 깊이를 지닌 서정성이 녹아 있지만 그중에서 가장 훌륭한 한 편을 고르라면, 내용과 형식의 조화, 주제의 절실함, 감동의 깊이 등을 종합적으로 고려할 때 〈제망매가〉를 꼽을 수밖에 없다. 이 작품이 있다는 것만으로도 한국 문학에 대한 자부심을 가지기에 족하다.

〈제망매가〉가 나온 경덕왕 당대에 월명은 최고의 시인이자 예술가로 명성을 날렸던 것 같다. 그가 연주하는 피리 소리를 들으려고 하늘의 달이 멈춰 섰다는 이야기며, 〈도솔가〉를 불렀더니 천체의 변괴가 사라졌을 뿐 아니라 미륵불이 감응을 하였다는 이야기에서 그러한 양상을 짐작할 수 있다. 그런데 이러한 이야기는 설화적으로 윤색이 되어 있어서 그 사람에 대한 신비감을 자아내게는 할지언정 그의 살아 있는 숨결을 느끼게 하기에는 미흡하다. 그러기에 〈도솔가〉, 〈제망매가〉와 같이 작자의 정서와 의식이 담긴 서정시를 직접 접하여 시상의 전개와 운율, 의미 구조와 주제 등을 살피고 느껴 봄으로써 인간인 작자와 만나는 즐거움을 누릴 수 있다. 한 편의 시를 분석하는 일은 문학적 소양이 필요한 것이긴 하나 그러한 분석을 거치지 않고서도 작품을 읽거나 읊조리거나 외거나 하면서 그 말들이 마음에 와 닿고 그 의미가 깨우침을 준다면 그것으로 작품 감상은 잘 된 것이다. 다만 나는 연구자의 한 사람으로서 이 작품들을 좀 더 잘 설명하여 독자의 이해에 조금이라도 도움을 주려는 것뿐이다.

이제 〈제망매가〉를 생각하며 여행을 떠나 볼까 한다. 월명이 상주했던 절이 사천왕사이므로 이번 여행은 그곳을 가 보면 될 것 같다. 누이의 천도재薦度齋를 지낸 곳이 사천왕사인지 확증할 수 없어서 좀 망설여지기는 하지만 그래도 작자가 죽 머물렀던 절이므로 그곳에서 재를 지냈으리라 추정해 볼 수 있다. 그리하여 사천왕사에서 작품이 창작되었으리라는 추정하에 그곳으로 가고자 한다.

도리천 아래 사천왕사

사천왕사 터는 경주에서 울산 가는 7번 국도 바로 옆에 있다. 경주 시내에서 버스를 타고 박물관을 지나 두 정류장 더 가서 내리면 길 건너에 바로 사천왕사 터가 있다. 예전에 왔을 때는 절터 여기저기에 석재들이 흩어져 있었는데, 발굴 작업이 있은 후 이제는 석재들이 깔끔히 치워지고 건물이 들어섰던 자리를 봉긋하게 만

들고 잔디를 깔아 놓았다. 가운데의 금당 터를 중심으로 네 모서리 쪽에 각각 건물 터가 있는데 앞의 동서 양쪽은 목탑이 있었던 자리고 뒤의 양쪽은 경전을 보관해 두는 누각인 경루와 종을 달아 두는 누각인 종루의 터로 추정된다고 한다. 금당을 중심으로 사방에 두 탑과 두 누각이 서 있었던 것이니, 사천왕사의 이름에 걸맞은 건물 배치라고 할 수 있다.

다섯 곳의 건물 터마다 둥글거나 네모나거나 구멍이 뚫린 주춧돌들이 일정한 간격으로 놓여 있다. 건물의 규모를 아는 데는 도움이 되지만 옛 절터가 주었던 아스라한 느낌은 덜 받게 되었다. 여기저기 아무렇게나 널려 있던 석재들을 둘러보다가 멀리 남산 자락을 바라보고 있노라면 뭔가를 잃어버린 듯이 허전한 느낌이 밀려드는 곳이었다. 이 앞의 국도를 지나가는 자동차의 소음마저 귓가를 스쳐가도록 내버려 두어도 그만인 자리였다. 이제 정돈된 절터에 서면 예전과는 조금 다른 느낌을 받게 되지만 그래도 헛헛한 심정은 매한가지다.

이곳 사천왕사 터는 낭산 남쪽 기슭에 있는데 그 위로 철길을 건너 조금 올라가면 선덕왕릉이 있다. 선덕왕善德王은 우리나라 최초의 여왕으로서 총명하고 신령스러운 사람이었다. 그 점을 알려 주는 세 가지 이야기 중 하나는 이렇다. 자기가 죽거든 도리천

에 묻으라고 말했는데 신하들이 그곳이 어딘지 몰라 물으니 낭산 남쪽이라고 하였다. 왕의 사후 30여 년이 지난 문무왕대 왕릉 아래에 사천왕사가 세워지니 비로소 그 자리가 도리천임을 알게 되었다. 불경에 사천왕천 위에 도리천이 있다고 했기 때문이다.

선덕왕의 유명한 이야기를 새삼 떠올리는 것은 월명이 사천왕사에서 천도재를 베풀어 준 누이와 비교하여 생각할 만하기 때문이다. 한 여성은 국왕으로서 자신의 신령스런 예지를 천하에 드러냄과 동시에 사람이 죽어서 간다는 육욕천六欲天의 두 번째 하늘 도

리천에 태어날 것임을 천명하였다. 다른 한 여성은 죽음에 임하여 오빠에게 작별을 고하였고 그 오빠는 육욕천의 첫 번째 하늘 사천왕천을 상징하는 사천왕사에서 천도재를 지내며 동생의 왕생극락을 빌어 주었다. 두 여성은 서로 신분이 다르고 죽음에 임하는 자세가 다르지만 결국 죽음 앞에 선 신라 여성의 모습을 보여 준다는 점에서 비교될 만하다.

사천왕사 터에서 〈제망매가〉를 생각하며 월명과 누이가 생과 사로 나뉘어 사별하는 장면이며 월명이 천도재를 올릴 때 향가를 지어 부르는 장면을 머릿속에 그려 본다. 남매간 혈육의 정도 극진

하였거니와 누이의 죽음을 당한 슬픔과 그로부터 삶과 죽음의 의미를 되물었던 시인의 마음이 뚜렷이 그려진다. 결국 생사를 초월하여 서방 정토에서 다시 만나기를 기약함으로써 자신의 슬픔을 다스리고 죽음의 문제에 답을 얻고자 했던 것이다.

지금의 사천왕사 터는 감흥을 일으킬 만한 것이 별로 없는 빈터로 남아 있다. 그러나 이 절터가 1300여 년 전 여기에 머물던 한 시인의 슬픔과 왕생극락의 의지가 서린 곳임을 기억하면 가슴에 뭔가 벅차오르는 것이 있다. 작품의 내용을 생각하면 그러한 느낌이 더 강해진다. 이에 지금은 텅 비어 있는 이곳에다가, 월명이라는 시인과 그가 지은 시 〈제망매가〉를 떠올리며 그로부터 얻는 우리 각자의 느낌과 상상을 채워 넣어 보면 어떨까 싶다.

〈제망매가〉, 생사의 길을 묻다

이제 월명의 〈제망매가〉가 어떠한 작품인지 살펴보기로 하자.

생사의 길은	生死 길은

이에 있으매 애 끓이거늘,
"나는 간다."는 말을
어떻다/아무렇다 이르고 갑니까?
어느 가을 이른 바람에
여기 저기 떨어질 잎같이,
한 가지에 나고
가는 곳은 모든 곳이구나!
아아, 미타찰에서 만날 나
도 닦으며 기다리겠노라.

이ᄋᆡ 이샤ᄆᆡ ᄌᆞ글이고,
"나ᄋᆞᆫ 가ᄂᆞ다." 맔
아모다 니ᄅᆞ고 가ᄂᆞ닛고?
어ᄂᆞ ᄀᆞᄉᆞᆯ 이른 ᄇᆞᄅᆞᄆᆡ
이ᄋᆡ 뎌ᄋᆡ ᄠᅥ딜 닙ᄀᆞᆫ,
ᄒᆞᄃᆞᆫ 가자 나고
가논 곧 모다온뎌!
아야, 彌陁刹아 맛보올 나
道 닷가 기드리고다.

이 작품에서 우선 주목할 점은 제3행과 제9행에 '나'가 두 번 나오고 제1행과 제10행에 '길'과 '도道'가 나온다는 점이다. 제3행의 '나'는 "나는 간다."라고 말하는 누이를, 제9행의 '나'는 미타찰에서 누이와 다시 만나기를 바라는 화자를 지칭한다. 전자의 '나'는 죽어 가면서 살아 있는 '너'(화자)에게 말을 건네고 있고, 후자의 '나'는 죽은 '너'(누이)와 다시 만날 것을 기약하고 있다. 같은 말로 칭해졌지만 전자의 '나'는 삶인 '너'에 대비되는 죽음이고, 후자의 '나'는 죽음인 '너'와 다시 만나려는 삶이다. 따라서 전자는 나와 너의 헤어짐을, 후자는 나와 너의 만남을 전제로 한 '나'이다. 이 작품의 주제적인 발전은 전자의 '나'에서 후자의 '나'로 나아가는 과정에서 이루어진다.

1인칭 '나'를 통해 인간이 주체로서 존재한다는 점을 드러내었다면 '길'과 '도'로써 인간은 어떻게 살아야 하는가의 문제를 제기한다. 작품 첫 행에 '길'이 나오고 마지막 행에 '도'가 나왔다는 것은 이 작품이 길, 즉 도의 문제를 다루고 있음을 보여 준다. 제1행의 '길'은 생과 사를 문제 삼는 길이다. 인간이 살아가는 길은 곧 죽음으로 통하는 길인 것이다. 이에 비해 제10행의 '도'는 생과 사를 초월하기 위한 길이다. 생과 사에 얽매이지 않고 그로부터 초월하기 위한 길, 즉 도를 닦아나가는 것이다.

이렇게 보면 이 작품은 '나는'에서 시작하여 '나'로 귀결되고, '길은'에서 출발하여 '도'에 이른다. '나'라는 존재가 생과 사의 문제 앞에서 '길'을 찾아 나선 시적 궤적이 펼쳐지는 것이다. 이러한 '나'의 '길'이 전개되는 과정에서 여러 시어와 만나면서 작품의 의미를 풍성하게 생성해 낸다. 이들 시어를 분석해 보면 크게 세 묶음으로 나눌 수 있다.

첫째, 삶과 관련된 시어들이 있다. '생生'(제1행)이 '있으매'(제2행)로 연결되어 '살아 있음'이라는 단어가 만들어진다. '나고'(제7행)는 제1행의 한자어 '생'에 해당하는 우리말 표현이다. '생, 있다, 나다'로써 삶을 표상하고 있는 것이다. 나아가 '이에 있으매'(제2행), '한 가지에 나고'(제7행)처럼 부사어 '이에'와 '한 가지에'가 '있다'와 '나다'를 수식하고 있다. '이'는 누이가 죽어 가는 여기 지금이자 모든 인간의 삶의 조건이기도 하다. '한 가지' 역시 이 세상의 한곳에서 혈연을 맺었다는 의미를 지닌다.

지금 여기의 인간이 사는 모습이 '애 끓이거늘'(제2행)과 '기다리겠노라'(제10행)로 표현되었다. 인간은 수많은 고통으로 인해 애 끓이면서도 소망스런 무언가를 기다리며 지금 여기의 삶을 견뎌 내고 있다. '애 곯임'과 '기다림'은 이 세상을 살아가는 사람들에게서 보이는 가장 보편적인 삶의 모습인 것이다. 이 시어들로 인해 작품의 주제가 현실적, 일상적 기반에 튼튼히 뿌리박고 있음을 알 수 있다.

이와 함께 '어느 가을 이른 바람에'(제5행)의 '어느'와 '이른'도 삶의 양상을 그리고 있다. 지시 대상이 일정치 않은 '어느'에서 삶이 지닌 우연성, 맹목성, 유랑성 등의 의미를 떠올릴 수 있다. '어느'에 바로 연결되는 '이른'에서는 삶의 유한성, 돌발성, 취약성 등이 연상된다. 이 말들은 '여기 저기'(제6행)와 연결됨으로써 삶의 우연성이나 유한성과 같은 의미가 더욱 적나라하게 드러난다.

둘째, 죽음과 관련된 시어들이 있다. 첫머리에 '사死'라고 직접 표현된 죽음의 의미는 '가다'라는 말로써 변주, 심화되고 있다. 죽어 가는 누이의 말 속에 들어 있는 '간다'(제3행)라는 말은 화자가 던지는 의문의 말 '갑니까'(제4행)로 이어지고, 나무의 비유를 거쳐 '가는'(제8행)에 이른다. 작품의 세 군데에 나오는 '가다'를 통해 죽음에 대한 치열한 사색의 과정을 엿볼 수 있다.

첫 번째의 '간다'는 누이가 죽어 가는 현 상황을 지칭하는 말인 동시에 인간의 삶이란 곧 죽음으로 나아가는 길임을 상기시킨다. 인간에게 이승을 떠나 저승으로 간다는 것은 어쩔 수 없는 일이다. 그러나 인간의 삶에 왜 죽음이라는 한계 상황이 주어졌는지 회의, 원망, 한탄할 수밖에 없다. 두 번째의 '갑니까'는 죽어 가는 이에 대한 애처로움과 함께 죽음이라는 질곡에 대해 깊이 탄식하는 뜻을 담고 있다. '간다'가 인간이 부닥칠 수밖에 없는 죽음을 기정사실로 인정한 말이라면 '갑니까'는 죽음으로 인한 좌절과 회의에서 우러나온 말이다. 세 번째의 '가는'은 의미 맥락상 '간다'와 '갑니까' 둘 다를 넘어선 자리에 있다. 인간의 한계를 인정하는 '간다', 그에 대한 좌절과 회의를 담은 '갑니까'를 아우르면서 죽음에 대한 성찰의 결과를 나타내는 말이다. 그리하여 '간다—갑니까—가는'이 정—반—합의 관계를 가지며 죽음과 관련된 의미의 변증법적 전개를 보여 주고 있다.

'가다' 외에 죽음과 관련된 말로 '떨어질'(제6행)을 들 수 있다. 작품에서 중요한 비중을 차지하는 나무의 비유 안에 들어 있는 이 말은 죽음을 연상시킨다. 바람이 불어 나뭇잎이 가지에서 떨어진다는 표현은 직관적이고 돌출적인 느낌을 주는데, 세 번의 '가다'로써 제시된바, 죽음에 대한 성찰적인 인식 과정과는 대비된다. 성찰의 어느 단계에서 작자는 인식의 도약, 즉 돈오頓悟의 경험을 했을지 모른다. '떨어질'과 '만날'(제9행)이라는 말을 연결 지어 보면, 떨어졌다 만났다 하는 인연과 관련된 깨달음이지 않았을까 짐작된다.

인연이라는 주제는 '한 가지'(제7행)와 '모든 곳(사방팔방)'(제8행)으로도 표현되어 있다. 이 구절에서 '한'과 '모든'이 대비되는데 이로써 생의 유일성, 우연성에 대비되는 생사의 보편성, 필연성이라는 뜻을 나타낸다. '모든'은 '여기 저기'(제6행)와 관련되어 나뭇잎이 바람에 날려 아무데나 떨어지는 것처럼 인간은 죽음 이후에 아무데나 혹은 어디나 가게 된다는 문맥을 이룬다. 여기서 '한'은 이 세상에서의 한 번의 만남이라는 인연의 의미를, '모든'은 삼세에 걸친

생의 무한 반복이라는 윤회의 의미를 담고 있다. 인간은 이승에서 잠시 만나 단 한 번의 인연을 맺지만 죽은 후 다음 세상에서는 모두 어딘가에서 다른 존재로 태어날 것이다.

셋째, 생사의 초월과 관련된 시어들이 있다. 이들이 제9·10행에 집중적으로 나옴으로써 작품의 주제가 생사의 초월을 지향함을 알 수 있다. 그러나 이러한 주제가 상투적이거나 도식적으로 구현된 것은 아니다. 삶과 죽음은 서로 분리하여 생각할 수 없고 또 생각하면 할수록 인간의 유한성을 뼈저리게 자각하게 되어 어떻게 하면 그것을 넘어설 수 있을까를 묻게 된다. 이러한 절실함으로 인해 생사의 초월이라는 주제를 얻게 된 것이다.

작품의 마지막 시어 '기다리겠노라'는 삶의 모습을 그리는 동시에 생사를 초월하려는 태도를 나타낸다. 죽을 수밖에 없는 인간의 한계와 그 배후에 도사린 인연과 윤회의 길을 견뎌 낸다는 것이다. 그러나 무턱대고 기다리는 것이 아니라 '도 닦으며' 기다린다. 인연과 윤회에서 벗어나는 길을 찾아 정진하는 것이다. 그 길의 끝에 '미타찰'이 있다. 아미타불이 주재하는 그곳이 생사를 초월할 전망을 제시해 준다. 죽은 누이와 살아 있는 내가 생사를 초월하여 '만나게' 될 세계인 것이다.

누이와 내가 이승에서 맺은 인연은 끝없이 이어지는 윤회의 사슬 속에서 이루어진 우연한 '만남'이다. 작자는 우연하고 취약하며 단 한 번뿐인 만남을 필연적이고 영원한 만남으로 승화시키려는 염원을 품었다. 그래서 인연과 윤회에 대해 통찰하게 되었고 결국 윤회에서 벗어나 미타찰에 이르는 길을 찾은 것이다.

이렇게 시어들을 분석해 보면 제1행에 나온 '생사의 길'이 작품 전체를 관통하는 주제어임을 알 수 있다. 이제 10행 향가가 지닌 3구의 구성 방식을 통해 작자가 생사의 길이라는 문제를 어떻게 풀어나갔는지 살펴보기로 하자.

제1구(제1~4행)는 누이의 임종을 지켜보는 화자의 애통한 마음을 표현하였다. 임종의 자리이기에, 누이는 죽어 가고 나는 살아 있기에, '생사의 길'이 '이에' 있다. '생사의 길'로써 생과 사를 동등하게 말했지만 이어지는 행에서는 '이에'와 '나는'만 나오고 그 상대어인 '저에'와 '너는'은 배후에 그림자처럼 숨어 있다. '이'와 '저', '나'와 '너'의 분리에 대한 인식이 어디까지나 '이'와 '나'로부터 말미암는다는 점, 결국 생과 사의 분리는 이승에서의 문제라는 점을 시사한다. 이에 '생사의 길'은 일차적으로 이승에 존재하는 '생과 사의 갈림길'이라는 의미를 형성한다.

생과 사로 갈리는 그 길은 이 세상의 중생이 숙명적으로 걸어가야 할 길이다. 수도자의 입장에서 그 점을 모르는 바 아니지만, 생사의 갈림을 직접 체험하게 되자 너무나 비통한 마음을 어찌할 수 없다. 이러한 마음의 표현인 '애 끓이거늘'은 생사의 기로에서 느끼는 중생의 보편적 감정인 동시에 누이의 임종을 지켜보는 화자의 개인적 체험에서 나온 정서이다. 보편성과 특수성이 포개짐으로써 아주 큰 울림을 준다.

그런데 '애 끓이는' 나에 비해 너는 무심한 듯이 "나는 간다."고 말하고 있다. '나는 간다.'는 삶의 한계 상황인 죽음을 인정하는 말이다. 우리는 어차피 죽을 수밖에 없는 존재이다. 그 점을 익히 알고 있음에도 화자는 그런 말을 '어떻다/아무렇다 이르고 갑니까?'라며 절규한다. 이는 '애 긇이다'는 말로 다 표현할 수 없는 슬픔을 죽음에 대한 회의와 부정의 의미를 담아 극도의 비탄조로 쏟아 낸 것이다. 중세어 '아모다'라는 말은 '어떻다'(어떻다고, 어떻게)와 함께 '아무렇다'(아무렇다고, 아무렇게)라는 뜻도 지니고 있다. 그러니까 제3, 4행은 '네가 도대체 "나는 간다."는 말을 그렇게 아무렇게나 던지고 갈 수 있느냐?'는 문맥으로 읽힌다. 죽음이 주는 무지막지한 느낌이 고스란히 배여 있는 것이다.

이와 같이 제1구는 생과 사의 분리로 인한 좌절과 아픔, 죽음을 인정하는 것에 대한 회의와 탄식, 죽음이 가져다주는 무지막지한 느낌 등이 실감나게 그려져 있다. 작자가 승려이면서도 생과 사의 갈림길에서 느낀 감정이 지극히 인간적이고 현세적이라는 점에 주의해야 한다. 이는 불교 승려이지만 화랑도의 일원인 낭승이 지닌 신라 고유의 사상적 맥락에서 발현된 양상인지도 모른다.

제2구(제5~8행)는 제1구의 인간적인 절규, 감정의 극점으로부터 한 발 물러선 자리에서 구성되었다. '생사의 갈림길'이 과연 무엇인지에 대해 깊이 생각해 보는 과정이 뒤따르는 것이다. 여기에 그려진 나무의 비유가 혈연관계의 표현인 것은 부인할 수 없지만, 거기서 나아가 보편적인 시각에서 생사의 문제를 그려 낸 것으로 보아야 한다. 생사의 갈림길에 맞닥뜨렸을 때, 지금까지 어떠한 삶을 살았고 이 삶의 시작과 끝은 무엇인지 성찰한 끝에 얻은 비유인 것이다. 생사의 분리에서 겪은 슬픔을 생사에 대한 성찰로 전환한 점, 다시 말해 극한의 감정을 투철한 이지理智로 바꾼 점은 실로

놀랄 만한 시상의 전환이다.

제5, 6행 '어느 가을 이른 바람에 / 여기 저기 떨어질 잎같이'는 제7, 8행 '한 가지에 나고 / 가는 곳은 모든 곳(사방팔방)이구나.'와 함께 나무를 소재로 한 비유이다. 제6행 끝의 '같이'를 중심으로 앞 행이 보조관념, 뒤 행이 원관념으로 나뉘는 것이 아니라 앞 행에 이어 뒤 행도 나무의 비유가 계속된다는 점이 독특하다. 단순한 직유에서 한 차원 올라선 비유법이다.

이 비유를 서술문으로 바꾸면, '한 가지에서 나온 잎이 어느 가을 이른 바람으로 인해 모든 곳으로 흩날려 간다.'가 된다. '나다'와 '가다' 및 '한'과 '모든'의 대비를 통해 생과 사의 문제가 '한 곳에서 나서 모든 곳으로 간다.'라는 명제로 정리되었다. '한'은 지금 여기인 데 반해 '모든'은 삼세에 걸쳐 있는 인연과 윤회의 사슬을 뜻한다. 가지에 매달린 잎이 떨어지는 모습에서는 맺어짐과 끊어짐, 즉 인연의 주제가 드러난다. 이 세상에서 누이와 나는 혈육의 인연을 맺었다. 이는 거듭된 윤회 속에 이루어진 단 한 번의 우연한 만남이다. 그러나 죽음은 무한한 세계로 흩어져 아무런 재회의 기약도 없는 무지막지한 시공간 속에 내맡겨질 따름이다. 이제 '생사의 길'은 시공간의 변전 속에서 '생과 사로 거듭된 인연과 윤회의 길'이라는 의미로 확장된다.

죽음이 주는 무지막지한 느낌은 제1구의 제4행 '어떻다/아무렇다'에서도 받을 수 있는데, 그것이 제2구의 비유를 통해 의미가 확장되었다. '어느 가을'의 '어느'에 '여기 저기 떨어질'의 '여기 저기'가 겹쳐진다. 죽음에 의해 더욱 뚜렷해지는 생의 우연성, 취약성, 허무성 등이 부정칭 대명사로 표현된 것이다. '아무렇게—어느—여기 저기'로 이어지는 시적 정조는 제5, 6행에 이르러 더없이 혼란스러워진다. 가지에서 떨어져 나가 바람에 흩날리는 나뭇잎의 심상 그대로 무질서와 혼돈이 판치고 있다. 뭔가 추스르지 않으면 곧 파탄 날 지경에 이른 것이다.

이즈음에 '한 가지'가 나오고 다시 '모든 곳'이 겹쳐진다. 앞서의 부정칭 대명사에 대비되어 '한'과 '모든'은 총칭적 의미를 내포한다. 이로써 작품은 혼돈에서 벗어나 점차 질서를 찾는다. 성찰의 결과, 죽음 이후에 전개될 무질서의 세계를 그대로 인정하지 않고 그것을 어떤 질서 속에 포섭하는 인식을 얻게 된 것이다. 이는 '간다'에서 '갑니까'를 거쳐 '가는'으로 전개된 인식의 궤적이 귀결점에 이른 것이기도 하다. 그것의 결과가 바로 나무의 비유이다. 그렇지만 '한'과 '모든'은 하나 대 전체로써 대비를 이루어 질서 속에서도 팽팽한 대립과 긴장이 깔려 있다. 이는 '아무렇게—어느—여기 저기'로 이어지는 혼돈이 채 가시지 않았음을 시사한다. 생사의 실상을 인연과 윤회라는 인식 틀로써 통찰하였을 뿐 그것에 대처할 전망을 아직 획득하지 못한 것이다.

제3구(제9·10행)는 감탄사를 거치면서 시상의 도약을 이루어 낸다. 인연과 윤회의 길에서 벗어날 종교적 전망이 '미타찰'을 이끌어 내는 것이다. 아미타불이 주재하는 광명한 세계, 모든 윤회의 사슬을 끊어 내고 열반에 이른 자들의 세계, 그 서방 정토야말로 생사의 갈림길에서 화자가 느낀 비통함이나 인연과 윤회로 점철된 세계에 대한 인식에서 벗어날 수 있는 유일한 길이다. 이에 화자는 미타찰에 이르기 위해 '도'를 '닦는다.' 그리하여 '생사의 길'은 '생사를 초월하여 미타찰에 이르는 길'로 승화된다.

이 수도의 길은 생과 사로 거듭되는 인연과 윤회를 넘어서서 새로운 차원의 '만남'을 기약해 준다. 여기 저기 흩어져 다시는 만날 수 없는 혼돈의 세계에서 생사를 초월하여 만나게 될 광명의 세계로 나아가는 것이다. 이 세상의 우연한 만남에서 얻은 혈연간의 애틋한 정을 무지막지한 혼돈의 세계에 내동댕이치지 않고 보다 고양된 차원의 만남으로 승화시키는 길이다. 인간의 실존을 무화하지 않으면서, 다시 말해 존재 자체를 포용하면서 존재의 초월을 지향한다는 점에서 작품이 지닌 사상적 깊이를 알 수 있다.

여기서 작품의 또 다른 핵심어가 '만남'이라는 점이 드러난다. 제1구에서 제기된 생사의 갈림길, 즉 '나'와 '너'의 분리라는 체험은 제2구에서 '한 곳에 나서 모든 곳으로 흩어진다.'는 인식을 얻었다. 그런데 '한'과 '모든'은 하나 대 전체라는 의미의 대립이기도 하지만 하나이자 전체라는 의미의 통합이기도 하다. 바로 이 점이 제3구의 '미타찰'이라는 하나이면서 전체인 세계를 전망하는 계기가 된다. '미타찰'에서의 만남은 제1구의 '이'와 '저', '나'와 '너'의 분리, 이로 인해 야기되는 제2구의 혼돈과 무질서를 넘어서는 만남이다. 직설(제1구)과 비유(제2구)의 만남이고, 감정(제1구)과 이성(제2구)의 만남이며, 결국 주제의 기본 층위인 생과 사의 만남이다. 요컨대, 이 작품은 생과 사 및 그것의 초월, 또는 감정과 이성 그리고 초월 의지라는 변증법적 의미 구조를 이루고 있다.

죽음에 대해 생각하며 낭산을 걷다

경주의 유적 중에서 〈제망매가〉에 나온 '생사의 길'을 되새겨 볼 만한 곳은 어디일까. 모든 유적이 인간의 삶과 죽음의 이야기를 담고 있을진대 꼭 어디를 꼬집어 말할 수는 없을 것이다. 그렇지만 월명의 자취가 깃든 사천왕사 주변은 공교롭게도 신라인의 죽음과 관련된 이야기가 집중되어 있는 곳이다. 자신이 묻힐 자리가 도리천이라고 알려 준 선덕왕의 능, 문무왕의 화장터로 추정되는 능지탑, 지장보살을 주불로 새겨 놓은 낭산 마애 삼존불, 신문왕·신목 왕비·효소왕의 왕생극락을 비는 명문이 나온 황복사지 삼층 석탑 등이 모두 낭산 주변의 유적이다. 이에 〈제망매가〉의 주제와 관련지어 신문왕릉에서 출발해서 황복사지 삼층 석탑에 이르는 낭산 길을 걸어 보고자 한다.

신문왕릉은 다른 왕릉에 비해 무덤 앞 상석이 널찍하다. 벽돌처럼 다듬은 돌로 둘레를 돌리고 그것을 사다리꼴의 돌들이 비스듬히 지탱하고 있다. 여기 묻혀 있는 임금은 삼국 통일을 이룩한 문무왕의 아들이다. 문무왕의 유언에 따라 동해에 수중릉을 조성하고 부왕의 명복을 빌기 위해 감은사를 창건하였다. 그가 경험한 아버지의 죽음, 그리고 뒤처리 과정에서 만파식적 이야기로 대변되는 호국의 이념이 자신에게 부과됨을 알았을 것이다.

신문왕릉을 나와 큰길 따라 걷다 보면 길 옆 아래쪽에 처박힌 듯 놓여 있는 목 잘린 귀부를 보게 된다. 예전에 성덕왕릉을 가보고서 맛본 참담함을 다시 한 번 느끼지만 이미 익숙한지라 목 잘린 것 자체가 역사의 소산임을 지긋이 받아들인다. 귀부는 동서 양쪽에 하나씩 놓여 있는데 저 위쪽의 건물 터에서부터 여기까지가 사천왕사였음을 말해 준다. 누구의 비석을 떠받치고 있었

을까 궁금하기도 하지만 예쁘고 정교하게 새긴 거북의 등 무늬가 예술적 향내를 풍기는 것에 만족한다.

귀부의 위쪽으로 올라서면 사천왕사의 건물 터가 있다. 지난번에 월명과 〈제망매가〉를 생각하며 이리저리 서성대었던 이곳을 이번에는 낭산 자락을 따라 걷다가 다시 들렀다. 내 나름대로 어떤 의미의 맥락을 만들어 걷는 여행길에 이곳을 다시 지나게 된 것이다. 유적에서 구태여 의미를 찾고 또 제 깜냥으로 그것들을 맥락지어 보는 나의 시도가 하찮고 부질없다는 생각도 들지만, 이 여정을 따라 걷는 길에서 그런대로 여행의 홍취를 느낄 만하다.

이곳에서 위쪽으로 올라가면 소나무 숲 속에 선덕왕릉이 있다. 자신은 죽어 도리천에 환생할 것이라 생각한 그가 묻혀 있는 곳이다. 그는 신라 초기부터 신성한 숲으로 여겨져 신유림이라 불렸던 이곳 낭산이 사천왕천 위의 도리천임을 나라 사람에게 선포한 것이다. 그래서일까 언덕을 넘으면 나오는 능지탑은 문무왕을 화장한 터로 추정되는바, 그것 역시 도리천의 환생과 연관된 의미를 이루고 있는 듯이 생각된다. 선덕왕처럼 도리천에 환생해도 되는 문무왕이 스스로 축생도에 떨어져 용으로 환생하기를 희망한 것은 죽어서도 나라를 지키려는 일념 때문이었다. 문무왕에게는 죽음조차도 자신이 진 짐을 내려놓게 할 수 없었던 것일까. 아래에 인용하는 문무왕의 유언을 통해 죽음에 임하는 그의 마음을 헤아려 볼 수 있을 듯하다.

과인이 어지러운 시운과 전쟁의 때를 만나 서쪽을 치고 북쪽을 정벌하여 강토를 평정했으며, 반역자를 토벌하고 붙좇는 이를 불러들여 마침내 멀고 가까운 곳들이 평안해졌다. …… 병장기를 녹여 농기구를 만들고 백성들을 어질고 오래 살도록 이끌었다. 납세를 가볍게 하고 요역을 덜어 집집마다 넉넉하고 사람마다 풍족하니, 백성들은 안도하고 나라 안에 근심이 없게 되었다. …… 그러나 풍상을 무릅쓰다 보니 마침내 고질병이 생겼으며, 정무에 애쓰다 보니 더욱 깊은 병에 걸리고 말았다. 운수는 떠나가고 이름만 남는 것은 예나 지금이나 한가지이니, 갑자기 명계冥界로 돌아간들 무슨 한됨이 있으랴! …… 옛날 만사를 아우르던 영웅도 끝내는 한 무더기 흙더미가 되고 말아, 꼴 베고 소 먹이는 아이들이 그 위에서 노래하고 여우와 토끼가 그 옆에 굴을 팔 것이니, 분묘를 치장하는 것은 한갓 재물만 허비하고 사책에 비방만 남길 것이요, 공연히 인력을 수고롭게 하면서도 죽은 혼령을 구제하지 못하는 것이다. 가만히 생각하면

마음이 쓰리고 아픈 것을 금치 못하겠으되 이와 같은 것들은 내가 즐겨하는 바가 아니다. 임종 후 열흘이 되면 바로 왕궁의 고문庫門 밖 뜰에서 서역의 법식에 따라 불로 태워 장사 지내고, 상복을 입는 경중이야 본래 정해진 규례가 있을 터이나 장례 절차는 힘써 검약하게 하라(이강래 옮김, 1998).

능지탑 옆길로 얼마쯤 가면 중생사가 나오고 그 옆에 낭산 마애삼존불이 있다. 안내판에는 지장보살 좌우에 신장상이 새겨져 있다고 하는데 육안으로 확인하기 어려울 정도로 마모되어 있다. 근래에 씌운 전각의 편액에 지장전이라고 써 놓아 지옥의 중생을 구제하겠다는 서원을 발한 지장보살의 전각임을 분명히 보여 준다. 죽음의 주제를 생각하게 하는 또 하나의 유적인 셈이다.

중생사 앞마당을 다시 돌아 나와 능지탑을 오른쪽에 두고 왼쪽 고갯길을 넘으면 너른 들판이 펼쳐진다. 저 멀리 명활산 아래 진평왕릉의 소나무 숲을 보면서 논길을 따라 낭산 동쪽 자락을 끼고 가다 보면 마을이 나오고 그 입구에 황복사지 삼층 석탑이 서 있다. 감은사지 석탑, 고선사지 석탑과 더불어 초기 석탑의 한 전형으로 평가되는 탑이지만 그 안에서 나온 명문

으로 인해 더욱 중요한 의미를 지닌다. 효소왕이 신문왕의 명복을 빌고자 탑을 세웠고 후에 다시 신문왕과 신목 왕비, 효소왕의 왕생극락을 기원하여 사리함을 안치했다는 기록이 명문에 쓰여 있다.

> 이 복전으로 위로는 신문 대왕과 신목 태후, 효조 대왕(효소왕)의 대대 성묘가 열반산을 베고 보리수에 앉는 데 보탬이 되기를 빈다. 지금의 융기 대왕(성덕왕)은 수명이 강산과 같이 오래고 지위는 알천과 같이 크며 천 명의 자손이 구족하고 칠보의 상서로움이 나타나기를 빈다. 왕후는 몸이 달의 정령과 같고 수명이 겁수와 같기를 빈다, 내외 친속들은 옥 나무처럼 장대하고 보물 가지처럼 무성하게 열매 맺기를 빈다. 또한 범왕, 제석, 사천왕은 위덕이 더욱 밝아지고 기력이 자재로워져 천하가 태평하고 항상 법륜을 굴려 삼도의 중생이 어려움을 벗어나고 육도 중생이 즐거움을 받으며 법계의 중생들이 모두 불도를 이루기를 빈다(정병삼 역, 1992).

이로써 신문왕릉에서 이 탑에 이르는 길이 서로 통하는 의미를 지닌다는 점을 기억할 만하다. 탑을 세운 이유와 탑에서 얻는 의미가 명복을 빌고 왕생극락을 기원하는 뜻에 있었던 것이다.

이렇듯 신문왕릉에서 출발하여 사천왕사 터, 선덕왕릉을 넘어 능지탑, 낭산 마애 삼존불을 거치고 낭산 동쪽 자락을 돌아서 황복사지 삼층 석탑에 이르는 길은 죽음의 문제를 중심으로 생각해 볼 만한 이야깃거리를 품고 있다.

〈제망매가〉는 슬픔과 탄식의 정서, 비유를 통한 사유, 그것을 넘어서는 초월 의지로 전개된 3구 구성의 10행 향가이다. 이와 함께 작품 첫머리에 제시된 '생사의 길'이라는 주제어의 의미가 '생과 사의 갈림길'에서, '생과 사로 거듭된 인연과 윤회의 길'을 거쳐, '생사를 초월하여 미타찰에 이르는 길'로 나아가고 있다.

수도자이지만 결국 이 세상의 인간일 따름인 화자의 지극히 인간적인 아픔에서 작품은 출발한다. 그리고 무지막지한 시공간 속에 내던져진 인간 존재의 유한성을 섬뜩하리만치 자각하도록 한다. 나아가 인간이 이 세상에서 맺은 가녀린 인연의 끈을 혼돈 속에 끊어 버리지 않고 어떻게든 광명의 세계에서 이어 가려는 의지를 보여 준다. 죽음 앞에 선 인간의 고뇌로부터 존재에 대한 사유를 거쳐 지고의 세계에 이르는 한 편의 드라마가 '애 끓이고 기다리며' 살아가는 우리의 가슴속에 살아 움직인다. 이러한 점을 음미해 보면 이 작품이 왜 한국 최고의 고전인지 어느 정도 수긍이 간다.

지금은 텅 비어 있는 사천왕사 터에서 아주 오랜 옛날 이곳에 상주하던 한 시인이 누이의 죽음을 겪고 생사에 대한 성찰을 통해 한 편의 영롱한 시를 지었다는 사실을 떠올려 본다. 비록 이 절터는 비어 있지만 이곳에서 울려 퍼진 시의 향기는 천 몇 백 년이 지난 지금의 우리에게까지 전해져 깊이 음미하게 한다. 그러니 비록 텅 빈 채로 있다고 하더라도 이곳을 지나는 바람, 낮밤을 번갈아 비추는 햇빛과 달빛을 느껴 보는 것만으로 뭔가 충만한 어떤 것을 얻기에 족하다.

이 산하에서 빚어진 서정성은 여기에 터를 잡고 살아 온 우리 민족의 역사 속에 그 빛을 발하며 면면히 이어져 왔다. 건물이 들어서 있든 비어 있든 이 산하가 품은 서정의 향기를 우리는 계속해서 누려야 한다. 그러면서 우리 시대의 진실하고 깊이 있는 서정성을 이로부터 길어 올려야 한다. 각 시대마다 월명과 같은 시인, 〈제망매가〉 같은 시가 많이 나온다면 얼마나 좋으랴.

chapter

4

서라벌 부근

모죽지랑가
慕竹旨郞歌

낭도가 화랑을 그리워하다

〈모죽지랑가〉는 낭도인 득오가 화랑인 죽지를 그리워하며 지은 8행 향가이다. 『삼국유사』 「효소왕대 죽지랑」에 작품의 창작 배경이 기술되어 있다. 배경 기사의 내용이 상당히 현실적이라서 다른 작품보다 더욱 구체적으로 시대 상황이 반영된 양상을 살필 수 있다. 이 작품에 대해 죽지랑이 죽은 후 득오가 옛일을 생각하며 그를 추모한 노래로 보기도 하지만, 배경 기사와 향찰 표기를 면밀히 고찰한 끝에 사건이 벌어진 당시에 득오가 죽지를 그리워하며 지은 노래로 보는 것이 온당함을 알 수 있었다.

배경 기사의 첫째 단락은 익선에게 잡혀간 득오를 죽지가 구해 내는 이야기, 둘째 단락은 술종공이 죽령을 넘다가 어떤 거사를 만난 후 아들 죽지를 얻은 이야기, 셋째 단락은 득오가 익선에게 잡혀 있을 때 지은 노래의 가사로 이루어져 있다. 둘째 단락이 죽지의 탄생 이야기로서 시간상 제일 앞서 있고, 첫째 단락이 효소왕대에 와서 죽지가 당한 사건의 전말을 기술한 것이며, 셋째 단락은 첫째 단락의 사건 중에 창작된 노래 가사를 향찰로 표기한 것이다. 따라서 향가와 직접 연관된 배경 기사는 첫째 단락에 한정된다.

사건의 전말은 대략 이러하다. 김유신의 부장副將이 되어 삼국통일의 위업을 달성하고 진덕왕대에서 신문왕대까지 4대에 걸쳐 나라의 총재冢宰를 지낸 죽지가 효소왕대에 이르러 모량부의 익선 아간에게 자신의 낭도 득오를 부산성 창고지기로 차출 당하였다. 공적인 일로 그런 것이니 부산성에 가서 득오를 위로하고 겸하여 익선에게 말미를 청해 데리고 오려 했는데 익선이 도무지 허락을 하지 않았다. 마침 추화군(밀양)에서 조세를 거두어 이곳에 온 간진이라는 관리가 이 광경을 보고 조세 30석을 주었으나 그래도 익선이 말을 듣지 않았다. 간진을 따라왔던 진절 사지의 기마 안구까지 주자 겨우 허락하였다. 이 일을 알게 된 조정의 화주花主가 벌을 주려 하니 익선은 도망가 버려 그 맏아들을 잡아 부산성 못에 빠뜨려 얼어 죽게 하였다. 화주에 이어 효소왕도 벌을 가해 모량부 출신의 관리와 승려를 관직에서 쫓아내거나 큰 절에 머물지 못하도록 하였다.

공훈이 크고 재상까지 지냈던 죽지가 자신의 낭도로 인해 모량부의 중간급 귀족인 익선에게 모욕을 당한 사건이다. 뭔가 신상에 변화가 생겨 죽지의 위세가 쇠퇴한 상황에서 일어난 일임을 짐작할 수 있다. 이와 관련하여 신문왕 원년에 일어난 김흠돌의 반란이 주목된다. 『삼국사기』에는 그 원인과 경과가 잘 나타나 있지 않지만, 『화랑세기』에 김흠돌이 화랑의 수장인 풍월주를 역임한 인물이고 그가 반란을 일으키자 화랑도가 많이 좇았고 그로 인해 반란 평정 후 화랑 제도가 혁파되었다는 내용이 나온다. 죽지의 쇠퇴는 화랑도의 몰락이라는 시대 상황과 연관되어 있을 것으로 보인다.

이러한 사건의 와중에서 득오가 죽지를 그리워하며 〈모죽지랑가〉를 지었다. 죽지가 부산성에 와서 보니 성의 창고지기로 차출된 득오는 익선의 밭에서 일하고 있는 것이었다. 다시 말해, 득오는 공적으로 부역의 임무를 받고 왔으나 실제로는 익선의 사사로운 노역에 시달리고 있었다. 고난에 처한 그가 죽지와 동료 낭도들을 그리워하며 자신을 구해 주기 바라는 마음을 시로써 표현한 것이다.

이와 같이 〈모죽지랑가〉는 구체적인 창작 동기 및 배경을 갖고 있다. 이에 이 작품과 함께하는 여행은 배경 기사에 나온 장소를 찾아가는 일이 된다. 작품의 직접적인 배경은 아니지만 배경 기사의 둘째 단락에 기술된 죽지랑 탄생 이야기에 나온 장소부터 가 보는 것이 순서일 것 같다.

죽지를 생각하며 넘는 죽령 옛길

기차를 타고 소백산(희방사)역에 하차하여 역을 빠져 나오면 저

만치 죽령 옛길 팻말이 있다. 여기서부터 소백산 자락을 타고 넘어 단양 쪽으로 가는 길이 신라 시대에 닦인 이후 몇 십 년 전까지도 주 도로 역할을 했던 길이다. 이 고갯길의 이름 죽령은 죽지령이라고도 하는데 이 고개를 인연하여 태어난 아이의 이름이 되었다. 그러니 이 길을 걷는 내내 죽지와 관련된 이야기가 머릿속에서 떠나지 않는다. 이 길 군데군데 죽령에 얽힌 여러 이야기를 안내판으로 만들어 놓아서 길 가는 데 심심치 않도록 해 놓았다.

역에서 조금만 걸으면 사과밭이 나오고 다시 얼마쯤 더 가면 길옆으로 무너진 돌담들이 보인다. 이 길에 왕래가 많던 시절 주막들이 있었던 장소라고 한다. 그곳을 지나 고갯마루에 이르니 죽령루라는 편액이 달린 누각이 서 있다. 자동차 도로와 만나는 지점이기도 하다. 고개를 넘어 조금 내려가면 길가에 산신당이 있다. 그 표지판에서 죽령의 역사에 대한 간단한 설명을 읽을 수 있다.

더 내려가다가 길이 살짝 굽이도는 지점에 이번 여행의 가장 중요한 목표인 미륵 석상이 우뚝 서 있다. 두상은 없어지고 몸체도 온전하지 않지만 우람하고 늠름하게 서 있는 품이 자못 경탄을 자아낸다. 아래로 뻗은 소백산 줄기들을 굽어보고 있는 그 자리가 주는 시원한 전망과 함께 보게 되면 더욱 그렇다. 술종공이 이 고개에서 만난 거사가 죽자 그를 안장하고 돌미륵을 조성해 세웠다는 『삼국유사』의 기록이 불상의 유래에 해당하리라 짐작된다. 그렇다면 이 미륵불상이야말로 죽지의 탄생을 기념하는 유물로 기억되어야 할 것이다. 이렇게 생각하고 보니 미륵불상의 몸체가 화랑의 몸이기도 한 듯이 여겨진다. 화랑을 미륵의 화신이라 여겼

던 신라인의 의식이 담겨 있는 것도 같다.

몸체는 많이 부셔졌지만 안으로 굽은 왼손만큼은 선명한 윤곽을 유지하고 있어 자꾸만 거기에 눈길이 간다. 도톰하고 부드러운 손가락들이 가지런히 안으로 굽은 모습이 우람한 몸체에 대비되어 섬세한 느낌을 준다. 몸체를 덮고 있는 법의의 주름이나 장식, 석상을 떠받치는 연화대의 맵시 있게 돌아간 연잎 무늬 등도 그러한 느낌이다. 아마도 이 불상의 원래 모습은 상당히 섬세하게 다듬어져 우아한 자태를 뽐내고 서 있었으리라.

미륵불상을 뒤로 하고 고개를 내려간다. 어디쯤 오게 되면 자동차 도로로 올라가라는 표시가 있다. 분명 길은 아래로 죽 이어졌을 텐데 도로로 올라서서 걷도록 표지되어 있다. 나중에 가게에 들러 알게 된 사실이지만 주민이 등산객이 버리는 쓰레기 등쌀에 못 이겨 마을을 돌아가도록 했다고 한다. 어쨌든 좀 걷기 힘든 포장도로를 꾸불꾸불 내려오다 보면 길 아래쪽에 작은 봉우리가 보이는데 거기에 다자구 할망을 신령으로 모신 사당이 있다. 조선시대 이야기라고 설명해 놓았지만 여성 산신의 존재는 경주의 선도산 성모에게서도 보이는 만큼 그 연원은 훨씬 오래되었을 것이다.

이쯤에서 버스를 타기로 한다. 한참을 기다렸다가 단양행 버스를 타고 단성역 앞에서 내려 길을 건너 다시 구단양으로 들어가는 버스로 갈아탄다. 이곳에 온 김에 적성을 보고 갈 참이다. 신라와 고구려의 각축장이 되었던 역사의 현장을 봐야 술종공이 삼천의 기병을 이끌고 이 고개를 넘었던 역사적 배경을 좀 더 잘 알 수 있겠다 싶어서이다.

버스에서 내려 다시 고개를 넘자 저 앞 단성 휴게소 뒷산 정상이 빙 둘러 석벽으로 싸여 있다. 그 성안에는 비각에 덮인 적성비가 1500여 년의 시간을 뚫고 놓여 있다. 한 바퀴 둘러보니 사방을 내려다보는 산꼭대기의 자리가 천혜의 요새로 생각되었다. 내가

걸어서 넘은 소백산 자락이 남쪽에 펼쳐졌고 굽이쳐 흐르는 남한강의 물줄기가 북쪽으로 보인다. 둘레에 여러 봉우리들이 같은 눈높이에 벌어 섰다. 죽령을 넘은 술종공도 기병들과 함께 이곳에 머물러 진을 쳤을 것이다. 적성비에 기록된 이사부, 비차부, 무력 등 진흥왕대 명장들의 위업을 상기하면서 통일 전쟁기 자신의 과업을 완수하겠다고 다짐했으리라. 이러한 배경하에 술종공의 아들 죽지가 출생하였겠다.

오봉산 부산성에서

이번에는 부산성을 갈 차례다. 경주 터미널 앞 정류장에서 건천행 시내버스를 타고 모량리를 지나 금척리로 접어들자 길가에 고분군이 나타난다. 창가로 보이는 고분들은 경주 시내의 것보다 크기가 좀 작지만 한 군데에 모여 있는 무덤 수는 그보다 많다. 부산성을 가는 길이라 버스에서 내리지 않고 눈으로만 보고 지나친다. 건천읍을 지나 아화리까지 가서 하차하여 도계리 쪽 등산로로 오봉산을 올랐다가 여근곡으로 해서 내려오기로 한다.

오봉산 또는 주사산이라고 하는 이 산은 신라 시대에는 부산으로 불렸다. 문무왕대 산 정상에 성을 쌓아 수도 서라벌을 경비하는 요새로 삼았다. 도계리 쪽 등산로는 경사가 가팔라 올라가기가 좀 팍팍하다. 꼬불꼬불한 길을 쉬엄쉬엄 올라가면 능선에 닿게 되고 여근곡 쪽에서 올라오는 길과도 만난다. 조금 더 가면 주사

암에 이르는데 여기가 산 정상 바로 밑이다. 절 아래쪽으로 가면 김유신 장군이 거기에 쌓아 둔 보리로 술을 빚어 군사를 먹였다는 마당바위, 즉 지맥석이 있다. 다시 절 마당으로 돌아와 앞을 보면 오봉산의 능선이 둘러섰는데 지도상에 표시된 부산성이 저 능선을 따라 있는 것이라고 짐작한다. 그러나 아쉽게도 주사암에서 능선을 타고 성을 한 바퀴 도는 길은 찾지 못했다.

표지판의 설명에 따르면 남문, 창고, 샘, 못 등의 터가 남아 있다고 한다. 눈앞에 보이는 저기 어딘가에 있었을 창고에서 득오가 부역의 일을 감당했을 것이다. 그러다가 익선의 밭으로 끌려가 농사일을 했으리라. 익선 소유의 밭이 성안에 있었는지 성 밖에 있었는지 알 수는 없지만 이 성 주변이었을 것이라 짐작된다. 성안에 못 터가 있다고 하니 익선의 맏아들을 빠트려 얼어 죽게 했던 그 못일 가능성이 높다.

발길을 돌려 여근곡 쪽으로 가는 길로 들어선다. 이 능선 길은 부산성의 동쪽 면에 해당하므로 여기저기 등산로 아래 쌓여 있는 석축의 흔적을 볼 수 있다. 전망이 트인 곳에 오면 건천읍 일대가 한눈에 들어온다. 아화리에서 건천읍에 이르는 길쭉한 분지는 서라벌 근교 곡물 생산지였거나 위성 도시였을 텐데 부산성은 이 지역을 지킴과 동시에 서라벌로 진입하는 통로를 방어하였을 것이다.

능선 길을 타고 오다가 왼쪽으로 꺾여 내리막길로 들어선다. 그리 험하지 않은 길을 내려오다 보면 길이 양쪽으로 갈라지는데 어디로 가든 유학사 앞길로 나오게 된다. 산속에 있을 때는 그 모양이 그려지지 않았지만 유학사를 벗어나 신평리 들판으로 나와 돌아다보면 여근곡의 형상이 잘 보인다. 선덕왕의 예지가 발휘된 또 하나의 이야기가 서린 곳이다. 이와 함께 여근곡을 안고 있는 오봉산 정상부의 능선이 새삼스레 눈에 들어온다. 저 능선을 따라 축

조된 부산성이 향가 창작의 배경이 되었음을 떠올렸기 때문이다.

다시 한 번 부산성을 오른다. 이번에는 송선리 쪽 등산로다. 지난번에 본 주사암의 전경에서 표지판의 장소들을 확인하기 위해서이다. 그런데 망교사 못 미쳐 있는 표지판 외에 꼭대기까지 올라가도 다른 설명을 찾을 길이 없다. 한때는 마을이 있었던 터에 건물 잔해만 남아 있을 뿐이다. 멀리 오른쪽 능선 아래 주사암이 보인다. 부산성 안에 계곡물이 흐르고 있어서 못을 만들기는 쉬웠을 것이다. 또 성안으로 들어오는 길이 좁아 방어 요새로서는 제격이라 마치 좁은 남한산성 같다고 생각했다. 남문, 창고, 못 터를 찾지 못한 채 내려왔지만 지세를 확인했다는 점에서 그런대로 부산성에 대해 좀 더 알 수 있었다.

〈모죽지랑가〉, 화랑도의 인간관계

〈모죽지랑가〉는 득오가 익선에게 잡혀가 노역에 시달리고 있을 때, 죽지를 그리워하며 지은 작품이다. 먼저 작품의 시상 전개와 의미 구조에 대해 살펴보기로 한다.

지난봄 딸렸으매	간 봄 ᄀᆞ리ᄆᆡ
모두 있어야 소리 내어 울 이 시름.	모다 잇사 우롤 이 시름.
얼마 전까지도 좋으신 모습이	아ᄃᆞᆷ닟 됴히시온 즈ᅀᅵ
세월이 갈수록 축나 가겠구나.	年數 나ᄉᆞᆷ 디기녈져.
눈의 돌림 없이 이에	누ᄂᆡ 도롤 업시 이ᄋᆡ
만나기 어찌 지으리?	맛보기 엇디 지ᅀᅩ아리?
낭이 그리워할 마음에 오고갈 길	郎야 그릴 ᄆᆞᅀᆞᄆᆡ 녀올 길
다북쑥 거리에서 잘 밤 있으리.	다보ᄌᆞᆺ 굴헝ᄋᆡ 잘 밤 이사리.

이 작품은 시간 의식에 의해 제1구(제1~4행)와 제2구(제5~8행)가 구분된다. 제1구는 '지난 봄'에 대한 추억, '얼마 전까지도' 보아 왔던 죽지랑의 모습, '세월이 갈수록' 안 좋아지는 상황 등이 모두 과거와 연결되어 있다. '소리 내어 울'로써 희망적인 미래를, '축나 가겠구나'로써는 죽지랑의 현재 모습을 나타내 미래와 현재에 관련된 시어가 있긴 하지만, 제1구는 과거에 대한 회상 위주로 되어 있다. 제2구에서는 '돌림(돌릴 것), 지으리, 그리워할, 오고갈, 잘, 있으리' 등 미래형, 추측형의 시어가 대거 등장한다. 따라서 제2구는

현재 및 미래를 추측, 예견하는 내용으로 전개된다. 이렇듯 시간 의식의 면에서 제1구의 과거 회상에서 제2구의 미래 추측으로 바뀌는 양상을 보인다.

이러한 변화는 기본적으로 화자와 죽지의 관계로부터 나온 것이다. 낭과 함께했던 과거, 떨어져 있는 현재, 다시 만나게 될 미래 등 화자와 죽지 사이의 관계 변화가 시간 의식의 변화를 불러일으킨 것이다. 시어를 분석해 보면 이 점이 좀 더 뚜렷해진다.

제1구의 시어 중 '딸렸으매'는 소속의 의미를 지닌 말이다. 득오는 지난봄까지 화랑 죽지의 문하에서 낭도로 활동하였다. '모두 있어야'는 관계의 회복을 열망하는 말로서 익선의 밭에서 노역에 시달리는 현 상황에서 벗어나 죽지와 동료들이 함께했던 예전 관계를 회복하려는 뜻이 담겨 있다. '얼마 전까지도'는 과거로부터 지속된 시간을 나타내며 화자와 죽지의 관계가 예전부터 돈독했음을 시사한다. '축나 가겠구나'는 시대의 흐름에 따라 나이 들고 위세가 꺾인 죽지의 처지가 화자와의 관계에도 영향을 미치고 있음을 뜻한다.

제2구의 미래형 시어들에는 관계 회복에 대한 열망이 담겨 있다. '눈의 돌림'은 '눈'을 통한 만남과 '돌리다'라는 행동이 결합된 말인데 행동의 주체는 죽지이다. 죽지가 돌아보아야, 즉 돌보아야 화자가 구원될 수 있다. 이러한 인식은 '만나기'로 연결되는바, 화자가 죽지를 다시 만나게 되기를 간절히 바라는 것이다. 그리하여 죽지가 화자를 구하러 '오고갈 길'이 제시된다. 화자를 돌보는 죽지의 모습이 그를 구원하러 오고가는 길로 표현된 것이다. 이 길은 둘 사이의 끊어진 관계를 다시 이어주게 될 터이다.

이렇듯 작품의 핵심어로서 '만나기'를 주목해야 하지만 이와 동시에 '시름'(제2행)도 아주 중요한 시어이다. 만남, 즉 관계의 회복을 바라는 화자에게 '모두 있어야 소리 내어 울', 다시 말해 지금으로서는 울음을 삼킬 수밖에 없는 마음속 시름이 있다. 이 시름이 창작 동기이자 작품 분위기를 지배하는 정서이다. 이 시름이 어디서 오는 것인지는 시상의 흐름을 통해 짐작할 수 있다. '지난봄에 속해 있었음'을 회상하며 시름겹고, '모두 있어야 소리 내어 울'수밖에 없는 현재 상황도 시름겹다. 그리고 '모두 있어야' 될 미래의 행복한 상황에 대비될 때, 그 시름은 더욱 커진다.

시름의 직접적인 원인은 제3, 4행에서 '얼마 전까지 좋으시던 모습이 / 세월이 가면서 축나 가겠구나.'라고 탄식하는 상황이 벌어진 데 있다. 이는 죽지의 신변에 뭔가 변화가 생겼음을 의미하는데 아마도 어떤 정치적 요인으로 실세하였을 가능성이 높다. 화자가 시름겨운 것은 바로 자신이 의지하는 죽지의 위세가 쇠퇴했거나 쇠퇴해 가고 있기 때문이다.

이러한 현실 인식에도 불구하고 제5, 6행 '눈의 돌림 없이 이에 / 만나기 어찌 지으리?'에서 보듯이 화자에게는 죽지만이 자기를 구해 줄 인물이다. 그의 돌봄 없이는 노역의 고통에서, 익선의 손아귀에서 벗어날 방도가 없다. 그러니 죽지의 현재 처한 상황이 더욱 시름겹다. 그러나 이러한 탄식은 죽지에 대한 한결같은 충성, 굽힘 없는 절개에서 우러난 것이다. 죽지와 화자의 관계는 지난봄까지도 그랬듯이 현재도, 그리고 미래에도 변함없으리라는 믿음이 비관적인 현실 인식과 팽팽한 긴장을 이룬다.

제7행에서는 '낭이 그리워할 마음에 오고갈 길'이라 하여 죽지가 자신을 구원하러 올 것이라는 확신을 표현하였다. 앞에서 보여 준 화자와 죽지의 유대 의식이 여기에서 재회의 희망을 낳고 있다. 그러나 작품 전반에 걸친 암울한 현실 인식의 결론처럼 제8행에서 '다북쑥 거리에서 잘 밤 있으리.'라는 우려를 드러낸다. 죽지에 대한 충성과 절개를 지키고 그가 구원하러 올 것을 확신하더라도 비관적인 인식을 떨쳐 버릴 수 없다. 구원의 길이 고난의 길이 되리라는 탄식은 화자가 끝내 시름에서 벗어나지 못하고 있음을 말해 준다.

이렇게 볼 때 시상의 전개는 두 경로로 요약된다. 첫째, '만남'의 주제는 '모습이'(제3행)에서 '마음에'(제7행)로 옮겨가며 선명해지고 있다. 죽지의 현재 모습이 축나 가기는 하지만 그의 마음은 화자를 구원하려는 뜻을 굳혔을 것이다. 화자의 시선이 죽지의 외면에서 내면으로 이동함으로써 관계의 회복이라는 주제가 더욱 뚜렷해진다. 둘째, '시름'의 정서는 '봄'(제1행)에서 '밤'(제8행)으로 이행하면서 심화되고 있다. 화자가 죽지와 함께한 행복했던 과거인 봄에서 암울한 현재가 투영된 밤으로 나아가면서 시름은 깊어진다. 물론 봄에서 밤으로의 이행이 직선적인 경로로 전개된 것은 아니다. 행복과 불행, 희망과 절망, 확신과 회의의 기복을 거쳐 점차 시름이 깊어지게 된다.

요컨대, 이 작품은 만남의 주제와 시름의 정서가 서로 얽히면서 당위와 현실, 의식과 감정 사이의 긴장과 갈등이 심화되고 있다.

내용상으로도 화랑의 구원을 바라는 낭도의 염원이 절도 있고 진폭이 넓게 그려져 있고, 화랑도 사이의 충성과 절개, 신의와 용기 등이 잘 표현되었다. 이에 이 작품은 당대에 이미 화랑도의 바람직한 인간관계를 형상화한 대표적인 작품으로 인정받았을 것이다.

이와 같이 〈모죽지랑가〉는 긴장된 시상의 전개, 시간 변화에 상응하는 의미 구조를 통해 화랑도의 인간관계를 형상화한 수작이다. 그런데 이 작품은 매우 현실적인 내용의 배경 기사와 함께 전승되어 어느 것보다도 작품의 현실적 배경을 구체적으로 알 수 있다. 이에 『삼국유사』「효소왕대 죽지랑」과 그 밖의 자료들을 살펴 효소왕대 전후의 시대 상황을 통한 작품 이해를 도모할 만하다.

『화랑세기』에는 화랑 제도의 폐지와 복구 기사가 나온다. 흠돌, 흥원, 진공 등이 반란했다가 진압되자 시위부에 속한 화랑도가 많이 죽임을 당했다. 이에 자의 태후가 제도의 폐지를 명하니 화랑 제도는 설치된 지 142년 만에 없어지게 되었다. 그런데 지방에 남은 화랑의 기풍이 역으로 서라벌에 유입되니 중신들의 요청으로 제도가 복구되었는데 풍월주가 아니라 국선을 수장으로 한 것이었다. 『삼국유사』에는 국선 부례가 북쪽 오랑캐에게 납치되어 휘하의 낭승 안상이 구출하여 온 기록이 있다. 효소왕대 일어난 이 일은 신문왕대 풍월주가 폐지된 후 국선으로 복구되었을 때를 배경으로 한다. 안상은 사선四仙의 한 사람인데 이로 보아도 효소왕대는 사선과 같이 화랑이 사상적, 문화적 활동에 치중했던 시대이다. 통일 전쟁기에 상무 활동에 힘쓰던 시대에서 변화하였던 것이다.

김죽지는 김유신의 부하 장수로서 통일 전쟁과 나당 전쟁에 종군하여 공훈을 세웠고 4대에 걸쳐 재상으로 있으면서 나라를 안정시켰다. 삼국 통일 전후로 출장입상하여 많은 공훈을 세운 인물인 것이다. 삭주 도독을 지내고 진덕왕대 화백 회의에도 참석한 김술종이 아버지이므로 그는 명망 높은 귀족 가문의 자제로서 일찍부터 화랑이 되었을 것이다. 그리고 청년기에 들어서는 화랑 제도상 대화랑이나 화랑 정도의 고위 지도자로 활동하였으리라. 한편, 낭도 득오는 급간의 관등에 있으면서 매일 죽지에게 나아가 업무를 보았다. 효소왕대 죽지는 나이도 꽤 들었을 텐데 득오는 화랑도의 명부인 풍류 황권에 이름을 걸어 두고 그에게 소속되어 근무한 것이다. 이는 현역 화랑과 낭도라기보다 전임 화랑과 낭도의 관계로 보인다. 두 사람은 청소년기에 화랑과 낭도로 맺은 관계를 장년기 이후에도 지속했을 것이다.

배경 기사는 이러한 상황에서 득오에게 일어난 사건을 기록하였다. 신라 6부의 하나인 모량부 귀족 익선이 득오를 차출하여 부산성의 창고지기를 시켰다. 그러자 죽지는 득오를 위로하려고 떡과 술을 준비하고 여러 낭도를 거느리고 부산성으로 갔다. 득오가 어디 있는지를 묻자 문지기가 익선의 밭에서 일하고 있다고 한다. 이에 그리로 가서 득오를 먹인 다음 익선을 만나 득오의 휴가를 청하였다. 그런데 죽지의 요청을 익선이 거절해 버렸다. 애초에 자신의 허락도 없이 낭도를 차출한 것부터 무례하였는데 이렇게 직접 부탁하였는데도 거절당했으니 죽지는 큰 모욕을 당한 꼴이 되었다.

이 일은 풍월주 제도가 폐지되고 국선 제도로 복구된 시대였기에 일어날 수 있었다. 화랑 출신인 죽지가 재상까지 지낸 것은 제도적 배경이 있었기 때문일 것이다. 그런데 그 제도가 폐지되었으니 화랑 시절 교유했던 많은 이들이 난에 연루되어 죽었거나 실세했을 것이다. 이에 그의 위세는 익선에게 모욕을 당할 정도로 꺾이게 되었다.

곤란한 상황에 놓인 죽지를 도와준 사람은 간진이다. 그는 부산성으로 조세를 운반하는 일을 주관한 세무 관리였다. 낭도를 중히 여기는 죽지의 행동은 그에게 감명을 주었다. 그리하여 조세임에도 불구하고 자기가 수령한 곡식을 익선에게 주며 죽지의 요청을 도왔다. 익선은 이 요구도 거절했다가 기마 안구를 받고 나서야 겨우 허락했다. 모량부 귀족인 그로서는 위세를 자랑할 수 있는 기마 안구에 마음이 끌렸을 것이다.

이 사건이 알려지자 화랑 제도의 여성 수장인 화주가 나서서 벌을 내린다. 익선이 도망가니 그의 맏아들을 못에 빠뜨려 얼려 죽였다. 이에 호응하여 효소왕은 익선의 출신지 모량부 사람들을 공직에서 쫓아낸다. 한 개인의 죄를 그의 출신 지역 전체에 물었던 것이다.

요컨대, 배경 기사는 화랑도로서 고락을 함께한 득오와 죽지가 겪은 고난의 기록이다. 화랑의 위세가 꺾인 시대에 모량부 귀족에게 모욕을 당한 죽지는 그래도 낭도를 아끼는 풍모로 인해 주변 사람에게 감동을 주었다. 득오 또한 자신이 소속된 화랑 죽지를 믿었으므로 고난 속에서 절개를 지킬 수 있었다. 득오의 이러한 모습이 위에서 살핀 〈모죽지랑가〉에 잘 나타나 있다.

익선의 근거지 건천을 둘러보다

부산성은 모량부 출신의 익선이 책임지고 있었다. 그가 득오를 차출하여 산성의 창고지기로 삼았다가 다시 자신의 밭에서 부역을 시켰다. 그 와중에 득오가 〈모죽지랑가〉를 지었으니 부산성을 포함한 모량부 일대가 작품의 배경이 된다. 신라 6부의 하나인 모량부는 건천읍 일대로 추정되는데 지금도 모량리라는 지명이 남아 있다. 앞서 부산성을 올라가 보았으니 이번에는 건천의 신라 유적을 둘러봄으로써 창작 배경에 대한 시야를 좀 더 넓혀 보기로 한다.

건천 들판의 서쪽에 단석산과 오봉산(부산)이 남북으로 나란히 솟아 있다. 오봉산과 마주 보고 있는 단석산은 김유신의 자취가 서린 곳이니 건천을 답사하면서 이곳을 빼놓을 수는 없다. 여러 코스의 등산로가 있지만 김유신을 생각하며 걷기 위해 장군 바위로 올라가 정상에 이른 다음 신선사 쪽으로 내려오는 길을 택한다. 건천 시장 앞에서 출발하여 시냇가를 따라 걷다 보면 경부 고속도로 바로 밑으로 단석산 오르는 길이 나온다. 얼마쯤 오르면 문득 큰 바위가 나오는데 이것이 장군 바위다. 바위 앞에 서면 부산성이 빤히 바라다 보인다.

사람이 많이 안 다니는 등산로라 그런지 중간 중간 풀이 덮여 길이 끊기곤 하는데, 몇 번을 오르락내리락 하다 보면 방내지에서 올라오는 길과 만난다. 여기서부터 진달래 군락지인데 동네 뒷산에서 보는 진달래에 비하면 가히 아름드리라고 할 정도다. 그러한 진달래나무가 산 정상까지 군락을 이루고 있으니 봄의 풍경이 어떨지 대충 머릿속에 그려진다. 정상에 서면 동쪽으로 건천읍은 물론 멀리 경주시까지 보인다. 둘로 쪼개진 바위가 놓여 있어 김유신의 전설을 상기시켜 준다.

북쪽의 가파른 경사면을 내려가면 신선사가 나온다. 삼면으로 우뚝 선 바위의 안쪽 면에 여러 구의 불상이 조각되어 있다. 남쪽 면에 있다는 명문銘文을 눈으로 확인할 수 없어 아쉬웠지만 그 내용이 화랑과 신선 사상, 미륵 신앙에 관련된 것이라는 기억을 떠올려 본다. 신선사의 '신선'이 중국 전래의 것이라기보다 신라 고유의 용어라는 점에 유념했던 기억도 있다. 명문을 통해 화랑 김유신의 자취가 이곳에 선명히 각인되었다고 할 수 있다.

불상들 아래에 새겨진 공양인 상에 눈길이 간다. 입구 왼쪽 바위 아래쪽에 있는 두 명의 공양인 상은 그 복장이 일본 헤이안 시

대 귀족의 모습을 연상시킨다. 손에 든 것이 하나는 나뭇가지 혹은 풀, 다른 하나는 찻잔인 듯하다. 그 복장과 공양물의 의미가 매우 궁금하지만 여행자의 입장에서 눈으로 보고 느끼는 데에서 그친다.

신선사를 지나서도 한참을 걸어야 버스 타는 큰길까지 나올 수 있다. 건천읍까지 온 다음 용명리 가는 버스로 갈아타면 좋겠지만 자주 오는 버스가 아닌지라 그냥 걷기로 한다. 몇 시간 동안 산을 탄 후라서 걷기가 꽤 힘들지만, 개울과 들판을 가로질러 걸으면서 이 땅에서 익선이 위세를 떨쳤을 것을 생각하면 그 나름의 느낌이

있다. 건천의 동쪽 산자락 아래 서 있는 용명리 삼층 석탑을 찾은 것은 왠지 이곳까지 익선의 손길이 뻗었을 것 같기 때문이다. 모량부의 경계 안에 있는 이름 모를 이 절터가 익선을 비롯한 모량부 출신 귀족 가문의 발원이 깃든 곳인지도 모른다.

통일 신라 시대의 다른 석탑과 별로 다르지 않은 용명리 삼층 석탑을 둘러본 다음 운 좋게 버스를 잡아타고 건천읍을 거쳐 금척리 고분군 앞에서 내렸다. 무덤의 크기는 다양하였고 봉분이 반쯤 깎인 것도 여럿 있었다. 경주 시내의 고분보다 크기가 작아 이 지역에 근거를 둔 귀족들의 무덤으로 보면 될 것 같다. 익선의 조상 중에 이 무덤 속 주인공이 있을 수 있겠다 싶다. 저기 단석산, 오봉산 쪽으로 넘어가는 햇빛이 무덤들 위로 비껴든다. 건천을 근거지로 한 귀족의 삶의 자취가 이렇게 무덤으로나마 남았음은 다행한 일이다. 최근 이곳에서 도시 유적이 발굴되었다고 하니, 연구를 통해 신라인의 좀 더 구체적인 삶의 모습이 드러나기를 기대해 본다.

화랑의 인간적인 풍모를 그리워하며

〈모죽지랑가〉는 낭도와 화랑의 인간관계가 진실하게 그려진 작품이다. 『삼국사기』와 같은 사서를 통해 알려진 화랑도의 모습이 나라를 위해 목숨을 바쳐 싸우는 무사의 형상이라면 이 작품은 인간적인 믿음과 염려가 오가는 모습을 보여 준다. 말하자면, 무사나 영웅과 같은 화랑도가 아니라 오랜 친분을 맺으며 고락을 함께 한 인간적인 동지의 모습인 것이다.

향가를 통해 화랑도의 인간적인 풍모를 느낄 수 있다는 것은 매우 즐거운 경험이다. 역사 속 인물을 지위나 업적으로 아는 것이 아니라 그가 품은 뜻과 인격, 마음가짐 등으로써 접하는 것이므로 그만큼 그의 구체적인 면모를 이해하게 된다. 이러한 의미에서 향가 작품을 감상하여 얻는 구체적인 내용은 역사를 깊이 있게 이해하는 데 중요하다. 역사 이해의 구체성을 확보함으로써 추상적, 표피적, 개념적 이해에 치중하는 방식에서 벗어날 계기가 마련되는 것이다.

작품에서 보여 준 낭도와 화랑의 관계 같은 인간관계는 오늘날에도 경험할 수 있는 성질의 것이다. 작품에 그려진 인간관계를 떠올리며 자신이 맺고 있는 가족관계, 상하 관계, 사제 관계 등에 대해서 생각해 볼 수 있을 것이다. 예컨대 상사에 대한 믿음, 부하에 대한 사랑과 같은 관계의 정식이 오늘날은 많이 흔들리고 있다. 상사가 상사답지 못하고 부하가 부하답지 못한 상황에서 서로에 대한 신뢰에 금이 가고 오직 이해관계에 따라 관계가 맺어질 뿐인 경우가 많다. 이러한 세태에 대해 작품이 던지는 교훈에 한 번쯤 귀 기울일 필요가 있다.

이러한 교훈도 좋지만 무엇보다도 작품에 흐르는 친밀감의 정서가 느껴진다면 좋겠다. 화자가 죽지를 그리워하고 또 죽지가 화자를 그리워하고 있다. 서로에 대한 그리움을 간직한 관계는 얼마나 인간적인가. 사람에 대한 그리움과 믿음을 쌓아 가는 것이 좋은 세상을 만드는 길임을 생각하게 된다.

찬기파랑가
讚耆婆郞歌

뜻이 매우 높은 노래

〈찬기파랑가〉는 왕의 요청으로 〈안민가〉를 지은 충담이 그 이전에 창작했던 작품이다. 경덕왕은 귀정문 누각에서 충담을 불러 그의 신상에 대해 이것저것 묻다가 이 시를 언급한다. “스님이 지은 〈찬기파랑사뇌가〉가 뜻이 매우 높다고 하던데 과연 그러한가?” 그러자 충담이 “예 그렇습니다.”라고 대답한다. 이 작품에 대한 당시 사람들의 높은 평가와 작자의 자부심이 함께 읽혀지는 대목이다.

현존 향가 중 배경 기사에서 직접 작품에 대한 평가가 나온 것은 이것이 거의 유일하다. 부처, 천체, 나무, 역신 등이 노래에 감응했다거나 노래를 들은 사람이 감화를 받았다거나 하여 이야기의 맥락에서 작품의 우수성이 암시된 것은 많지만, 비평적 안목에서 평한 것은 이 작품뿐인 것이다. 설화적 윤색이 가해지지 않은 채 당대의 평가가 반영된 예이므로 ‘뜻이 매우 높다’라는 말은 작품을 이해하는 데 주의 깊게 고려해야 할 사항이다.

어떤 근거에서 이러한 평가가 이루어졌을까? 말로만 보면 작품의 주제에 대한 것이지만 한 편의 시에 대한 평가가 주제에만 국한될 리 없다. 아무리 고상한 주제라도 언어의 조직과 조탁에 의해 완성도 높은 시로 표현되어야 문학적으로 좋은 평가를 받게 된다. 앞 장에서 현존 향가 중 최고작으로 〈제망매가〉를 거론했는데, 사실 〈찬기파랑가〉도 최고작의 하나로서 손색이 없다. 주제의 깊이와 함께 그것을 형상화한 표현력의 측면에서 두 작품은 막상막하의 수준이다. 〈제망매가〉는 주로 은유, 〈찬기파랑가〉는 주로 환유로써 10행 향가가 보여 주는 표현의 정점에 서 있다.

그런데 뜻이 매우 높다는 평가 외에 〈찬기파랑가〉의 창작 배경에 대해서는 어떤 내용도 기술되어 있지 않다. 『삼국유사』「경덕왕 충담사 표훈대덕」은 〈안민가〉 창작의 배경에 대한 기사이고 〈찬기파랑가〉는 그것의 맨 뒤에 향찰 원문만 수록되어 있다. 그러므로 이 기사로는 〈찬기파랑가〉가 어떤 상황, 어떤 장소에서 창작되었는지 알 수 없다.

〈찬기파랑가〉의 창작 배경을 짐작하기 위해서는 작품 자체를 면밀히 살펴볼 필요가 있다. 해독에서 논란이 많기는 하지만, 나의 해독에 따르면 이 작품은 어느 장소에서 기파를 추모하는 행사가 거행되는 가운데 지어진 것으로 보인다. 기파랑이라는 이름으로써 기파가 화랑임을 알 수 있는데 그가 죽자 낭도 혹은 문도가 모여 추모제를 행한 듯하다. 화랑도에 속한 낭승으로서 충담은 그 자리에서 향가를 지어 기파를 추모하였다. 작품 속에 행사의 주체, 목적, 의의 등이 뚜렷이 나타나 있기 때문에 이러한 추정이 가능하다.

그리하여 이 작품에 대한 이해는 추모제에서 낭도를 대표하여 작자가 기파를 기억하고 행사의 의의를 밝힌 양상에 초점이 맞추어져야 한다. 추모의 대상인 기파, 추모하고 있는 낭도들, 그 주체와 대상의 관계, 추모의 장소 등을 파악하고 작품에 담긴 의미로서 기파의 초월 의지, 화랑도가 품은 역사의 전망 등을 읽어 낼 필요가 있다. 이와 함께 작품에 구사된 시어들과 표현법에 대한 이해도 이루어진다면 이 작품이 도달한 높은 수준의 문학성을 감지할 수 있을 것이다.

〈찬기파랑가〉의 창작 배경을 찾아 떠나는 여행은 다른 작품처럼 확실한 장소를 찾아가는 일이 되지 못한다. 작품의 내용을 통해 추정만 할 뿐이므로 어느 장소를 특정할 수가 없는 것이다. 그래도 작품 속에 나타난 단서를 가지고 떠나 보려고 한다. 추정에 불과할 따름이기에 잘못 짚을 위험도 상당히 높지만 현재로서는 이 정도에서 작품과 연관된 곳을 찾아볼 수밖에 없다. 이렇게 떠나는 여행이므로 여기에 기술한 내용이 헛것이 되면 어쩌나 하는 두려움이 앞선다.

화랑의 은둔처는 어디?

〈찬기파랑가〉의 제2~6행은 '……달이 / 흰 구름 좇아 떠나간 안식처만이 / 바탕한 물가에. / 기랑의 모습인 무리들이 / 일오 냇물의 자갈밭에서……'로 되어 있다. '달'로 비유된 기파가 만년에 머물다가 죽은 곳이 '안식처'로 표현되었고 그곳은 지금 기파의 낭도가 모여 추모제를 거행하는 '일오 냇물'이라고 지칭되었다. 그러니까 '일오 냇물'은 기파의 안식처이자 추모제의 장소가 되는 것이다.

'일오 냇물(일오내逸烏川理)'는 향찰 표기에서 '逸烏'를 음독하여 현대어로 옮긴 것으로서 지명을 지칭하는 고유명사로 본 것이다. 그런데 이것을 훈독하면 '숨오내'가 된다. '숨오내'에 들어 있는 모음의 허용치를 감안하면 '수모내, 스므내, 스무내' 등의 독음도 가능하다. 이 정도로 읽히는 지명이 경주 부근에 있는지 알아볼 수 있는데, 양북면 입천리 스무내가 작품에 나온 그 지명이라는 주장이 제기되었다(이임수, 1998). 현재로서는 이 견해 외에 뚜렷한 대안을 찾기 어렵기 때문에 이를 수용하고자 한다.

경주시 양북면 홈페이지에는 입천리의 지명 유래담이 다음과 같이 나와 있다.

> 형제봉 산에서 내려오는 물이 스무 길이나 되며 내(川) 양편 하류에 마을이 형성되어 있으므로 '스므내' '이십천' 혹은 '입천'이라 하였다고 한다. 다른 이야기로는 스무 골짜기에서 내려온 물이 모여 내를 이루므로 스무내라 하는데, 이 스무내의 아래쪽에 마을이 있다고 하여 마을 이름도 그대로 스무내(廿川)라 하였다는 이야기도 있다.

'스무내'의 '스무'를 '스물'이라는 숫자와 결부시켜 풀이해 놓은 지명 유래담이다. 그렇지만 '스무'의 어원을 '숨다逸'에서 찾는다 하더라도 아주 틀린 것은 아닐 것이다. 또는 '일오내'의 '일오'를 '일다立'의 뜻으로 보면 입천리와도 연관될 수 있을 듯하다. 이러한 관점에서 양북면 입천리 스무내 마을을 기파가 만년에 은거했던 곳으로 추정해 본다.

경주 터미널 앞에서 문무대왕릉으로 가는 시내버스를 타고 양북 면사무소 앞에서 내린다. 대종천을 가로지르는 다리를 건너면 입천리에 들어서게 되는데 강둑을 따라 걷다 보면 산에서 내려오는 개천 줄기와 만나는 지점에 이른다. 아까보다 작은 다리를 건너 산 쪽으로 계속 들어가면 스무내 마을이 나온다. 동네 어귀에 입천 마을 또는 '시무내'라는 간판이 붙은 마을 회관이 있다. 대략 20여 호 정도가 모여 있는 작은 마을이다.

내가 갔을 때는 입천리 입구에 고가 도로를 건설 중이었다. 특히 놀란 것은 물이 전혀 흐르지 않고 개천 바닥이 그대로 드러나 있는 모습이었다. 계곡을 따라 맑은 물이 흘러 대종천과 합류할

것이라는 기대를 완전히 깨뜨려 버린 광경이었다. 개천 바닥으로 차들이 지나다녀 찻길까지 나 있는 모습은 차라리 처연하다고 할 정도였다.

입천리 입새에서 만난 마을 주민의 말씀으로는 근처에 있는 원자력 발전소의 원자로를 냉각시키기 위해 대종천 상류의 물을 빼다가 쓰기 때문에 물이 마른 것이라고 한다. 원래 건천이기는 했지만 이 정도는 아니어서 어릴 때는 이리로 올라오는 은어들을 잡으며 개천에서 놀았다고 한다. 이 지역의 풍부한 관광 자원을 원전에 빼앗겼다며 한탄하기도 하였다.

내게는 무엇보다도 〈찬기파랑가〉에 그려진 시냇물의 이미지를 이곳에서 찾아볼 수 없다는 것이 충격이었다. 전국 대부분의 하천에는 물이 흐르고 그 물줄기는 지형을 따라 굽이지며 흐르다가 바다로 들어간다. 이렇게 아주 자연스러운 광경이 이곳 입천리 스무내 마을 앞에서는 볼 수 없는 것이다. 물이 흐르지 않는 시내 앞에서, 시냇물의 흐름으로써 역사의 도도한 물결을 상징한 〈찬기파랑가〉의 내용을 떠올릴 수 없으니 참으로 허탈하고 처참한 기분이 들었다. 창작 배경에 대한 단서를 거의 찾을 수 없는 상황에서 그나마 기존 견해에 기대어 이곳까지 왔는데 앞에 펼쳐진 광경은 그러한 수고를 헛되게 만들었으니 더욱 그러한 기분이 드는 것이었다. 차라리 작품의 창작 배경이 이곳이 아니었으면 좋겠다는 생각도 해 보았다.

착잡한 마음을 안고 터벅터벅 되돌아 나오다가 면사무소 쪽으로 가는 트럭을 잡아 짐칸에 올라앉았다. 그래도 아쉬운 마음에 멀어져 가는 마을 모습을 지긋이 바라보았다. 바짝 마른 개천 바닥에 물이 흐르는 모습을 상상하기도 하고, 때를 잘못 잡고 온 것이겠다 싶어 비가 많이 올 때를 기다려 다시 한 번 오리라 생각하였다.

그리하여 이듬해 늦여름 비가 많이 온 다음날 경주행 버스에 몸을 실었다. 순전히 스무내 마을 앞으로 시냇물이 흐르는지 확인하기 위해서였다. 잔뜩 기대를 걸고 갔으나 지난해에 본 그 황량한 풍경만 마주했을 따름이다. 2, 3일 비가 내렸는데도 여전히 시내 바닥에는 한 줄기의 물도 흐르지 않았다.

〈찬기파랑가〉, 함축적 표현으로 화랑의 높은 뜻을 기리다

〈찬기파랑가〉는 당대에 이미 뜻이 매우 높다는 평가를 받은 작품이다. 이 말은 작품에 내포된 사상의 높이만을 가리킨 것이 아니고 시어의 조직이나 수사법 등에 나타난 고도의 표현력까지 평가한 것으로 생각된다. 작품의 의미는 그 형식과 뗄 수 없는 관계에 있기 때문이다. 사실 이 작품은 여러 가지의 비유들이 어우러져 고도의 서정성을 함축하고 있다. 이에 먼저 작품에 구사된 수사법을 중심으로 살펴보도록 하겠다.

목메며 결하매
"이슬에 새벽이야."던 달이

목몌 바라ᄆᆡ
"이슬 새배야."ㄴ ᄃᆞ라리

흰 구름 좇아 떠나간 안식처만이	힌 구룸 조추 ᄠᅥ간 알히 하사이
바탕한 물가에.	바ᄅᆞᆫ 믌ᄀᆞᆺ자리여ᄒᆡ.
기랑의 모습인 무리들이	耆郞ᄋᆡ 즈ᅀᅵ이시 수햐
일오逸烏 냇물의 자갈밭에서	逸烏 나릿 쟉별아ᄒᆡ
낭이 지니셨던	郞야 디니다시온
마음의 끝을 좇고 있구나.	ᄆᆞᅀᆞ미 ᄀᆞᆺ홀 좇ᄂᆞ아져.
아아, 잣나무 가지 높아서 좋으리.	아야, 자싯 가ᄌᆞ 놉기 됴ᄒᆞ리.
모두 해내야 할 화랑의 서원誓願이여.	모다 ᄂᆡ올 花判야.

이 작품은 기파라는 인물을 추모하기 위해 지은 것이다. 세상을 떠난 어떤 인물을 추모하는 일은 그가 세상에 있을 때 했던 말이나 행동, 남긴 유품이나 관련 사실에 대한 기억을 떠올리고 기술하는 일이 될 것이다. 어떤 특징이나 관련된 사항을 통해 인물을 그리는 방법은 수사법상 환유에 해당한다.

제1구(제1~4행)는 화자가 기파랑이 임종할 때를 추억하였다. '달이 / 흰 구름 좇아 떠나갔다.'는 말은 기파랑의 죽음을 은유적으로 표현한 것이다. 여기서 '달'은 고귀한 존재자인 기파의 비유이고 '흰 구름'은 제9행에 나오는 잣나무의 흰색이 상징하는 바와 마찬가지로 서방 정토를 의미한다. 따라서 흰 구름 좇아 떠나갔다는 것은 기파의 죽음을 서방 정토에 왕생하였다는 의미로 표현한 것이다. 이 구절의 앞과 뒤에 "이슬에 새벽이야."라는 기파의 유언과 '안식처만이 / 바탕한 물가'라는 말이 놓여 있다. 기파를 기억하는 방식으로서 임종할 때 했던 유언을 인용한 다음, 임종 후 주인을 잃은 채 물가에 덩그렇게 남아 있는 그의 안식처, 즉 수도처를 지목하였다.

"이슬에 새벽이야."는 문장 자체는 은유로 되어 있다. 기파가 임종할 때 한 말이므로 여기서의 이슬은 인생을, 새벽은 죽음 이후를 뜻한다. 이슬처럼 스러지는 인생을 넘어서서 새벽을 맞이하는 자세로 죽음에 임한 기파의 모습이 투영되어 있는 말이다. 삶과 죽음에 대한 한 수도자의 예지가 단순 명료하게 표현되었다고 할 수 있다. 기파가 지닌 삶의 자세와 사상을 대변한다는 점에서 환유적 기능을 수행한다.

기파랑은 떠나갔고 그의 안식처만이 물가에 남아 있다. 생전에 그가 거처하면서 사상을 성숙시키고 왕생극락의 염원을 고양시킨 안식처는 이제 주인 잃은 집이 되어 물가에 쓸쓸히 서 있다. 이 집은 기파가 말년을 보냈던 곳이고 지금은 그의 유품만이 놓여 있는 기억의 장소이다. 화자가 직접 눈으로 보고 손으로 만질 수 있는, 기파를 상기시키는 환유적인 물건들인 것이다.

제1구의 마지막에 나온 '물가'는 제2구(제5~8행)의 '일오 냇물의 자갈밭'으로 연결된다. 기억의 장소는 좀 더 명확하게 지명으로 지칭되고 또 그 물가는 자갈밭으로 되어 있다는 점이 구체적으로 그려졌다. 이로써 기파가 거처한 곳이 어느 위치에 어떤 모습으로 존재하는지가 분명히 제시되었다. 기파를 기억하기 위해 환유의 내용을 좀 더 구체화할 필요가 있었던 것이다. 이러한 필요성은 기파와 낭도를 연결하기 위해, 그리고 앞으로 기파가 남긴 뜻을 받들어 나가야 할 낭도의 사명을 보다 뚜렷이 드러내기 위해 더욱 절실해진다.

'물가'와 '일오 냇물'은 끊임없이 흐르는 물의 이미지를 통해 세대에서 세대로 이어지는 역사의 흐름을 떠올리도록 한다. 이로써 기파와 낭도 사이를 연결하려는 의도를 드러낸다. 이에 일오 냇물이 흐르는 물가는 기파의 인간됨과 사상이 그의 낭도에게 전해지는 장소가 된다. 그에 따라 '기랑의 모습인 무리들'이라는 은유가 좀 더 구체적인 의미를 얻는다. 기파에게서 낭도에게로 삶의 자세와 사상이 전해졌기 때문에 무리들은 곧 기파의 모습을 하고 있는 것이다.

이렇게 유동하는 물의 이미지를 통해 기파와 낭도를 연결한 다음, 눈에 보이는 사물인 자갈밭에서, 눈에 보이지는 않지만 뚜렷하게 감지할 수 있는 기파의 마음으로 시상을 옮긴다. 제8행에서 무리들이 기파의 '마음의 끝을 좇고 있는' 것이다. 제2구에서 자갈밭으로부터 마음으로 시상을 이동한 것은 제1구에서 유언으로부터 안식처로 이동한 것과 함께 작품에 깔린 추모 의식이 구조적으로 잘 짜였음을 보여 준다.

기파를 추모하는 데에 그의 삶과 사상이 농축된 유언을 먼저 제시하고 나서 화자가 보고 느낄 수 있는 그의 거처를 지목하였다. 그리고 물의 유동적 이미지를 거친 후 그 거처가 자리 잡은 물가의 자갈밭에서 그의 마음으로 시상을 옮겼다. 내면에서 외부로 다시 내면으로 화자의 시점을 이동한 것이다. 이는 생전의 기파의 삶과 사상을 기억하고 그의 사후에 낭도에게 남겨진 사명을 일깨우려는 추모 의식이 의미의 구조를 갖추었음을 말해 준다. 기파를 추모하는 것은 그의 상실을 마냥 슬퍼하는 것이 아니라 그의 삶과 사상의 현재적 의의를 확인하고 실천하려는 의지적 활동임을 보여 주는 것이다.

이미 제1구에 제시된 기파의 유언을 통해 그의 사상이 현세 초극에 있음을 나타내었다. 이는 세대를 이어서 계승하고 발전시켜야 할 이념이다. 물이 흐르듯이 세대는 흘러가지만 변함없이 추구해야 할 삶의 목표인 것이다. 그러기에 기파에게서 낭도로 계승해야 할 불변적이고 궁극적인 이념이 기파의 마음의 '끝'으로 표현되었다. 유동성과 불변성의 대비, 그리고 흐르고 흘러서 도달하게 되는 궁극적인 목표가 '마음의 끝'으로 제시된 것이다.

기파가 남긴 삶의 목표와 이념은 제3구(제9·10행)에 이르러 빛나는 이미지를 얻는다. 내면과 외부를 묶고 과거와 현재를 아울러서 높이 솟은 '잣나무'가 나오는 것이다. 이 잣나무는 기파의 거처 부근에 남겨진 것으로서 생전의 그가 염원했던 바가 오롯이 담겨 있는 상징물이다. 유언, 안식처, 물가, 일오 냇물의 자갈밭, 마음 등 기파를 기억하도록 한 환유의 연장선에서 기파의 마음의 '끝'이 집약된 사물이다. 이에 잣나무는 왕생극락의 상징이자 기파의 이념을 집약하는 한편 앞의 '마음의 끝'을 이어받아 뒤의 '화판', 즉 화랑의 서원과 연결해 주는 핵심적인 의미소로 기능한다. 이로써 화랑의 서원이 갖는 이념적, 실천적 의미가 선명한 이미지를 얻게 되었다.

이처럼 〈찬기파랑가〉는 기파를 추모하는 주제를 그의 유언, 거처, 마음, 잣나무 등의 환유를 통해 정교하게 그려 내었다. 작품 전반에 환유가 구심적인 역할을 맡으면서도 은유와 상징이 적절하게 제 기능을 담당하였다. 이 작품을 통해 수사법이 단순히 말을 아름답게 꾸미는 것이 아니라 삶과 이념의 구조화에 기여하고 있는 양상을 살필 수 있다.

이러한 표현법을 통해 작품의 주제가 형상화되었으니 이제는 주제 면에서 작품을 보기로 하자. 〈찬기파랑가〉는 기파를 추모한 작품이므로 주제는 추모의 정이라고 할 수 있다. 그런데 이렇게만 말하고 나면 작품의 주제가 너무 단순하게 정리되고 만다. 좀 더 구체적으로 살펴서 가령, 기파는 어떠한 인간적 면모를 보이고 있는지, 그를 추모하는 이들의 심정은 어떠한지, 추모의 상황과 그 지향점은 어디인지 등을 살펴보아 주제를 깊이 있게 이해하려는 것이다.

추모제가 거행되는 자리에서 화자는 추모의 대상인 기파를 기억하는 출발점으로 그의 유언을 제시하였다. "이슬에 새벽이야."라는 짤막한 경구로써 기파를 기억한 것이다. 이 구절의 의미는 깊이 음미해 보아야 한다. 인생은 이슬 같은 것이어서 해가 떠오르면 금세 스러지고 만다. 이슬같이 허무하고 짧은 인생에서 무엇을 추구하며 살아야 할 것인가. 이에 대해 해 뜨는 새벽이 이슬 같은 인생을 스러지게도 하지만 인간이 죽은 후 가게 될 세상을 드러내기도 한다는 점이 의미를 갖는다. 새벽빛의 세상, 그곳은 곧 인간이 희구하는 서방 정토인 것이다.

이렇듯 기파의 유언은 덧없는 인생을 극복하는 길이 왕생극락의 도를 닦는 것임을 말하고 있다. 이 말에 담긴 왕생사상과 수도자의 자세는 그의 낭도가 본받아야 할 전범이 된다. 그들은 스승이 생전에 수도했던 곳인 일오 냇가에서 추모제를 거행하며 스승을 본받아 왕생극락을 위해 수도 정진할 것을 다짐하고 있다. 추모의 의의를 되새기며 다짐하는 모습이 '마음의 끝을 좇고 있구나.' 라는 구절로 표현되었다.

이러한 추모제를 마무리하는 단계에서 우뚝 서 있는 잣나무가 지목된다. 기파의 안식처 주변에 있으면서 그가 수도하는 모습을 늘 지켜보았을 이 잣나무는 그의 사상과 지향성을 상징하는 사물로 받아들여진 것이다. 더욱이 잣나무柏는 서방을 뜻하는 흰색白이 글자에 들어 있어서 왕생극락의 의지에 부합하는 이름이기도 하다. 곧게 뻗은 잣나무를 보기도 하고 어루만지기도 하고 그 아래에서 거닐기도 하면서, 기파는 일념으로 왕생극락의 길을 닦아 나갔던 것이다. 그랬기 때문에 임종에 처하여 자신의 죽음 이후의 세계를 새벽빛이 비추는 광명한 세계로 받아들일 수 있었다.

이와 같이 화랑의 신분으로 왕생극락을 향한 수도에 정진한 기파의 모습이 작품에 그려져 있다. 그의 유언을 통해서, 그리고 안식처 주변의 잣나무 혹은 잣나무 숲을 통해서 기파랑에 대한 추모의 정은 초월적 지향성을 띠고 있음을 알게 된다. 기파는 인간의 죽음이란 이슬 같은 생을 마감하고 광명한 빛의 세계로 들어가는 것이라 유언하였다. 그의 거처 주변에 있는 잣나무는 늘 서방을 지향한 기파의 분신으로 여겨졌다. 또 다른 분신인 그의 낭도는 스승을 본받아 삶의 자세를 가다듬고 초월 의지를 더욱 확고히 하고 있다. 화랑도라는 집단의 차원에서 왕생극락의 주제가 실천적으로 제시되고 있는 것이다.

작품을 찬찬히 살펴보면 말년의 기파가 은둔 수도하는 모습이 대충 떠오른다. '잣나무'가 둘러 서 있는 '일오 냇가'의 '안식처'에서 서방 정토를 염원하며 일념으로 수도하고 있는 것이다. 이러한 은둔자의 모습은 관기와 도성에게서도 나타난다. 『삼국유사』「포산이성」에서 두 은둔자는 '구름을 헤치고 달을 읊조리며 늘 서로 좇아서 다녔다.'고 한다. 월명과 달의 관계를 상기해 보면, 이러한 모습은 화랑도의 수련 방식과 상통하는 것이다. 두 사람이 성불한 후 성범이란 스님이 미타 도장을 열고 향도香徒라고 일컬어진 현풍의 신앙인들이 이적을 일으킨다. 이를 두 성인 혹은 정성천왕의 영험이라 했으니 여기서 미타 신앙과 향도 및 토속신과의 관련성을 생각해 볼 수 있다. 이러한 관기와 도성의 경우는 화랑의 풍류도, 전통적인 무속 신앙 등과 습합된 미타 신앙의 예라고 하겠다.

기파와 낭도의 신앙 형태도 관기·도성의 그것과 유사하다고 생각된다. 기파는 화랑으로서 월명이나 관기·도성처럼 풍월을 노래하면서 산수 간에서 심신을 닦았다. 죽음 이후를 전망하며 불교의 미타 신앙을 수용하였고, 말년으로 갈수록 왕생극락을 위해 정진하였을 것이다. 그의 낭도들도 스승의 사상과 수도의 자세를 전범으로 삼아 왕생극락을 위한 수도에 매진하였다. 마치 미리 조직된 미타 신앙의 결사처럼, 화랑도가 집단적으로 미타 신앙을 수용하여 수도의 목표로 삼은 것이다. 이는 순전히 불교 사상에 몰두하여 왕생극락을 희구하는 것과는 달리 신라 고유의 풍류도 사상이 습합된 미타 신앙을 통해 그것을 염원한 것이다. 그리하여 개인의 성불을 넘어서서 화랑도 집단의 왕생극락이라는 이념으로 승화하고 있다.

이렇듯 주제 면에서 〈찬기파랑가〉는 기파의 왕생극락 사상과 수도의 자세를 추모하고, 왕생을 위한 실천 의지를 다지고 있다. 기파를 중심으로 한 화랑 집단 전체가 왕생극락을 위해 매진한다는 점에서, 왕생극락 사상이 집단 무의식의 차원으로까지 정착한 당대의 사상적 조류를 짐작할 수 있다.

대종천을 따라서

입천리 스무내 마을 앞 시내가 말라 있는 것을 보고 안타까워한 나로서는 그것을 만회할 만한 다른 길을 찾아보기로 한다. 입천리에서 한 고개만 넘으면 장항리인데 그곳은 토함산 골짜기를 타고 내려와 대종천으로 연결되는 시냇물이 흐르는 곳이다. 골짜기의 폭이 입천리보다는 좁아 보이지만 맑은 계곡물이 시원스레 흐른다는 점에서 보통의 시냇물 이미지를 그대로 지니고 있다.

석굴암에서 포장도로를 따라 내려가다 보면 토함산 자연 휴양림 입구가 나오고 거기서 좀 더 내려가면 장항리 절터 오층 석탑이 보인다. 그 오른쪽 산봉우리 너머에 형제산이 있고 그 아래 계곡이 바로 입천리이다. 지리적으로 입천리와 장항리 계곡은 토함산 자락에 붙어 있는 것이다. 이쯤에서 나는 상상해 본다. 입천리 스무내 마을 어름에 터를 잡은 기파가 이따금 그 상류로 올라와 지금의 자연 휴양림 부근을 넘어 장항리의 이 절에 들렀다가 또 석굴사까지 가서 본존불에 예배하지 않았을까. 이러한 근거 없는 상상이라도 함으로써 스무내의 황량한 풍경에서 받은 충격으로부터 벗어나고 싶은 것이다.

또한 이는 〈찬기파랑가〉에 그려진 시냇물이 세대에서 세대로 이어지는 역사의 흐름을 상징한 것으로 본 나의 관점을 이 길에 적용해 보려는 것이기도 하다. 석굴암에서 장항리 절터, 대종천, 감은사 절터, 이견대, 문무대왕릉으로 이어지는 토함산 동쪽 길은 경

덕왕대에서 문무왕대로 거슬러 오르는 역사의 길이기도 하다.

장항리 절터에 서 있는 오층 석탑 두 기는 약간 분홍빛이 도는 돌로 만들어져 있다. 서탑의 지붕돌 모서리 여기저기가 깨어져 있고 동탑은 1층 몸돌밖에 남아 있지 않다. 두 탑의 1층 몸돌에는 사면을 돌아가며 인왕상이 새겨져 있는데 다른 탑에서는 보기 힘든 역동적인 모습의 조소 작품이다. 한 면에 둘씩 모두 16구의 인왕이 전신상으로 부조되었는데 동탑 두 면의 상은 얼굴과 가슴 부분이 심하게 마모되었고 또 한 면의 상은 떨어져 나갔다. 그래도 마모된 조소 상을 포함하여 16구 하나하나를 살펴보는 것은 아주 흥미로운 일이다.

더욱이 〈찬기파랑가〉를 떠올리며 가는 길인 만큼 이 인왕상들이 보여 주는 각기 다른 표정과 몸의 자세는 기파를 추모하기 위해 모였던 낭도들의 개성 어린 모습을 상상하는 소재가 된다. 물론 추모제에 모인 낭도들의 표정은 다소 엄숙하고 단호했을 것이라서 이 석탑의 인왕상이 보여 주는 위협적이고 분노한 표정과 거리가 있다. 그렇지만 불법을 수호하려는 기백과 다짐이 느껴지는 인왕의 표정에서 기파의 마음을 계승하려는 결의를 보였을 낭도의 얼굴을 떠올릴 수 있지 않을까 한다.

잘 닦인 포장도로를 따라 터벅터벅 걸어서 내려가다 보면 '신라 화랑이 오가던 동산령' 탐방로 이정표가 나온다. 옛길이 아닌 새로 난 길로 내려왔던 것이다. 저리로도 가 보고 싶지만 이번 여행은 시냇물을 따라 역사의 길을 걷는 것인 만큼 다음번으로 미룬다. 걷는 것이 힘들어질 때쯤 해서 문무대왕릉으로 가는 국도에 다다른다. 삼거리 정류장에서 기다렸다 버스를 탄다. 창밖으로 보이는 대종천은 지난번에 갔던 입천리와 양북면을 지난 지점까지도 물이 말라 있다. 그러다가 곧 물이 흐르는 풍경이 다시 나타나고 그로부터 조금 더 가면 감은사 터가 나온다.

너무도 유명한 곳이라 나로서는 더 할 말은 없지만 올 때마다 느끼는 것은 그 자리가 갖는 무게감이다. 동서 양쪽에 떡 버티고 서 있는 두 탑의 위용은 말할 것도 없거니와 그 앞의 산자락과 대종천을 대면하고 있는 모습이 당당하다. 경주 박물관에서 한참을

서성이며 보았던 고선사 터 삼층 석탑과는 재질과 구성 요소가 동일하여 쌍둥이 탑이라고도 한다는데, 그 탑에서 느꼈던 것과는 또 다른 맛이 있다. 고선사 탑이 제 자리에서 옮겨져 박물관 뒤뜰에 맥락 없이 외로이 서 있는 것에 비해 이 두 탑은 당당하게 1300여 년 동안 자기 자리를 지키고 있다. 돌의 빛깔은 더욱 짙어져 있고 여기저기 흠집도 많지만 원래의 장중하고 절도 있는 모습은 그대로 유지하고 있다. 탑 꼭대기의 찰주는 상륜부를 장식하는 부속물들이 다 떨어져 나간 채 뼈대만으로 올곧게 하늘로 치솟아 있다. 매번 그 장중함에 고개를 숙이고 역사의 무게를 되새기게 되는 것이다.

감은사 터 석탑 옆으로 난 논두렁길로 해서 이견대로 간다. 누각에 올라 저 멀리 바라보면 둥글게 감싼 해안선에 포근히 안겨 있는 바위섬이 눈에 들어온다. 저 자리에 눕는 순간부터 지금까지 싸늘한 바닷물이 뼈 속까지 스며들고 세찬 파도는 끝없이 밀려와 부딪쳤을 텐데, 그 염원이 얼마나 절실했으면 저렇듯 견디고 있을까 싶다. 다시 길을 따라 문무대왕릉 앞 자갈밭에 선다. 몇 번을 와도 언제나 있는 무속 행사를 오늘도 본다. 문무왕의 영험을 바라는 것일까 싶으면서도, 기파의 미타 신앙이 화랑의 풍류도와 습합되어 있는 것처럼, 그 속에는 신라 고유의 신앙 형태가 남아 있다고 생각되어 친근감이 느껴진다. 호국의 의미를 되새기기 이전에 오늘의 우리에게까지 이어진 역사의 흐름을 몸으로 느껴 본다. 이 땅이 다하기 전에는 사라지지 않을 저 문무대왕릉이 우리 민족의 과거 역사를 증언하고 있고 미래에도 그러리라 생각하니 마음이 든든하다.

추모하는 일, 기억과 계승

역사를 기억하는 것은 우리의 삶에 좌표를 세우는 것과 같다. 내가 있는 지금 여기는 그것으로만 따로 떨어져 존재하는 것이 아니라 오래고 오랜 시간의 흐름 위에, 그리고 그 시간을 견뎌 온 이 산하의 공간 위에 있다는 인식이다. 낭도들이 기파를 기억하며 〈찬기파랑가〉를 불렀던 것은 그러한 기억을 역사 속에 각인시키는 행위의 하나였던 것이다.

〈찬기파랑가〉와 함께한 여행은 그리 행복한 여행은 아니었다. 그러나 시냇물이 흘러 강으로 가고 다시 바다에 이르는 것이 곧 역사의 흐름과 비슷하다고 생각하여 그 길을 따라가 본 것은 나름대로 의미가 있었다. 종교적이든 문학적이든 여행에서 어떤 의미를 찾는 것은 여행자 개인의 몫이겠지만 그것을 함께 나누고 싶은 마

음이 들 때가 있는 법이다. 비록 이번 여행은 추정에 추정을 거듭하고 상상에 상상을 덧씌워 애써 의미를 찾아 나선 길이 되었으나 그것대로 나를 되돌아보고 선인의 자취를 만날 수 있었던 여행이었다.

〈찬기파랑가〉에 담긴 서정성은 그 작품이 나온 이 땅이 터전을 마련해 준 것이다. 작자는 이 땅에서 살면서 느끼고 생각한 바를 우리말로 엮어 아름다운 시를 만들어 내었다. 그러니 시 한 편에 터 한 장이라고 해도 좋지 않을까. 이 터를 지키는 일은 우리의 서정성을 다듬고 고양하는 일과 더불어 간다. 터전이 안녕해야 백성이 안녕하고 그로부터 나오는 서정성이 건강하지 않겠는가. 향가와 함께한 여행은 충분히 즐겁고 충분히 느낌이 있었다. 혼자거나 여럿이거나 한 번쯤 이런 여행을 떠나 보았으면 좋겠다.

참고 문헌

강우방, 『한국 불교의 사리장엄』, 열화당, 1993.

김부식, 이강래 옮김, 『삼국사기Ⅰ』, 한길사, 1998.

김상현, 「백제 무왕대 불교계의 동향과 미륵사」, 『한국사학보』 37, 고려사학회, 2009.

김현권, 「천전리 암각화에 대한 신라인의 이해와 행렬도 제작」, 『강좌 미술사』 36, 한국미술사연구소, 2011.

박진환, 『향가기행』, 학연문화사, 2011.

성호경, 『신라 향가 연구』, 태학사, 2008.

신용철, 『통일신라 석탑 연구』, 동국대 박사논문, 2006.

신재홍, 『향가의 해석』, 집문당, 2000.

신재홍, 『향가의 미학』, 집문당, 2006.

신재홍, 『화랑세기 역주』, 태학사, 2009.

신재홍, 『'영랑전' 역주』, 태학사, 2013.

이문규, 『고대 중국인이 바라본 하늘의 세계』, 문학과지성사, 2000.

이용범, 「처용설화의 일고찰—당대 이슬람상인과 신라」, 『진단학보』 32, 진단학회, 1969.

이임수, 「찬기파랑가」, 『새로 읽는 향가문학』, 아세아문화사, 1998.

이임수, 『향가와 서라벌 기행』, 박이정, 2007.

전덕재,『신라 왕경의 역사』, 새문사, 2009.
정병삼 역,「황복사 금동사리함기」, 한국고대사회연구소 편,『역주 한국고대금석문』, 가락국사적개발연구원, 1992.
조동일,「혜성가의 창작 연대」,『한국시가문학연구』, 신구문화사, 1983.
(주)두산,『두산백과사전』(http://www.doopedia.co.kr/)
편집부,『국어국문학자료사전』 상·하, 한국사전연구사, 1994.
한국학중앙연구원,『한국민족문화대백과사전』(http://encykorea.aks.ac.kr/)
한재원,「통일신라 석탑부조 팔부중 도상과 배치 연구」,『미술사연구』20, 미술사연구회, 2006.
황수영·문명대,『반구대암벽조각』, 동국대출판부, 1984.
KBS 파노라마, '쿠쉬나메 제1부—신라에 온 페르시아 왕자'(2013년 5월 17일 방영)
KBS 파노라마, '쿠쉬나메 제2부—페르시아인들의 파라다이스 신라'(2013년 5월 24일 방영)

향가 서정 여행

초판 1쇄 발행 2016년 5월 25일
초판 2쇄 발행 2016년 12월 13일

지은이 신재홍
펴낸이 박성복
펴낸곳 도서출판 월인
주소 01047 서울특별시 강북구 노해로25길 61
등록 1998년 5월 4일 제6-0364호
전화 (02)912-5000
팩스 (02)900-5036
홈페이지 www.worin.net
전자우편 worinnet@hanmail.net

ISBN 978-89-8477-619-7 03810

값은 뒤표지에 있습니다.